老科学家学术成长资料采集工程
中国科学院院士传记丛书
中国工程院院士传记

乐在图书山水间

1931年
出生于江苏省泰兴县

1949年
考入清华大学

1952年
分配到铜陵321地质队

1965年
开始援外十年

1982年
任安徽省地质局总工程师

1991年
当选中国科学院学部委员

1994年
遴选为中国工程院首批院士

老科学家学术成长资料采集工程

中国科学院院士传记丛书

中国工程院院士传记

乐在图书山水间

常印佛传

王申 吕凌峰 ◎ 著

上海交通大学出版社

中国科学技术出版社

图书在版编目(CIP)数据

乐在图书山水间:常印佛传/王申,吕凌峰著. —上海:上海交通大学出版社,2015

(老科学家学术成长资料采集工程丛书)

ISBN 978 - 7 - 313 - 11572 - 0

Ⅰ.①乐⋯　Ⅱ.①王⋯②吕⋯　Ⅲ.①常印佛-传记

Ⅳ.①K826.14

中国版本图书馆 CIP 数据核字(2014)第 123556 号

出 版 人	韩建民　苏　青	
责任编辑	张善涛	
责任营销	陈　鑫	
版式设计	中文天地	

出　　版	上海交通大学出版社　中国科学技术出版社
发　　行	上海交通大学出版社
地　　址	上海市番禺路 951 号
邮　　编	200030
发行电话	021 - 64071208
传　　真	021 - 64073126
网　　址	http://www.jiaodapress.com.cn

开　　本	787mm×1092mm　1/16
字　　数	328 千字
印　　张	22.5
彩　　插	3
版　　次	2015 年 5 月第 1 版
印　　次	2015 年 5 月第 1 次印刷
印　　刷	常熟市文化印刷有限公司
书　　号	ISBN 978 - 7 - 313 - 11572 - 0/K
定　　价	65.00 元

老科学家学术成长资料采集工程简介

　　老科学家学术成长资料采集工程（以下简称"采集工程"）是根据国务院领导同志的指示精神，由国家科教领导小组于 2010 年正式启动，中国科协牵头，联合中组部、教育部、科技部、工信部、财政部、文化部、国资委、解放军总政治部、中国科学院、中国工程院、国家自然科学基金委员会等 11 部委共同实施的一项抢救性工程，旨在通过实物采集、口述访谈、录音录像等方法，把反映老科学家学术成长历程的关键事件、重要节点、师承关系等各方面的资料保存下来，为深入研究科技人才成长规律，宣传优秀科技人物提供第一手资料和原始素材。按照国务院批准的《老科学家学术成长资料采集工程实施方案》，采集工程一期拟完成 300 位老科学家学术成长资料的采集工作。

　　采集工程是一项开创性工作。为确保采集工作规范科学，启动之初即成立了由中国科协主要领导任组长、12 个部委分管领导任成员的领导小组，负责采集工程的宏观指导和重要政策措施制定，同时成立领导小组专家委员会负责采集原则确定、采集名单审定和学术咨询，委托中国科学技术史学会承担具体组织和业务指导工作，建立专门的馆藏基地确保采集资料的永久性收藏和提供使用，并研究制定了《采集工作流程》、《采集工作规范》等一系列基础文件，作为采集人员的工作指南。截至 2014 年底，已启动304位老科学家的学术成长资料采集工作，获得手稿、书信等实物原件资料52 093件，数字化资料137 471件，视频资料183 878分钟，音频资料224 828分钟，具有重要的史料价值。

采集工程的成果目前主要有三种体现形式，一是建设一套系统的"老科学家学术成长资料数据库"（本丛书简称"采集工程数据库"），提供学术研究和弘扬科学精神、宣传科学家之用；二是编辑制作科学家专题资料片系列，以视频形式播出；三是研究撰写客观反映老科学家学术成长经历的研究报告，以学术传记的形式，与中国科学院、中国工程院联合出版。随着采集工程的不断拓展和深入，将有更多形式的采集成果问世，为社会公众了解老科学家的感人事迹，探索科技人才成长规律，研究中国科技事业的发展历程提供客观翔实的史料支撑。

总序一

中国科学技术协会主席　韩启德

老科学家是共和国建设的重要参与者，也是新中国科技发展历史的亲历者和见证者，他们的学术成长历程生动反映了近现代中国科技事业与科技教育的进展，本身就是新中国科技发展历史的重要组成部分。针对近年来老科学家相继辞世、学术成长资料大量散失的突出问题，中国科协于2009年向国务院提出抢救老科学家学术成长资料的建议，受到国务院领导同志的高度重视和充分肯定，并明确责成中国科协牵头，联合相关部门共同组织实施。根据国务院批复的《老科学家学术成长资料采集工程实施方案》，中国科协联合中组部、教育部、科技部、工业和信息化部、财政部、文化部、国资委、解放军总政治部、中国科学院、中国工程院、国家自然科学基金委员会等11部委共同组成领导小组，从2010年开始组织实施老科学家学术成长资料采集工程。

老科学家学术成长资料采集是一项系统工程，通过文献与口述资料的搜集和整理、录音录像、实物采集等形式，把反映老科学家求学历程、师承关系、科研活动、学术成就等学术成长中关键节点和重要事件的口述资料、实物资料和音像资料完整系统地保存下来，对于充实新中国科技发展的历史文献，理清我国科技界学术传承脉络，探索我国科技发展规律和科技人才成长规律，弘扬我国科技工作者求真务实、无私奉献的精神，在全社会营造爱科学、学科学、用科学的良好氛围，是一件很有意义的事情。采集工程把重点放在年龄在 80 岁以上、学术成长经历丰富的两院院士，以及虽然不是两院院士、但在我国科技事业发展中作出突出贡献的老科技工作者，充分体现了党和国家对老科学家的关心和爱护。

自 2010 年启动实施以来，采集工程以对历史负责、对国家负责、对科技事业负责的精神，开展了一系列工作，获得大量反映老科学家学术成长历程的文字资料、实物资料和音视频资料，其中有一些资料具有很高的史料价值和学术价值，弥足珍贵。

以传记丛书的形式把采集工程的成果展现给社会公众，是采集工程的目标之一，也是社会各界的共同期待。在我看来，这些传记丛书大都是在充分挖掘档案和书信等各种文献资料、与口述访谈相互印证校核、严密考证的基础之上形成的，内中还有许多很有价值的照片、手稿影印件等珍贵图片，基本做到了图文并茂，语言生动，既体现了历史的鲜活，又立体化地刻画了人物，较好地实现了真实性、专业性、可读性的有机统一。通过这套传记丛书，学者能够获得更加丰富扎实的文献依据，公众能够更加系统深入地了解老一辈科学家的成就、贡献、经历和品格，青少年可以更真实地了解科学家、了解科技活动，进而充分激发对科学家职业的浓厚兴趣。

借此机会，向所有接受采集的老科学家及其亲属朋友，向参与采集工程的工作人员和单位，表示衷心感谢。真诚希望这套丛书能够得到学术界的认可和读者的喜爱，希望采集工程能够得到更广泛的关注和支持。我期待并相信，随着时间的流逝，采集工程的成果将以更加丰富多样的形式呈现给社会公众，采集工程的意义也将越来越彰显于天下。

是为序。

总序二

中国科学院院长　白春礼

由国家科教领导小组直接启动，中国科学技术协会和中国科学院等12个部门和单位共同组织实施的老科学家学术成长资料采集工程，是国务院交办的一项重要任务，也是中国科技界的一件大事。值此采集工程传记丛书出版之际，我向采集工程的顺利实施表示热烈祝贺，向参与采集工程的老科学家和工作人员表示衷心感谢！

按照国务院批准实施的《老科学家学术成长资料采集工程实施方案》，开展这一工作的主要目的就是要通过录音录像、实物采集等多种方式，把反映老科学家学术成长历史的重要资料保存下来，丰富新中国科技发展的历史资料，推动形成新中国的学术传统，激发科技工作者的创新热情和创造活力，在全社会营造爱科学、学科学、用科学的良好氛围。通过实施采集工程，系统搜集、整理反映这些老科学家学术成长历程的关键事件、重要节点、学术传承关系等的各类文献、实物和音视频资料，并结合不同时期的社会发展和国际相关学科领域的发展背景加以梳理和研究，不仅有利于深入了解新中国科学发展的进程特别是老科学家所在学科的发展脉络，而且有利于发现老科学家成长成才中的关键人物、关键事件、关键因素，探索和把握高层次人才培养规律和创新人才成长规律，更有利于理清我国科技界学术传承脉络，深入了解我国科学传统的形成过程，在全社会范围内宣传弘扬老科学家的科学思想、卓越贡献和高尚品质，推动社会主义科学文化和创新文化建设。从这个意义上说，采集工程不仅是一项文化工程，更是一项严肃认真的学术建设工作。

中国科学院是科技事业的国家队，也是凝聚和团结广大院士的大家庭。早在1955年，中国科学院选举产生了第一批学部委员，1993年国务院决定中国科学院学部委员改称中国科学院院士。半个多世纪以来，从学部委员到院士，经历了一个艰难的制度化进程，在我国科学事业发展史上书写了浓墨重彩的一笔。在目前已接受采集的老科学家中，有很大一部分即是上个世纪80、90年代当选的中国科学院学部委员、院士，其中既有学科领域的奠基人和开拓者，也有作出过重大科学成就的著名科学家，更有毕生在专门学科领域默默耕耘的一流学者。作为声誉卓著的学术带头人，他们以发展科技、服务国家、造福人民为己任，求真务实、开拓创新，为我国经济建设、社会发展、科技进步和国家安全作出了重要贡献；作为杰出的科学教育家，他们着力培养、大力提携青年人才，在弘扬科学精神、倡树科学理念方面书写了可歌可泣的光辉篇章。他们的学术成就和成长经历既是新中国科技发展的一个缩影，也是国家和社会的宝贵财富。通过采集工程为老科学家树碑立传，不仅对老科学家们的成就和贡献是一份肯定和安慰，也使我们多年的夙愿得偿！

鲁迅说过，"跨过那站着的前人"。过去的辉煌历史是老一辈科学家铸就的，新的历史篇章需要我们来谱写。衷心希望广大科技工作者能够通过"采集工程"的这套老科学家传记丛书和院士丛书等类似著作，深入具体地了解和学习老一辈科学家学术成长历程中的感人事迹和优秀品质；继承和弘扬老一辈科学家求真务实、勇于创新的科学精神，不畏艰险、勇攀高峰的探索精神，团结协作、淡泊名利的团队精神，报效祖国、服务社会的奉献精神，在推动科技发展和创新型国家建设的广阔道路上取得更辉煌的成绩。

总序三

中国工程院院长　周　济

由中国科协联合相关部门共同组织实施的老科学家学术成长资料采集工程，是一项经国务院批准开展的弘扬老一辈科技专家崇高精神、加强科学道德建设的重要工作，也是我国科技界的共同责任。中国工程院作为采集工程领导小组的成员单位，能够直接参与此项工作，深感责任重大、意义非凡。

在新的历史时期，科学技术作为第一生产力，已经日益成为经济社会发展的主要驱动力。科技工作者作为先进生产力的开拓者和先进文化的传播者，在推动科学技术进步和科技事业发展方面发挥着关键的决定的作用。

新中国成立以来，特别是改革开放30多年来，我们国家的工程科技取得了伟大的历史性成就，为祖国的现代化事业作出了巨大的历史性贡献。两弹一星、三峡工程、高速铁路、载人航天、杂交水稻、载人深潜、超级计算机……一项项重大工程为社会主义事业的蓬勃发展和祖国富强书写了浓墨重彩的篇章。

这些伟大的重大工程成就，凝聚和倾注了以钱学森、朱光亚、周光召、侯祥麟、袁隆平等为代表的一代又一代科技专家们的心血和智慧。他们克服重重困难，攻克无数技术难关，潜心开展科技研究，致力推动创新发展，为实现我国工程科技水平大幅提升和国家综合实力显著增强作出了杰出贡献。他们热爱祖国，忠于人民，自觉把个人事业融入到国家建设大局之中，为实现国家富强而不断奋斗；他们求真务实，勇于创新，用科技为中华民族的伟大复兴铸就了辉煌；他们治学严谨，鞠躬尽瘁，具有崇高的科学精神和科学道德，是我们后代学习的楷模。科学家们的一生是一本珍贵的教科书，他们坚定的理想信念和淡泊名利的崇高品格是中华民族自强不息精神的宝贵财富，永远值得后人铭记和敬仰。

通过实施采集工程，把反映老科学家学术成长经历的重要文字资料、实物资料和音像资料保存下来，把他们卓越的技术成就和可贵的精神品质记录下来，并编辑出版他们的学术传记，对于进一步宣传他们为我国科技发展和民族进步作出的不朽功勋，引导青年科技工作者学习继承他们的可贵精神和优秀品质，不断攀登世界科技高峰，推动在全社会弘扬科学精神，营造爱科学、讲科学、学科学、用科学的良好氛围，无疑有着十分重要的意义。

中国工程院是我国工程科技界的最高荣誉性、咨询性学术机构，集中了一大批成就卓著、德高望重的老科技专家。以各种形式把他们的学术成长经历留存下来，为后人提供启迪，为社会提供借鉴，为共和国的科技发展留下一份珍贵资料。这是我们的愿望和责任，也是科技界和全社会的共同期待。

常印佛院士

2012 年吕凌峰采访常印佛院士

2013 年王申采访张兆丰高工

目　录

图片目录

导　言

中国科学技术协会自 2010 年启动"老科学家学术成长资料采集工程"以来,至今已经采集了数百位院士或其他著名科学家。他们或是在科学研究上有重要发现,或是在工程技术领域有突出贡献。也有极少数是在两方面都有突出成就的两院院士——他们要么曾取得博士学位,要么长期从事科研教学。而像本书传主常印佛这样大学一毕业即被分到地质队找矿,从此未离开生产岗位,由一名普通地质队员成长为地质队、省地质局总工程师,且在实践的基础上进行理论研究,最终被选为中国科学院和工程院两院院士的,则实为罕见。他没有做过研究生、进过研究所,完全是从野外一步步走出来的地质学家。他首先是一位总工程师,而后是一位科学家。矿床学家翟裕生院士评价他是地学界不多见的"理工兼优"、擅长生产实战的地质学家。他曾经在地质队的队友、同事张兆丰则说他是"学者型"的总工程师。两重身份兼于一身,相得益彰,源于其独特的成长经历,也铺定了他生平的底色。

常印佛是我国著名的矿床地质学家和矿产地质勘查专家,1931 年出生于江苏省泰兴县的一个书香门第,父亲毕业于龙门高等师范学校,母亲毕业于南通女子师范学校,自幼得以在重视教育的家庭环境中接受启蒙。童年曾读私塾,初中受教于爱国绅士创办的扬陋学塾,高中就读于国立中央大学附属中学,后考入清华大学地质系,成为新中国招收的第一批大学生。1952年,常印佛提前一年毕业,随即被分配到地质部直属六个地质大队之一的321地质队。此后直到1965年,他一直在铜陵及长江中下游地区从事矿产勘查工作,其中1955~1956年供职于地质部华东地质局,1956年中至1957年末调至中苏技术合作扬子江中下游普查队(374队),其后任321地质队技术负责人、总工程师。在此期间,两位地质学家郭文魁和严坤元对他产生重要影响。郭文魁在任321地质队队长时期对常印佛的工作和学习多有关心指导,成为他在矿床学领域的引路人;严坤元在华东地质局以及后来到安徽省地质局都是常印佛的领导,也是他走进矿产勘查领域的引路人。在前辈专家手下一边工作,一边学习,常印佛得到了从"生产"到"科研"多方面的基础锻炼。

20世纪60年代中期,即"文化大革命"爆发前,常印佛受地质部借调,赴越南进行地质援助,为期4年。任务完成后不久,又被派往阿尔巴尼亚参与援建地质项目,直到1974年"文革"渐近尾声时回国。"十年动乱"间,当师友、同事在国内饱受摧残冲击时,他则身处国外,远离风暴中心,在业务上得到进一步充实和提高。"文革"结束后,常印佛回到安徽,先后担任安徽省地质局副总工程师、副局长、总工程师和技术顾问。在省局岗位上,他全力推动皖省矿产地质工作的恢复和发展,并主持了国家"六五"期间跨省区划项目和"七五"、"八五"期间地矿部两轮重大科技攻关项目的研究。其后又主持了"九五"、"十五"期间的多项国家和省级重大科研项目。

1991年,常印佛当选为中国科学院学部委员(院士),也是当年全国唯一一位在省局系统中工作而当选的地学部委员。1994年,中国工程院成立,常印佛因其工程背景和贡献,与其他29位科学院院士一起直接被遴选为工程院首批院士。

晚年常印佛致力于推动全国找矿战略,促进地质工作发展与改革。他努力推进深部找矿工作;与其他院士一起,为解决地质萧条期造成的"三大断层"献计建言;分析判断地质工作的现状与发展方向,为国有地勘单位的企业化改革提供参考意见。

常印佛的工作与科研围绕找矿展开,主要体现在 3 个方面:矿床学、区域成矿学和矿产勘查学。在矿床学方面,通过研究长江中下游沿一定层位分布的矽卡岩型铜(铁)矿床成因,解决了地质学界长期存在的矿床成因的"水火"之争,提出了"层控(式)矽卡岩型矿床"新类型,丰富和发展了矽卡岩成矿理论。在区域成矿学方面,最早提出"基底断裂控矿"的认识,并结合铜陵矿集区,研究了铜陵—戴汇基底断裂对岩浆和矿床分布的控制规律。他还以长江中下游为例开展了系统的区域成矿学研究,创造性地提出了该区的成矿结构与控矿规律,将成矿带成矿模式总结提升为五种模式,这些理论成果对指导长江中下游一系列找矿发现起到了关键指导作用,并为构建我国大陆成矿理论作出了贡献并提供了范例。在矿产勘查领域,除取得的实际找矿勘探成果外,在相关科技方面:利用探、采实际材料作对比,研究了铜官山铜矿床主矿体勘探类型的归属和合理的勘探网度;在我国首次组织实施了 1∶5 万普查测量工作,工作区在铜陵,这是当时地质部地矿司在全国率先开展的四个试点区之一。铜陵的试点工作被地质部召开专门会议在全国加以推广(在铜陵普查—测量试点项目开展期间,地质部区域地质测量局提出将该项工作兼作 1∶5 万区域地质测量试点,后来并进一步要求在试点成果基础上制定一份 1∶5 万区调规范初稿。尽管如此,它们仍然是性质不同的两项工作)。首次提出了普查工作历史发展三阶段的划分方案和在重要成矿远景区开展立体地质填图的思想,积极倡导遵循由浅到深,由"点"到"面"再到"体"的地质认识规律,并在深部找矿方面形成了系统理念。他提出的"立体填图,深部找矿"思想对当前的找矿工作有重要指导作用。

作为从野外勘查一线走出来的地质学家,常印佛把李四光的一句名言当作座右铭:"地质科学的源泉在野外。这里,也只有在这里,才能产生真正的科学问题和科学理论"。因找矿所需,其研究的问题来源于野外,由此取得的创新与发现又反过来切实地指导找矿工作。铜陵及长江中下游地区有一批矿床是在他的理论指导下发现的,且这些理论仍然在发挥作用。

常印佛还在地质科技管理和政策制定方面贡献了力量。自 1958 年担任321 地质队技术负责人、总工程师起,常印佛即负责起全队的找矿部署和科技管理,重点抓了提高质量、综合研究及对院校科研单位开放合作等措施,提高了队上地质工作水平。1978 年开始,他先后担任安徽省地矿局副总工程师、副局长、总工程师、技术顾问,负责全局找矿工作,在全面恢复地质工作秩序和保障质量的同时,他也通盘考虑了全省各区、各矿种,以及重点和一般的关系,力争求得均衡发展。1980 年代后期,全国地质工作开始进入全面萧条期,他协助局领导在地质工作的寒冬中坚持下来,为日后复苏保存了力量。在主持多个国家重大科技攻关项目中,他在组织协调方面都表现出色,凝聚了一支战斗力强的研究团队。21 世纪初,常印佛与其他院士一起在陈毓川院士的牵头下,呼吁国家重视地质工作,促成了 2006 年《国务院关于加强地质工作的决定》的出台。2013 年,面对发展势头较好的地质形势,他又在总结地质工作发展历史的基础上,分析了当前"三勘"(勘查工作、勘查单位、勘查人)存在的问题,在热闹中保持冷静,在好景中看到忧患,并提出了制定地质政策的建议。他常在地质工作发展的重要关头指出正确的方向,提出建设性的意见。

任何科学家的成长,都是科学家个人、家庭、国家、社会甚至历史环境等多方面因素综合作用的结果。常印佛也不例外。作为个人,他有着良好的天赋,记忆力极佳,博学多才,善于思考总结,严谨认真,勤奋刻苦,又有对地质科学和地质事业的兴趣和热爱,具备科学家的品质,堪称将才。其为人又谦逊和蔼,平易近人,淡泊名利,与世无争,能团结队伍,善于组织协调,兼具帅才。他成长在良好的家庭教育和学校教育环境中,同时又赶上了国家需求,有着较好的个人机遇。

这些影响常印佛成长成才的多种因素分别起到怎样的作用? 它们是怎样具体地表现出来的? 在其人生不同阶段上哪一种因素占据主导? 其经历与同时代的科学家相比有哪些共性与特性? 这些都是须要深入挖掘的问题,追寻其答案有利于我们理解常印佛的学术成长。然而,这项工作又有超出个人之外的价值和意义。常印佛早年读过私塾,接受了传统文化的熏陶,具备旧学功底,大学时又接受现代科学的教育。那时的高等教育以精英教育为目的、以通识教育为手段,而如今这已随着院系调整和大学扩招一去不复返。常印佛是从野外走出来的地质学家,与实验室里做研究的学者不同。当时的科研以科学家自由探索为主,没有纷繁的项目,也因此少了些浮躁的空气。所有这些都已成为过去。研究这一辈老科学家的成长成才环境,也有利于以史为鉴,反思当下教育与科研的问题与对策。

常印佛的找矿活动和学术成长自始便与国家需求紧密结合。他六十多年的地质生涯伴随着中华人民共和国地质事业发展至今的全部历程,反映了新政权成立以来地质矿产政策的变化,地质人才的培养,地质队伍的成长以及找矿工作的全部阶段等。本书希望在叙述其学术成长经历的同时,也能够折射出新中国地质矿产事业发展的历史进程。常印佛作为亲历过日伪统治、见证过国家贫弱,经历过国共政权更替,而把青春和汗水都献给国家地质事业的科学家,其身上体现的奉献精神以及对国家和民族的责任感与使命感,彰显了一个时代的科学家的价值追求和精神面貌,这在任何时候都不失其永恒的意义。

到目前为止,公开发表的对常印佛的介绍与报道不在少数。著作类主要以单篇传记为主。如《两院院士——中国科学院院士》(浙江大学出版社,2002)、《清华人物志》(清华大学出版社,1996)、《安徽省志·人物志》(方志出版社,1999)、《中国地质矿产年鉴》(地质出版社,1998),以及一些传记辞典如《当代中国自然科学学者大辞典》(浙江大学出版社,1992)、《中国科学技术专家传略》(中国科学技术协会编,2004),等等。这类材料介绍了常印佛的生平事迹,对其学术贡献也有简要概括。中国科学院院士工作局主编的《科学的道路》(上海世纪出版集团,2005)收录的常印佛所作"与大山结缘的道路"则是有关其早期生涯的自传。第二类文献涉及对常印佛的学术评价,如《岩石学报》2010年出版的"纪念常印佛80诞辰暨深部找矿理念提出25周年专辑"、《地质学报》2011年出版的"长江中下游学术专辑"、"两院院士常印佛亮点扫描"(吴昭谦,《江淮文史》,2002)、"著名矿产地质勘查和研究专家——两院院士常印佛"(科教兴国,2006)对其学术贡献也都有较好的介绍。在这类文献中,《创新中国》杂志2011年刊登的对常印佛的专访"'此身许国无多求,乐在图书山水间'——专访我国著名矿床地质学家和矿产地质勘查专家常印佛院士"和常院士秘书李良军博士撰写的《二十世纪中国知名科学家学术成就概览·地质学分册2》中的"常印佛"条目(孙鸿烈,科学出版社,2013),报道和评价最为详实全面。第三类文献是常印佛的同事、朋友所著回忆或纪念性的文章。代表性的几篇为"求实创新，敬业奉献——贺常印佛院士七十寿辰"（唐永成，《安徽地质》，2001）、"大爱无言　上善若水——写于常印佛院士80华诞"（周治安，《安徽地质》，2011）、"我心中的常印佛先生"（何义权，《安徽地质》，2011）、"鸿志立山川　丹心报祖国——贺常印佛院士80华诞暨从事地质工作60年"（吴玉龙，《安徽地质》，2011）等。这些文章或讲述与常印佛交往的经历，或谈及认识与评价。尤可一提的是，知名国际地学期刊《国际地质学评价》（*International Geology Review*）于2011年4—5月号上出版了一本"长江中下游成矿带专辑"，刊出了由该专辑特约主编杨晓勇、孙卫东、周涛发和邓军四位教授合写的一篇社论（Editorial），开头两段也对常印佛在长江中下游的工作做了介绍，亦是向其致以八十寿辰的庆贺。第四类文献来源于报纸、网络等媒体。其中有对常印佛的采访，有对其活动的报道等，亦可供甄别后使用。

上述各类文献不乏精彩的篇章，为本书提供了丰富素材、信息与可供追踪的线索，构成了本书写作的部分基础，具有重要价值。但由于各种条件限制，亦有不足之处。首先是没有专书出现，已有文献止于对常印佛生平和学术的简单介绍，比较零散，且多重复。其次是单篇传记仅限于对传主本人事迹的叙述，许多重要的相关人物和社会背景都没有交代。再次是传主的学术成长特征、规律、重要关节点缺乏深度分析和全面总结。另外，前人依据的材料有限，多数通过回忆、采访或引自其他报道。总之，已有文献在研究的深度、广度以及系统程度上，略显粗疏。

2012年10月，中国科协"老科学家学术成长资料采集工程·常印佛院士学术成长资料采集项目"启动，为系统搜集常印佛相关资料提供了契机。

首先是口述资料的采集，包括对常印佛本人的系列访谈及对其朋友、同事、学生和家人的访谈。通过直接访谈，记录了常印佛详细的家庭背景，教育经历，参加工作、援外和后来主持国家科研项目的全部过程，理清了他成长中的几个阶段和关键节点。外围访谈则获得了更多具体细节，也提供了更多资料线索，构成了重要的信息补充。

其次是系统采集了院士本人的著作、论文、会议记录、报告讲稿或PPT文件、野外考察笔记以及他参选院士的推荐书、各阶段获得过的各类奖章和荣誉证书。

再次是从常印佛学习、工作过的地方采集档案资料,包括从南京师范大学附属中学和清华大学采集到的常印佛的学籍卡和成绩单,321 地质队和安徽省地矿局的相关档案,以及安徽省地质资料馆和全国地质资料馆收藏的地质档案。其中尤以地质档案最具价值,涵盖了常印佛从 20 世纪 50 年代编写的地质勘探报告到 21 世纪初主持的多个大型科研项目研究报告。

另外,还采集到了许多视频和照片。视频中有常印佛在各类场合的发言和其他多位院士对他的评价,照片反映了他童年、青年、壮年和老年各阶段的学习、工作、生活场景,富含历史信息。

本书即以上述材料为基础,力求反映在社会历史背景下,常印佛的人生与学术成长之路。通过传主事迹的叙述,又反过来追寻时代环境的变迁和人才成长的个性与共性。全书大体以时间为序,将常印佛的人生划分为童年、中学、大学、参加工作、援外、回国、当选院士之后等不同阶段。每一阶段成长的主题不同,影响因素亦不同。故以常印佛学习与成长的时间为经,以其家庭、各阶段教育(学术)环境、中国地质事业发展阶段以及社会政治环境为纬,力求立体综合地反映其学术成长中的诸要素和广阔的时代背景,尤其是新中国地质事业发展的历史。

本书第一章交代常印佛出生家世,幼年家庭启蒙和少年中学教育。耕读传统为常印佛提供了良好的读书条件。母亲的严格管教对他一生影响至深。受丁文江和严爽两位乡贤地质学家的影响,他很早就知道了地质学,并有着天然的亲切感。随着日寇侵华,泰兴沦陷,在伪军统治下亲历了亡国奴生活的常印佛,眼看百姓受辱国遭欺凌,发愤尽己所能,报国丁将来。献身科学、报效国家成为他一生的两个驱动,其根源则应追溯至其幼年和童年经历。

第二章集中在常印佛于清华大学学习期间。尚未经历院系调整的清华大学,延续了民国传统,鼓励通识教育,注重实践教学。在优越的师资和良好的学风中,常印佛深受熏陶,并打下坚实的知识基础。

第三、四两章是常印佛在野外地质一线工作的经历。国家正值新政肇始,百废待兴,急需矿产资源搞建设的时期。常印佛从 1952 年作为一名普通的地质队员被分配到 321 地质队,至 1958 年成为该队技术负责人指挥全队找矿工作,直到 1965 年出国援助越南。在这长达 13 年的时间里,他除在华东地质局工作过一年外,一直奋斗在地质勘查一线,踏遍了铜陵及周围地区的山水,经历了地质矿产普查勘探的全套工作过程。他还于 1956~1957 年间在扬子江队与苏联专家共事,不仅跳出安徽省界,到长江中下游其他地区参观、考察和工作,还直接了解到苏联找矿工作中的若干方法。他积累了丰富经验,也迅速成长为能独当一面的地质专家、技术骨干。这一阶段是其学术生涯中最为关键的时期,为之后一系列创造性的研究奠定了实践基础。

第五章是常印佛十年援外阶段。自 1965 年到 1974 年,常印佛多数时间都在国外,为越南和阿尔巴尼亚的矿产勘查做出重要贡献,获两国劳动勋章。同时又避开了"文革"动乱,没有荒废时间,却开阔了视野,提高了业务水平,颇具传奇色彩。

第六章讲述了传主援外结束后回国初的经历。因时局未定,常印佛在北京、铜陵工作了一段时间,期间曾到美洲、澳大利亚等地考察,最终在安徽省地矿局安定下来。这一阶段是其人生的过渡期。

第七、八两章介绍常印佛在安徽省地矿局任职期间的工作、科研情况。他先后主持了多个大项目,推动安徽地质工作的发展,培养年轻人,开展对外交流与合作,取得了丰硕的成果。这一时期是他大展宏图的季节,也是收获的季节,得到一系列奖项与荣誉,并被选为中国科学院和工程院院士。

第九、十两章写传主晚年老当益壮,继续关心和推动着国家地质工作,提出重大建议,愉快而充实的生活。

结语部分对常印佛学术成长的主、客观因素作了分析,同时也探讨了与他同一时代科学家的思想关怀、价值追求、成长成才的规律与特征。

传记若以扎实可靠的史料为基础,秉承客观分析、公正评价的原则书写,亦可成为严肃的历史著作。本书的写作始终以此为鹄的,写出真实可靠、经得起检验的文字,力避一般传记为传主虚美隐恶、歌功颂德的俗套。对于许多当事人尚在世的传记类作品,要完全达到这一目的并非易事,然本书聚焦于传主学术成长,加之传主性格与为人的特征使其很少有争议,故直笔行文不为难事。读者察之。

第一章
家世、启蒙与中学教育

书香门第的娇子

常言道"一方水土养一方人",人才的成长,离不开有利的地理环境、社会经济与文化传统等综合因素。江苏省泰兴县,地处长江下游之北岸,江水福泽,滋润了肥沃的土壤,交通便利,更繁荣了商业经济。勤劳智慧的人们在这片土地上创造了悠久而深厚的历史文化。《泰兴赋》记:"故郡泰兴,淮浦江滨。星垂牛斗,地气氤氲。济川棹讴,破长风兮濯清浪;扬子波澈,翔高羽而潜素鳞。羌溪牧笛,临东郭朝旭;船港沓潮,沐轻舸夕曛。物华天宝,人杰地灵,川泽荫润,佑我生民……"正写出了泰兴得天独厚的优势。今天的庆云寺、望江楼、襟江书院旧迹无不在默默诉说着这片土地的悠久历史和昌盛文教。"诗书华章,孝悌高行,垂范遗鉴百代",泰兴古代历史上的先贤不可胜数矣,近代以来人才之盛亦令人惊叹。其中有近代著名的教育家吴贻芳、朱东润,喜剧大师丁西林,篆书大家陈潮,新诗前驱刘延陵,画坛巨匠程瑶笙,地学泰斗丁文江,石油专家严爽以及6位新中国院士。常印佛，便是这六位院士之一，且是中国科学院和工程院两院院士。

1931年7月6日，常印佛出生在泰兴县的一个书香人家，父亲常遗生（1900～1940），字慰先，母亲姓朱，名茝沅。常印佛是家中独子，父亲在其出生不久即带他到当地庆云寺，拜寺庙方丈慧真大师为师。慧真大师为小印佛取了法名，还赐予一套僧衣。常父淡泊名利，给这个三代单传的男婴取名"印佛"，希望其在"念头里"印有佛家的境界，心中常存佛性。从日后来看，这个寓意深刻的名字或许在冥冥之中塑成

图1-1 童年常印佛（1935年）

了常印佛的性格与为人。

常家祖上在县城南拥有一定量的土地，世代以耕读为生，种田自立，诗书传家，是当地比较有名的书香门第、文化世家。高祖父曾做过拔贡，相当于举人的副榜，是当地知名的私塾先生，乡里多送孩童至其门下受教。曾祖父时，举家迁入县城、不再务农，读书的传统依然延续，祖父亦曾中秀才。至常父时，科举废，新学兴，其则考入上海龙门高等师范学校，修图书馆科，毕业后也投身教育，在上海教授中学英文、历史、地理等课程。

常印佛的父母是姑表亲，即当时社会上比较常见的"亲上加亲"的联姻。常母家世居县城，祖上曾经营一家大商号，但至常母辈出世时，商号已停业，转以土地为生。常印佛的外祖父是当地的绅士，在清末民初社会风气与观念趋新的环境下，受当时民主革命思潮的影响，思想开明，重视女子教育，把女儿都送到学校读书。常母姐妹五人，没有兄弟，在家中排行第四，大姐早夭，其名未详，二姐朱蕙沅，三姐朱蘅沅，小妹朱芹沅。蕙、蘅、茝、芹皆为屈原名篇《离骚》中的芳草，用于比喻美好品格，四姐妹以此为名，寓意优雅高

洁,也反映了常印佛母亲一脉的文化修养和诗书风气。在良好的家教下,四姐妹皆非凡俗。常母考上了当时的南通女子师范学校(该校为清末状元、民初政界耆宿及实业家张謇所创办,在沪宁一带颇有名气),毕业后从事儿童教育。

常印佛父母婚后的新家坐落在当时泰兴县南大街 174 号。小印佛经常跟随母亲学儿歌,听她讲历史故事。常父工作繁忙,一年中只有寒假能回家一次,父子俩见面的时间并不多。平时家中常收到父亲来信,嘱咐常母要把小印佛看管好,教育好。

图 1-2　与儿时的伙伴在一起(左一为常印佛,1938 年)

母亲严格的家教

1936 年秋天,小印佛 5 岁,母亲送他到离家不远的襟江小学读幼儿班。在那里,他可以和同龄的伙伴坐在"小爬爬凳"上跟着老师做游戏。入学不久,小印佛因染上麻疹而休学在家,后因体弱未再返校。

一年后"卢沟桥事变",抗口战争全面爆发,紧张的局势也影响到泰兴县城。当时在上海交通大学工作的父亲和祖母商量,欲举家随校一同迁往处于抗战后方的重庆。后因祖母年事已高,行动不便,不愿随迁,遂未能成行。常遗生则因工作需要随校西迁,留下妻子在家照顾母亲和小印佛。

随着局势愈来愈紧迫,泰兴县城动荡不安,人心惶惶,想有一个安静的读书环境已不可能,学校也难以维持正规的教育。在这种情况下,常母决定将小印佛留在家里,由自己做他的专任教师。在 6 岁之后约四五年的时间里,小印佛即是在家学习。母亲教授他语文、数学等科目,闲暇

图1-3 身着童子军军装

时便给他讲历代名人典故，教育他要以历史先贤为榜样，立大志，做大事。

常母不仅教授小印佛文化知识，更对他严加管束，在生活细节方面教他养成良好习惯，讲文明、懂规矩，待人接物彬彬有礼。这也与当地重视家教的风俗有关。其最有名者，为黄桥丁氏家族的家风。

黄桥镇是泰兴县的历史名镇，镇上的丁家花园是远近闻名的清代园林建筑，更著名的是园林的主人丁氏家族以及家族中走出的地质学家丁文江。丁家是当地的名门望族，家风十分严格。据《丁文江传》记载：丁母单氏，出身名门，是一个很有文化教养、思想开明的人，对子女十分疼爱，但要求也十分严厉。"起居动止，肃然一准以法：衣服有制，饮食有节，作息有定程"。平时不准随意乱花一分钱。要求子女事情能自己做的一定要自己做，绝不准随便支派男仆女佣去做，偶尔请他们帮忙，也要和颜悦色、客客气气，不许摆主人的架子，呼来喝去，疾言厉色。她教育丁文江弟兄要有远大志向，不要流于凡俗。丁文涛（丁文江大哥）回忆说，丁文江后来许多好的习惯都得益于母亲，是家庭教育"植其根"。单氏颇通文墨，丁文江刚咿呀学语，即教其识字，携其外出，每遇门联匾牌，亦教其识之，故其五岁入塾读书时，就觉得"已识之字多，未识之字少"，能"寓目成诵"了。① 当时社会上的许多有文化的家庭都是以这种方式教育子女，常印佛的母亲即是这样教育他的。

实际上，常家和丁家还有一定的联姻关系。常印佛最小的姨母朱芹沅，便是嫁予黄桥丁家的丁文泽，其与丁文江同属"文"字辈，且第三字都是以

---

① 林任申、林林：《丁文江传》，江苏人民出版社，2007年。

"氵"为偏旁，并都是水体名。二人相当于堂兄弟关系。① 常母也常常拿丁文江的事迹来教育和鼓励常印佛。每每回忆起当年母亲教育自己的良苦用心，常印佛都感慨不已。他多次提到，母亲是对他影响最深的人，自己从中受益终身。

儿时在家读书的几年，对常印佛而言不仅是美好的回忆，也是其一生中重要的启蒙阶段。常家有着丰富的藏书，这成为小印佛汲取知识的宝藏。在完成母亲安排的学习后，小印佛就在书架上随意翻书，从古代典籍到现代图书，从竖排的线装书到油印画册，形成了伴其一生的读书兴趣和习惯。常印佛依然记得，儿时所读之书中，由任鸿隽先生编著的《世界科学家列传》深深地吸引了他。书中介绍了各种科学现象和发明，小印佛感觉自己站在了一道门槛上，里面丰富多彩，五花八门，很是奇妙，一个崭新的自然科学世界向他敞开。那些伟大科学家们的故事也令他钦佩不已，他们献身科学的精神给了他很深的印象。他尤其感动于英国科学家卡文迪许的一生，久久不能平静，体会到科学的神奇和科学家的伟大，朦胧之中产生了献身科学的志向。晚年的常印佛在抚今追昔，回忆起童年的这段读书经历时说，这是他从事科学研究的最初驱动。

父亲随校迁到重庆后，任重庆图书馆馆长。虽公务繁忙，还是经常写信给常母，关心小印佛的读书情况，还嘱咐给他请老师补习四书和古文。常母因此请来两位先生，分别教授儒家经典"四书"和古文。小印佛读完了《孟子》和《论语》，也读了许多汉魏文章，韩、柳、欧、苏等各代名家名作。儒家经典和古典文学的学习为其打下了坚实的古文功底。他后来经常咏诗畅怀，词工典雅俊逸，清新豪迈，便是得益于这一时期对古典文化的学习。更重要的是，常印佛儒雅性格的养成，恐怕也离不开这些文化传统的熏陶。

1940 年，常遗生因感染痢疾不幸去世，年仅 40 岁。噩耗传来，全家陷入

---

① 两家都住在黄桥米巷，为相隔不远的邻居，丁文江故居在新中国成立后被征为区政府驻地得以保存，而丁文泽一家早移居江南，故居被分给乡镇居民。常印佛在 2007 年回黄桥时曾反复打听，也找不到其踪影了。

沉重的悲痛。坚强的常母勇敢地挑起了重担,成为家中的顶梁柱。她把常印佛送到当地的私塾先生宋介之那里读书。宋介之是常印佛父亲生前的朋友,教育学生认真负责,对常印佛关爱有加。当时许多私塾开设的课程与正式的小学教育相差无几,有算术、自然、历史、地理、古文等课程,后来还教英语。它们只是名为私塾,实际上相当于小学教育。这些私塾教育亦受到社会认可,读完之后颁发证书,等同小学毕业,可以凭此升入初中。常印佛在宋介之学塾中读了两年,毕业后进入初中学习。

乡贤激励:丁文江与严爽

中国传统社会,一乡之中的贤良才俊对当地的青少年儿童会产生重要的影响。他们的价值观引导着乡里百姓,他们的功勋和事迹被到处颂扬,而他们的事业,则常常会被追随和模仿。在泰兴,丁文江和严爽就是这样的乡贤,他们在当地有着极高的声望,常印佛即是受他们影响的一个小晚辈。

丁文江(1887~1936)是我国地质事业的开拓者、奠基人。少年时东渡日本留学,后由日本远渡重洋前往英国,曾在剑桥大学学习。1907~1911年在格拉斯哥大学攻读动物学及地质学,获双学士学位,毕业当年离英回国。他是我国著名的地质学家、地质教育家,中国地质事业的奠基人之一,创办了中国第一个地质机构——中国地质调查所,领导了中国早期地质调查与科学研究工作;又在该调查所推动了中国新生代、地震、土壤、燃料等研究室的建立;为近代中国培育了第一代地质人才,为近代中国科学事业尤其是地质科学的发展做出了开创性的贡献。他还是近代科学救国思想的主要倡导者和实践者,主张以科学观念更新人们的思想,以科学精神作为指导人们行动的准则,强调科学在救亡图存中的重要作用,并身体力行地参与科学救国事业。他亦是中国地质学界第一位将专业知识与企业生产结合起来的科学家,努力实践其毕生倡导的科学救国思想。①

　　虽然在常印佛 5 岁时,丁文江就已经逝世,但他当时已是全国著名的大地质学家了,在泰兴当地更是妇孺皆知的大人物。母亲经常给小印佛讲起丁文江的事迹,鼓励他以丁文江为榜样,做对社会有用的人。

图 1-4　在泰兴黄桥丁文江故居(纪念馆)(2007 年,李良军提供)

　　严爽(1895～1962)是采矿学家,中国石油工业的开拓者之一,1927 年毕业于北京大学矿冶系。1934 年 9 月,由他担任队长的陕北延长井位油井出油,这是中国人靠自己力量打出的第一口出油井。抗战期间他担任矿长的玉门油矿产油 7 866 万加仑,为抗战胜利提供了重要的物质资源。中华人民共和国成立后,严爽历任燃料工业部石油总局副局长、石油工业部勘探司副司长,参与打造了中国石油工业队伍。严爽的事迹在泰兴当地也是家喻户晓,且严家与常家也有一些姻缘关系:常印佛的曾祖父搬进泰兴城时,尚有两个兄弟留在老家,严爽的妻子便是当地常氏的后人。所以按辈分和亲缘,严爽应该是常印佛的堂姑父。小印佛在学校上学的时候,老师们讲起严爽

---

① 有关丁文江的研究成果已相当丰富,除上引林任申的《丁文江传》外,可参见胡适的《丁文江传》,(美)Charlotte Furth 的《丁文江:科学与中国新文化》,欧阳哲生的《丁文江先生学行录》,宋广波的《丁文江年谱》,等等。

都会竖起大拇指,学生们对这位乡里人物也引以为傲。

丁文江与严爽二位先贤不仅是从事地质学和采矿学的大科学家,也是科学救国的实践典范。童年时期的常印佛,受他们影响,很早知道了地质学这一名词。他曾在回忆自己最初与地质结缘的历史时,写到了二位先生:

> 引导我学地质的最初因素恐怕与两位乡贤有关,一位是地质学家丁文江先生,一位是采矿学家严爽先生。早在小学时期,就从老师和家人的口中知道一些他们的事迹,虽然无缘拜识两位先生(当时丁先生已作古,严先生则远在大后方),但"地质"和"矿业"这两个名词已在幼小的心灵中留下深深的印象。可以说"地质学"作为一门学问,我比物理学、化学或哲学等还更早地听到,因而在思想上总怀有一种朦胧的仰慕之情。①

当然,这种最初的影响还仅仅是朦胧的,并不必然影响到他日后的选择。但丁、严二位乡贤的事迹引起了常印佛对地质的认识与好感确属无疑,这不能不说是他与地质学的一种缘分。

难忘的扬陌学塾

1940 年 1 月 16 日,日本海军陆战队广野部队在汉奸魏尔圣、蔡鑫元带领下分别从天星桥、七圩港登陆,侵占泰兴县城,泰兴沦陷。蔡鑫元抗战前任国民党江苏省泰兴县蒋华区(第八区)区长,抗战后任国民党军统忠义救国军头目,此间里通日寇,遭到当地百姓痛骂。1940 年底,汪伪和平反共建国军第七路军改编为暂编陆军第十九师,由蔡鑫元任师长,其为泰兴一霸。②

---

① 常印佛:"与大山结缘的道路"。《科学的道路》(下册),上海教育出版社,2005 年,第 1335 页。
② 泰兴县志编纂委员会编:《泰兴县志》,江苏人民出版社,1993 年,19 页。

泰兴县城在日伪军的统治下直到日本战败投降。

泰兴沦陷后,县城的泰兴中学(前身为襟江书院)迁到乡下,名义上归国民党所属,后因国共合作抗日,新四军在乡下发展游击区,其实际上则受共产党和新四军领导,成为进步力量的基地,师生积极从事抗日活动。泰兴中学撤出县城后,伪军师长蔡鑫元在城内办了一所私立延令中学,简称"私中",带有殖民色彩,推行奴化教育。当地爱国人士为抵抗奴化,遂新建一所初中,即扬陋学塾。

扬陋学塾是泰兴当地热心教育的名流戴为夤(1899～1967)与杨元毅(1905～1972)所办。杨元毅是当地大族杨家长孙,北大法律系毕业,很受当地人敬重,戴为夤所在的戴家也是当地著名绅士。泰兴沦陷之初,正常的教育秩序无法维持,伪政府所办学校又有浓厚的殖民色彩。戴、杨二位爱国绅士为此忧心如焚。为使青年学生的教育不致中断,保持民族气节,他们便组织创办了一所初中,名义上仍称作学塾,以示私立性质。该校的一届毕业纪念册中遂有如下记载:"本塾诞生于民国二十九年春,时变方殷,闾里不靖,青年学生彷徨歧途,莫知所从,邑中教育先进戴杨二先生,目击心伤,亟思补救,遂毅然创立本塾,俾吾侪得免失学,幸何如之。"①

学塾借用戴镏龄(1913～1998)的房子办学,那是一座洋楼,在当时尚属新奇建筑,故学塾初称"洋楼学塾"。上课的地点在大厅里,条件依然是比较艰苦的。据学塾校友陆文夫回忆:"我们的一个班共有五十多人,那个大厅很大,坐五十多人也不觉得挤,只是那个大厅没有屏门,靠天井的一边是敞开的,雨天会打雨,冬天会飘雪。"后来干脆取"洋楼"谐音为"扬陋",正式唤作"扬陋学塾",也寓意师生们要发扬"陋室"精神。塾长戴镏龄,是我国著名的外国语言文学家、翻译家,当时正在武汉大学任教。真正负责校务的是戴为夤和杨元毅。戴为夤兼任化学教师,杨元毅则兼任国文教师。

扬陋学塾由于"学塾"的名分,可以免开"日语"等课程,政治色彩比较淡薄。戴、杨两位办学者又是当地爱国名流,政治清白,有较大的影响力,以致江南、江北、上海的一些很有名的中学教师为了避开日伪的牵连

---

① "陆文夫与扬陋学塾"。《文艺报》,2010 年 2 月 8 日。

和影响，纷纷慕名而来。扬陌学塾一时间成为当地师资环境最好的学校。

1943 年夏，常印佛从宋介之私塾毕业，准备上初中。从师资和环境来看，扬陌学塾是最好的，但因离家稍远，单程要走三四里路，常母担心他每天走这么多路会吃不消，便就近送其入延令中学就读。常印佛在"私中"读完初一后，对学习环境并不满意，经与母亲商量，由宋介之介绍，拟转学至扬陌学塾。就在暑假即将结束时，他接到了"私中"通知：因其学习成绩优秀，荣获奖学金，开学报到后即可领取。这个消息不胫而走，很快传到扬陌学塾。戴为霨担心常印佛会因此打消转学的念头，遇到宋介之时，即透露了自己的忧虑。宋介之还专程为此到常印佛家陈述利弊，叮嘱他们一定要转到扬陌学塾，最终促成了转学。

扬陌学塾当时开设的课程十分全面，第一学期开设有国文、公民、英文、算数、地理、历史、生物、植物、美术及体育等 10 门功课，第三学期开始教授物理、化学，连前面 10 门加在一起共 12 门功课，全部一直上到第六学期。[①] 教材可以自己选定，教育内容相对自由，其中明末少年爱国英雄夏完淳的狱中家书以及都德的《最后一课》等，都在国难当头的氛围中激发了同学们的爱国情感。他们在一个大厅里上课，下课时在同一个天井里嬉戏，很像一个大家庭。假期里还组织联欢会，男女学生在一起唱歌或说故事，是同学们展示各自才艺的好机会。在当时的情况下，戴为霨、杨元毅等一群不愿做亡国奴的爱国者，顶住时局压力办扬陌学塾，正可谓在阴霾满布的天空中拨开一片云雾，让青年学生们得以沐浴知识的阳光。

扬陌学塾不仅教给学生们扎实的知识，更为难得的是，还教给了他们健全的人格。当年扬陌学塾学生的精神风貌，可以从 1945 届毕业生同学录中窥其一斑。同学录上，每个人都有几百字的介绍，是同学之间自由发挥相互提写的，"基本上写出了各人的特点"。其中杨永健写给班上学习最好的一位同学朱砚磬的文字是：

---

① 冯晓："书香一页到如今"。《苏州杂志》，2009 年，第 4 期。

君为一朝气勃勃有为之青年,性刚直,态度温柔,处世接物,举止大方,勤勉治学,故成绩冠侪辈。君体健且美,求知欲极浓厚,吾辈同学皆心慕之,口才伶俐如悬河,且素怀大志,尝曰:"救国之责,青年学子宜任之,有才能,方足以救国,努力读书所以奠定救国之基础。苟吾辈学子,有读书之名,而无读书之实,偷安贪逸,将陷入深渊,走入歧途,吾国之复兴,永无日矣",观此数语,可知朱君雄伟之志矣。①

这段文字至今读来仍让人感动,中华少年的精神追求和理想抱负若都像朱砚磬这般,那么我们民族的崛起便指日可待了。

另一则简介是宏生写给同窗陆文夫的:

我很敬这位同学,很爱这位同学——假如拿他的仪容比青山,那是最确切不过的了,修长的个子,圆润的眼珠,到处表示他个性的特征。

性和顺,长日是溶浸在笑容里,长日是溶浸在磊落的言笑里,他爱好研究新文学,善于口琴,篮球又为他的特长。

我和君相识两年,知其生平可交深,当此毕业之际,为之小传,以留他日之鸿爪。②

这段惺惺相惜的文字不仅生动表现出少年陆文夫的形象,也和同学录中其他简介一样,自然流露出当时同学之间的友爱和融洽。

---

① 陆文夫:"忆朱砚磬同学"。《人物》,1999 年,第 8 期。
朱砚磬,1928 年生,扬陌学塾 1945 级毕业生,毕业后到扬州中学读高中,后考入浙江大学,毕业后被分配到中科院物理所工作,1960 年代早期曾因做出优秀成果获国家奖励。"文革"开始后,朱砚磬受到无端冲击,由于秉性刚烈,深信士可杀不可辱,决然在其心爱的实验室接上仪器电源,双手触电而亡,时年不到 40 岁,尚未结婚。这位聪明健美、才华横溢的科学家就此香消玉殒,抱终天之恨,赍志以殁。"文革"结束后,她的多位同事专门为她编印了一本纪念专辑,一致称颂其为一代才女。
② 冯晓:"书香一页到如今"。《苏州杂志》,2009 年,第 4 期。
陆文夫,1928 年生,扬陌学塾 1945 级毕业生,中国知名作家,在小说、散文、文艺评论等方面都取得了卓越的成就,曾任苏州文联副主席、中国作家协会副主席等,于 2005 年去世。

虽然这是比常印佛早一届的同学录，依然可以由此推想他在扬陋学塾时的学习情景。扬陋学塾在国难方殷之时，为学子们提供了一个避风港，保护了他们健康成长，使他们得以“静听诸师之训诲，几忘其荆棘遍地，烽火弥天矣”。常印佛在扬陋学塾读完初二便是1945年了，这年暑假里，迎来了抗战胜利，他至今仍记得当时的欣喜。听到日本投降的消息后，戴为骞校长大放鞭炮，说天亮了，并请在校寄宿的同学饱餐了一顿。

早在扬陋学塾建立不久，戴为骞等设法与国民党地下教育厅取得联系，获得批准，在组织上实际属国民党领导。1945年9月12日，新四军抓住日本军队都集结到扬州等待国民党受降、城里只剩下伪军的时机果断出兵解放了泰兴城。进城以后，新四军撤销了伪政府办的县立中学和私中，扬陋学塾则因为在政治上比较清白而被保留下来。原来的老县中也从乡下迁回，拟与扬陋学塾合并起来共同办学。当时国共矛盾没有消除，双方陷入了漫长的谈判。随着1945年12月31日国民党军队突击泰兴，新四军撤走，合校的计划终未实施。新四军撤走之际，又把泰兴中学师生带走。1946年，国民党决定成立新的县立中学，扬陋学塾就此并入县立中学，学生也转到新的泰兴中学。

常印佛初三上学期继续在扬陋就读，下学期即入泰兴中学。新四军领导的泰兴中学，素有革命传统，学生积极参与救国战斗，但在泰兴仅存半年，未对扬陋学塾有何影响，国民党新办的泰兴中学，则仍以原扬陋学校为主体。严格地说，常印佛初中换了3所学校，而扬陋学塾对他的影响无疑是最大的。这在当时动乱的环境下很常见，例如，比常印佛大4岁的学长、后来也成为中科院院士的王德滋，在上初中时换了4所学校。

亡国奴生活给常印佛很大刺激，他亲眼目睹了日寇在中国耀武扬威，欺侮百姓，深感国家贫弱受辱的悲哀。他后来回忆，当时的泰兴在政治上是群魔乱舞，暗无天日；在经济上是百业凋零，民不聊生；在文化上是一片沙漠。在这种环境下，每一个有志气的中国人都会想法改变现状。常印佛从那时起便暗下决心，一定要让国家富强起来，改变屈辱的处境，令中国人扬眉吐气。这种意念来自切肤之痛，是沉重的、真诚的，成为他一生源源不断的驱动力。

图 1-5　与王德滋院士在襟江书院旧址(2013 年,李良军提供)

求学于中大附中

1946 年夏天,初中毕业的常印佛报考了 3 所高中,包括国立中央大学附属中学、江苏省省立中学和一所私立学校。前者为今南师大附中前身,次者即今镇江中学,与后者同在当时江苏省省会镇江市。中大附中抗战时随中央大学迁往后方,战后开始返迁工作,并在南京设置考点开始招生。常印佛被 3 所学校同时录取,由于中大附中直到当年 11 月才完成返迁,他在此前两个多月时间里,是在镇江中学学习的。

镇江中学在当地应算是比较好的高中了,有许多杰出人才早期曾在这里求学。其中包括后来成为中科院院士的理论物理学家胡宁、古生物学和地质学家顾知微、航空专家陆孝彭、建筑学家吴良镛、自动控制和航天工程专家陆元九等等,可谓人才辈出。然相比之下,中大附中的师资和环境又比镇江中学更好,在其迁回南京后,常印佛即到其位于察哈尔路的校址报到。

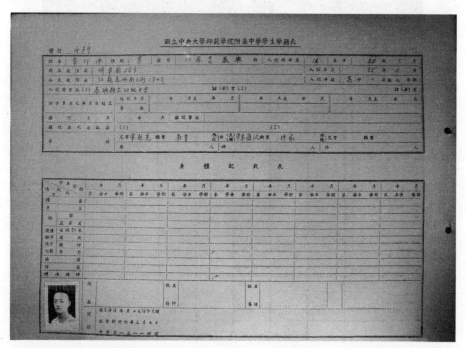

图1-6　常印佛在国立中央大学附属中学学籍卡［1946年，南师大附中校史（档案）馆提供］

国立中央大学附属中学在抗战前就是江苏省最好的中学之一，返迁后，又延请许多优秀的老师来校任教。当时该校挂名校长是彭百川，不常到校，真正负责校务的是从扬州中学请来担任教务主任的陈杰夫。陈是中等教育专家，有着丰富的办学经验，身材高大，嗓音洪亮，一口扬州话。他除了要管理好全校的行政、教学工作外，还兼教一个高中班的物理课，以便亲自总结教学实践的经验，指导全盘。他不墨守成规，要求师生都发挥创造性：教师要因材施教，循序善诱；学生要勤思好问，博学多能，立志为建设祖国做贡献。

陈杰夫曾在全体师生大会上谈及自己的经历。他说，中国的工业太落后，需要培养一批技术人才，才能改变状况，自己明知当教师的人都很穷，"无论古今中外，没有一个教师是发财的，最后都是两袖清风"，但自己仍然要干这一行，因为教育、培养新人才实在太重要了。他还举例他和青年教师一起动手建高炉做炼铁实验最终却失败的故事，劝勉全体师生共同努力，把教育搞好。陈杰夫全身心地投入教学管理工作中来,事无巨细,甚至在全校大扫除中亲任检查的总领导,监督学生们搞好卫生工作。①

中大附中不仅有良好的行政和教学管理,还有一支强大的教师队伍。其中有语文老师江天蔚、方毅侯,数学老师黄泰、居秉瑶、邱明秋、章镜月,化学老师周兴发、叶少农,地理老师丁文卿,物理老师陈杰夫、杨述曾、徐休祥,生物老师朱庭茂,体育老师陈璬等。其中最著名的应属数学教师黄泰。

黄泰(1904~1979),先后在扬州中学、中央大学附属中学和扬州大学教书,1947 至 1952 年任中央大学附属中学数学教员,一生为国家培养了三千多位科学工作者和大中院校教师,其中有中国科学院或工程院院士 11 人。② 他 1927 年毕业于国立东南大学,考取了公费赴美留学的名额,但由于要分担家中 10 多口人的生活重任,最终选择留在国内任教。当时除高中代数用英文版范氏大代数外,其他所教数学课程教材,均由黄泰自己翻译或编写出版。他在大学毕业后的 10 年中,除发表多篇论文外,还出版了《初中代数》

图 1-7　数学老师黄泰

(上、下册),《黄氏初中几何》(上、下册),《高中解析几何》,《高中立体几何》,《高中复学数学》和《抛物线、椭圆双曲线的几何讨论》,《几何学分类习题》等 7 部著作。1931 年出版的《高中解析几何》影响尤大,被东南业国家华侨学校使用,1935 年被审定为全国新课程标准用书。他在编写教学讲稿的时候就考虑下一步出书的计划,所以讲稿都写得一丝不苟,井井

① 徐祖云主编:《青春是美丽的》(第五辑),江苏科学技术出版社,2012 年,第 74 页。
② 他们是地质学家武衡院士,国家科技最高奖获得者、植物学家吴征镒院士,国家科技最高奖获得者、水稻育种专家袁隆平院士,北京大学教授谢义炳院士,中科院研究员许国志院士,南京大学教授高鸿院士,复旦大学教授吴征铠院士,地质学家常印佛院士,导弹专家黄纬禄院士,石油工程专家童宪章院士,电子信息工程专家童志鹏院士。

有条。

黄泰上的数学课更是扣人心弦，启人心智，精湛的教学技艺和独特的教学风格都深深吸引着学生。有趣的是，其黑板功也堪称一绝，有学生后来回忆他上课的情形时写道：

> 他把黑板看成是课堂教学的窗口，充分发挥黑板上的每一个字，每一句话，每一道公式的效益。他的板书纵成列、横成行、斜成线，书写的行列式，工整规范，排列有序，好像正在接受检阅的士兵方阵待命，在这个基础上，他讲述运算法则和规律，必然是画龙点睛，一目了然，学生们都说，听黄老师的课，岂止是求知受业，简直就是美的享受。黄老师的板画，更令人赞叹，他很少携带圆规直尺进课堂，总是随手作图，画出的图形，线笔直，角的准，圆滚滚。至于等分线段、平分角度、截取弧度等，那是一边说，一边手示比例，一边准确画图，如果你要用工具校验的话，不是"十不离八"，而是"无懈可击"。最叫人佩服的是黄老画圆有一手绝招，称"双手开工，一点成"。即用双手持粉笔，从一处出发，各画半个圆，汇聚在一处，最后用粉笔点上圆心，所画的圆，与用圆规作图，相差无几。黄老教课，在黑板上不多写一个字，也不少写一个字，四块升降黑板，写得满满的，教课中他从来不用黑板擦，写什么，在哪儿写，都精心筹划得好好的。当他教完课程，进入总结时，便拿起黑板擦，一边复述内容，一边擦去黑板上相应板书。课讲完了，黑板也擦干净了，下课铃也同时响了。教室里的黑板，对黄老来说，是"干净得来，干净得去！"[1]

黄泰老师的数学课总能给人美的享受，给常印佛留下了非常深刻的印象，数学也成为他最喜欢的课程。

黄泰在教学上严格要求的同时，还特别重视爱国思想的教育。他曾积

---

[1] 单庆朝："黑板功"。南京师范大学附属中学校友会主办：《南师大附中校友通讯》，2012年12月，第334页。

极支持学生支援十九路军抗战。在日伪占领期间,甘愿失业在家,绝不替日伪办学。3年多的时间内,在家写了代数、几何、三角、解析几何等从高一到高三的数学教材手稿,共5册,约70多万字。在江都县中任校长时,因政府要员之子不守校规,黄泰不畏强权将其开除,数月后竟被解聘,其为人气节令时人敬重。

教授常印佛高一几何的是居秉瑶老师,他是当时"部定"几何教科书的编写者,是宁沪一带中学名师,不过一年后即离宁赴沪任教。数学老师邰明秋虽未教过常印佛,但他在学校里组织了一个数学研究会,吸收爱好数学的学生参加,每一到两周开一次会,研讨的题目都是由他亲自准备,有时还刻印出来发给大家。会上主要是在他的引导下由大家热烈讨论,实际上是把一周来的学习内容再巩固提高一个层次。有时他还介绍一些数学领域的分支学科情况,以及有趣的数学故事,引起大家对数学的浓厚兴趣。此外,教授生物的老师朱庭茂,是当时民国教育部审定通过的中学生物教材的编著者。附中还开设英语口语课程,请来当时驻南京英国大使馆参赞的夫人授课。她每周到班上一次,一次一个小时,和学生随便聊天,气氛轻松活泼。附中当时已有部分科目用英文原版教材,用英语授课,刚开始时,多数学生会存在一些困难,但时间久了,又会喜欢英文授课。附中老师为常印佛打下的底子直到在大学里他都能受益:在清华时,因普通物理的教学内容和学生之前的学习不能衔接,开始时不少学生课堂听不懂,第一次期中考试时得分不高,唯独常印佛因高中有较好基础,考了全班最高的90分。[①]

附中课程的设置也很合理,按照教务主任陈杰夫的要求——课程安排得不多,给学生充分的读书时间,不压作业,提倡自由思考。学校还推行第二外语的实验,规定英语考试达一定标准的学生可以选修。二外分两个班,由中央大学的教授主讲法语和德语。常印佛选的是法语班,也到德语班听课。这一实验后因国共内战的爆发而停止,却足反映附中当时自由的学习环境和开拓创新的精神。

中大附中培养出了大批人才,毕业生中,先后有50多位成为中科院或

---

① 常印佛访谈,2012年10月16日,合肥。资料存于采集工程数据库。

工程院院士,其中自抗战胜利后到 1951 年从附中毕业的就有粒子物理学家戴元本、电子工程学家刘盛纲、水文地质和工程地质学家袁道先、计算机科学家孙钟秀、自动控制学家冯纯伯、水稻专家袁隆平(与常印佛同班)、水声学家杨士莪、发酵工程学家伦世仪、医学家何凤生、精密机械学家丁衡高,以及本书传主常印佛。六届毕业生中即有 11 名院士。

　　常印佛办理好入学手续后,即在将军庙 26 号的亲戚家中安顿下来。他很快就熟悉了新环境,课业之余常与同学到校外找书看。有两个地方最常去:位于新街口的美国新闻处和坐落在山西路的苏联大使馆。新闻处不属于美国大使馆,是一个独立机构,面积大,书刊丰富,中英文都有,可以随意翻阅。苏联大使馆也有一个阅览室面向公众开放。国民党当局对苏联大使馆亦不甚防范,任由学生出入。常印佛和同学们借助这些渠道获取国外的科技新知,主要关注美苏两个大国在科技和建设方面的新事物。在这里,常印佛了解到美国的田纳西水利工程(TVA)和苏联的伏尔加水利工程,以及苏联宣称颠覆星云学说的"星子学说",还特意索取了一些有关 TVA 的资料。①

　　由于课程较少,自由时间宽裕,无升学考试压力,常印佛可以广泛地阅读各类书籍。在此期间,他接触到了英国、法国等西欧国家和俄罗斯的文学作品。他比较喜欢俄罗斯的屠格涅夫和托尔斯泰,也偶尔会在上课时偷偷在下面看小说。除阅读了巴金、茅盾和鲁迅等一批国内作家的著作外,常印佛还接触了两本哲学著作,给他留下深刻印象。一本是赫伯特·厄内斯特·库什曼(Herbert Ernest Cushman)著、瞿世英(菊农)翻译的《西洋哲学史》,很厚的大部头,不能全读懂,但仍然坚持啃完了这本书,模糊地知道了西方哲学的大概。另外一本是艾思奇著的《大众哲学》,是常印佛在宿舍的空床上捡到的,没有封面,纸张很差,书的内容很简单,一看便懂。由这两本书,常印佛对哲学有了初步的认识,意识到哲学的世界里有着奥妙的学问,是值得关注和研究的领域。

　　中大附中 1946 级学生有 4 个班,3 个男生班,1 个女生班。常印佛班上

---

① 常印佛回忆手稿,2014 年 10 月,第 6 页。资料存于采集工程数据库。

有一位来自广东的陈惟昌同学，非常聪明，亦勤奋刻苦，知识很全面，中、英文，数理化以及历史、地理都好，每次考试都获第一。来自浙江绍兴的俞新陆成绩亦佳，常得第二名。常印佛在班上排名也一直靠前。第一学期 39 个学生中排第 8 名；第二学期 43 个学生中排第 4 名；第三学期 41 个学生中排第 3 名；第四学期因生病影响，在 47 个学生中排 13 名。在各门科目中，数学是常印佛的强项，前三学期考试都在 90 分以上，第四学期考 89 分，第五学期因为做了两次小手

图 1-8　高中时期的常印佛（1948 年）

术，耽误许多课程，考了 40 分。次好的是物理，成绩单上的两个成绩分别是 91 分和 86 分。其他综合科目如公民、国文等课程也都在 80 分以上。[①] 唯体育不太好，常在及格线附近徘徊。

　　1948 年底，常印佛高三上学期结束时，解放战争已经进入后期，国民党军队节节溃退，眼看解放军要打过长江，南京城可能要遭战火波及。姨母劝常印佛转到相对安全的上海读书。到上海后，他由表哥带着拜访了几所学校，多表示愿意接收。他们还去了有名的格致中学，校长听说常印佛来自中大附中，表示欢迎，且仔细审视了他的成绩单。前面的成绩很令他高兴，看到第五个学期时，则皱起眉头问道："你这学期是怎么搞的?"常印佛解释是生病所致。校长迟疑不决，答应再考虑一下。没过多久，在南京工作的舅父写信过来，认为南京应不会遭到大的破坏，可先回校继续读书，于是常印佛又回到了中大附中。

　　1949 年 4 月 21 日，解放军发起渡江战役，23 日南京解放。附中离国民政府行政院和交通部不远，常印佛和几位同学前去观望，到了之后发现政府大楼早已空荡无人，办公室里满地纸片。他们还捡了一些空白的报表做草稿纸，算是亲眼见证了国民党的溃败，不几天在路上见到了解放军，才意识到南京已然"换了人间"。

---

① 根据南京师范大学附属中学保存的常印佛高中成绩单。

动荡的时局对学校有一定的影响,在后期有一部分人离开学校,或到美国,或到台湾,南京解放后又有一批同学离校参军。解放军为适应迅速扩大的解放区,便设立学校培养新的军政干部,有华东军政大学在当地招生,吸引了一些同学前去报考。最后班上就剩下二三十人,全校正常毕业的学生一共才84人。

1949年夏,北京大学、清华大学和南开大学联合发布招生简章。当年清华大学在北平、天津、南京、上海、武汉五处招考本科新生,预计文法学院招收250名,理学院150名,工学院350名,农学院100名。联合招生的报名日期为8月1日到5日,考试日期为8月13日。考试科目分甲、乙、丙3组,甲组包括理学院、数学、物理、化学、气象各系、工学院各系;乙组包括文、法两学院各系;丙组包括理学院地学系(地质学组、地理学组)、生物、心理各系、农学院各系。丙组考试科目共6门,分别是国文、英文、数学(代数、平面几何、三角)、政治常识及中外史地、理化和生物。常印佛报名参加了丙组的考试。填报志愿时,考生可以同时报考3所学校。常印佛经审慎思考后,第一志愿报清华大学地学系地质专业,第二志愿报北京大学地质系,第三志愿则是清华大学水利系。

学习地质,是常印佛长期以来的梦想,但要真正做出这个决定,还需要克服许多压力。他后来回忆当时的情景:

> 进入高中以后,在'科学救国'思潮的影响下,我认为要使国家富强,首先就得将各类资源开发出来,现在看来这是很幼稚的想法,那时确实是驱使我报考地质的真正动力。高中毕业时,许多亲友劝我不要学地质,理由是生活不安定,且很艰苦,又不能很好地照顾年老的亲人,因为我既无姐妹,又无兄弟,家中只有祖母和母亲两位年弱多病的老人亟须照应。他们认为我数理成绩不错,力劝我学其他工程科学,于国于家于个人都能兼顾。[1]

---

[1] 常印佛:"与大山结缘的道路"。《科学的道路》(下册),上海教育出版社,2005年,第1335~1336页。

常印佛权衡再三,在取得母亲的谅解下,终于选择地质作为终身事业。

与学习地质的目的一样,常印佛第三志愿填了清华水利专业。他回忆说:

> 我当时的想法很简单,我们国家很穷,需要开发富源,水利资源是很重要的资源。矿产资源也和水利一样是很重要的资源。原来是受丁文江和严爽他们两位的影响,我一直也想搞地质采矿。后来看到有水利,我觉得这个东西也很好。①

第二次世界大战期间,中美结为盟国,美国向国民政府提供了大量资金、技术援助。1944 年 4 月,时任国民政府战时生产局顾问的美国专家潘绥提交了一份题为《利用美贷筹建中国水力发电厂与清偿贷款方法》的报告,提议由美国贷款 9 亿美元并提供设备,在三峡地区修建一座装机容量为 1 000 万千瓦的水电站和一座年产量 500 万吨的化肥厂,工程完工后以向美国出口化肥的方式还贷。这个工程当时被命名为"Y. V. A."(Yangtze Valley Administration,译作"扬子江流域工程局",音译为"扬域安")。1944 年 5 月,世界著名水坝专家、美国垦务局总工程师萨凡奇(John Lucian Sovage)博士应中国政府之聘抵达陪都重庆,对长江上游的水利资源进行勘察。这些在当时都被媒体广为宣传。再者,常印佛早先了解到美国田纳西工程和苏联伏尔加水利工程建设取得的成就,也使他产生投身水利事业的想法。开发水利资源和开发矿产一样,都是科学兴国的路径。常印佛顺利被第一志愿录取,接到了清华大学的录取通知书。

当年同学中有许多人报考了清华。常印佛记得,在高三上学期,即 1948 年秋季附中的一次全校师生大会上,彭百川校长号召大家报考北大,说"那是胡适先生办的大学"。但填报清华的同学仍有不少。常印佛邻班的钱宁同学,还是当年清华新生全校第一名,即其解放后第一届状元。有趣的是,她在解放后去参军,临高考前一周又回来参加的高考。在班上一直是第一

---

① 常印佛访谈,2012 年 10 月 20 日,合肥。资料存于采集工程数据库。

名的陈惟昌(1932~　)考到了北大医学院,1955年毕业,后长期从事生物神经网络原理、生物信息论与控制论等科研工作,曾任中日友好临床医学研究所副所长兼生物物理研究室主任、研究员,中国生物物理学会全国理事会常务理事等职,为科研事业做出了重要贡献。

　　民国后期虽然动荡不安,却应是我国中等教育比较辉煌的时期,真正的素质教育理念比较普及,健康的人才培养模式基本确立。对学生没有所谓"军事化管理"、"魔鬼训练",其结果不仅使青少年有良好基础,还保存了创造性和发展潜力。在中大附中学习的三年时光令常印佛一生难忘。他多年后还不忘母校恩情,曾回校捐助奖学金,以资后学。

第二章
砺剑清华

入学报到及院系改组

抗战时期,清华与北大、南开等学校迁到祖国西南,组成国立西南联合大学。抗战胜利后,西南联大解散,清华大学于 1946 年迁回北平原址,师生共同努力,重建校园。北平解放后,清华大学由共产党军事管制委员会下的文化接管委员会接管,自 1949 年 2 月起,便成为"人民的大学",开始了新旧交替的转变。常印佛在清华大学读书时期,也是这所学校的转型期。

常印佛于 1949 年 9 月到清华大学报到,学号是 38743。由于当时中华人民共和国尚未宣告成立,所以仍沿用民国纪年,38 即民国三十八年,743 即清华大学当年第 743 号学生。在抗战胜利前,清华大学地学系包括地质学、地理学以及气象学 3 个专业。复校后,气象学从地学系中独立出来,成立单独的气象系,由赵九章任系主任。至常印佛报到时,清华地学系只包括地理和地质 2 个专业,其后未到一年,为适应国家需要,地质专业即从地学系中分离出来,单独设系。

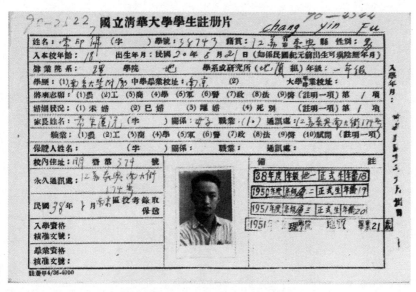

图 2-1　常印佛在清华大学时学籍卡（1949 年，清华大学档案馆提供）

新中国成立之初，国家工业基础极为薄弱，为巩固国防，尽快振兴经济，中共中央便制定了优先发展重工业和国防工业的战略方针。中国有着广袤的土地、延绵的山脉、蜿蜒的河流，而这辽阔大地和秀美山川下到底蕴含着多少可供开发的资源，却是未知。工业建设和经济发展离不开资源，尤其是矿产资源，所以，首先要展开摸清资源"家底"的行动。当时全国地质力量十分薄弱，尽管章鸿钊、丁文江、翁文灏、李四光等很早将地质学引进中国并培养了一批人才，但对于国家需求而言，却远远不够。当时全国范围内登记在册的地质人员尚不到 300 人，其中包括高校教师，回国专家，以及一些没有从事过实际地质工作的人。真正能上一线的仅 200 来人，地质人才之亟须，可想而知。在短期内迅速培养一支新生地质力量，成为发展地质事业的当务之急，就学校教育而言，国家财经委及燃料工业部提出，多招学生，快速培养。清华大学即按要求扩招地质与采矿人才。据《光明日报》1950 年 2 月 2日报道：

中央人民政府燃料工业部因为感觉地质、矿冶人才缺乏与急需，希望清华大学地学系担负起这个责任。该系接受了这个使命后，除原有的地质组外,特又新设立了一采矿组;决定在寒假中招收四年制的正规的地质与采矿的大学生。现该校以地学系地质组全体师生的名义,广泛的发出"给中学同学的一封公开信",号召凡身心健康,能吃苦耐劳,数学、物理、化学、生物、地理等基础科学的知识优良,并愿全心全意为人民服务的中学同学们,来参加这个队伍![①]

不久,地质学便从地学系中独立出来,作为单独的地质系,原地学系的名称不变,其下仅有地理组。此举显然是为了突出实用人才的培养。关于设立地质系的过程,可见《清华大学关于设立地质系和采矿工程系呈教育部函》:

查本校前接受中央人民政府燃料工业部之委托,办理地质、采矿两专修班。根据办理一年之经验,及本校各方面反映的意见,都认为有成立地质学系及采矿工程学系之必要,俾能进一步发展,以应政府大量培植经济建设人才之需要。爰拟以本校地学系内之地质组成立为地质学系,另在工学院成立采矿工程学系。至于原有之地学系暂为保留,其下仅设地理组。以上各节,8 月 1 日起实行。事关学系之增设,理合备文呈请,即起鉴核指示,以便遵办。谨呈
中央人民政府。

落款为清华大学校务委员会主任叶企孙,时间为 1950 年 6 月 28 日。很快,教育部批复便下来:

事由:为复准成立地质学系、采矿工程学系由。
清华大学:6 月 28 日清复(50)发字第 6739 号呈悉。所请将地学系之地质组改为地质学系,并另立采矿工程学系事,均照准。
抄呈政务院文化教育委员会,抄致中央人民政府财务部。

---

① 田芊、徐振明主编:《清华大学史料选编》(第五卷下册),清华大学出版社,2009 年。

落款为教育部部长马叙伦,副部长钱俊瑞,韦悫。时间:1950 年 7 月
8 日。①

常印佛亲历了从地学系到地质系的变化。1952 年院系调整时,清华大
学地质系与北京大学地质系、北洋大学地质工程系和唐山铁道学院采矿系
地质组以及西北大学地质系本科 3 个班的学生(46 名)合并组成北京地质学
院,此是后话。

同学少年

清华大学在 1949 年招生共有两批,第一批招收 863 名学生,第二批招收
(武汉区和以清华大学为第二志愿学校者)89 名。根据清华大学档案,第一
批地学系录取名单中,北平区有 8 人,分别是丁元章、张广达、张瑞翔、夏武
祥、蔡继沅、杜明达、丘元禧、郑云梦。据常印佛回忆,张广达与郑云梦 2 人没
有报到,蔡继沅曾在天津的一所大学读了一年,此时也被清华大学作为新生
录取,至于是转学还是重新考试则不得而知。天津区仅李锡仲 1 人,学地质。
上海区 7 人,分别为王民强、潘纪乙、胡兆量、朱康年、徐国宇、朱蒂、翁世劼。
其中仅胡兆量、朱康年和翁世劼 3 人报到。胡兆量学地理学,朱康年与翁世
劼学地质。南京区的是常印佛与王恩涌 2 人,王恩涌学地理。第二批招收了
武汉区的黄熏德和葛晋熙,2 人皆学地质。新生中另有涂相铨是从清华本校
转到地学系学地质,没有被列入录取名单。如此一共 13 个学地质的学生。
后来夏武祥和蔡继沅在地质专业读一年后都转入别的院系,前者转到航空
系,后者转学至建筑学系。

根据扩大招生的指示,清华于 1950 年初又招收了地质专业学生 33
人,②他们通过加学课程,下半年后即逐渐与 1949 年夏季班(即常印佛等 11

---

① 田芊、徐振明主编:《清华大学史料选编》(第五卷下册),清华大学出版社,2009 年。
② 据常印佛回忆,中途又转走 4 人。

人班)合班上课。后来因国家建设需要,这两批学生与1948年进校的学长学姐们共计53人,于1952年同时毕业。下面是这批毕业生的名单:

表2-1　清华大学1952年暑期毕业学生名单(地质系)53名

1948 年入校:	米家榕(22,男,团员)
蒋荫昌(27,男,群众)	翁玲宝(21,女,团员)
陈庸勋(23,男,团员)	柳淮之(23,男,群众)
王光天(28,女,群众)	葛泰生(20,男,团员)
王文远(26,男,群众)	于绍谦(23,男,群众)
周象乾(24,男,团员)	张裕仁(23,男,群众)
贺同兴(26,男,群众)	刘湘培(22,男,团员)
刘金声(27,男,团员)	王赞化(21,男,群众)
王　洁(25,女,党员)	杨启伦(21,男,群众)
庄培仁(27,男,群众)	董新菊(22,女,群众)
夏卫华(24,男,群众)	朱奉三(22,男,群众)
冯增昭(27,男,团员)	焦守诠(22,男,群众)
赵寅震(28,男,团员)	周明宝(20,女,团员)
李人澍(28,男,团员)	阎恩德(23,男,团员)
1949 年入校:	吴懋德(21,男,群众)
涂相铨(25,男,群众)	邵洁涟(23,女,团员)
丁原章(21,男,群众)	沈照理(21,男,团员)
张瑞翔(23,男,群众)	彭志忠(20,男,群众)
杜明达(25,男,群众)	刘国荣(20,男,群众)
丘元禧(21,男,团员)	王池阶(22,男,群众)
李锡仲(23,男,群众)	刘本培(21,男,团员)
朱康年(23,男,群众)	缪富恩(21,男,团员)
翁世劼(20,男,党员)	罗诗塘(21,男,团员)
常印佛(21,男,团员)	王之田(22,男,团员)
黄薰德(22,男,团员)	刘　煦(22,男,群众)
葛晋熙(22,男,群众)	陈仪家(21,女,群众)
1950 年春入校:	赵祥麟(23,男,群众)
许晓峰(22,男,群众)	
刘德茂(24,男,团员)	

值得一提的是,清华大学当时的生源基本上都来自各地的名牌中学。常印佛与王恩涌、夏武祥同住一间宿舍(即年起,清华宿舍从2人改为3人)。据他回忆,夏武祥是北京人,长相清秀,讲一口地道的北京话,很好听,喜欢跟人交谈,曾逐一打听班上同学的高中母校,结果发现大家全来自各地著名高中。夏武祥自己毕业于北京教会经办的私立名校育英中学。丁原章、张瑞翔来自北师大附中——当时北京最好的高中之一。杜明达、丘元禧来自河北高中,也是很有名的中学。[1] 来自上海的朱康年毕业于沪江中学,该校是沪江大学经办。来自武汉的黄薰德与葛晋熙则毕业于教会学校文华中

---

[1] 河北高中位于北京城内,历史悠久,声名远播,名为河北高中,而实际上是北京的一个中学。

学,该校在当地亦属一流。天津的李锡仲则毕业于南开中学。与常印佛同样来自南京的王恩涌则是金陵大学附中毕业的。班上学习最好、年龄最小的翁世劼则来自大同附中。①

新一届学生入学后,常印佛成了学长。当时地质系很小,四个年级加起来才70余人,大家经常在一起活动,相互之间也都熟悉。大学正是风华正茂的学子指点江山、激扬文字之际,很多同学都有较强的表现欲,乐于施展才华,而常印佛却非常低调,并不积极表现自己,给多数同学留下的印象也不十分深刻。然而,与他接触较多的同学则对他刮目相看。比常印佛晚一届的刘宝珺回忆,大学时他就发现这位学长博学多识,才华横溢,有良好的古典积累,能作古体诗,思路非常清晰,看问题很有条理,是个有主见的人。刘宝珺因此把常印佛当作学习的榜样。②

名师荟萃

中华人民共和国成立初期的清华地学系,聚集了一批地质学界的精英,包括袁复礼、张席褆、冯景兰、孟宪民、杨遵仪、池际尚、涂光炽、张忠胤。他们多数都具备留学海外的经历,多人后来成为中国科学院学部委员。这样的教师阵容堪称豪华,也给常印佛留下了难忘的记忆。

袁复礼(1893~1987)是我国著名地质学家,早年留学美国,先后在布朗大学和哥伦比亚大学学习并取得硕士学位。他是中国地貌学及第四纪地质学的先驱,中国地质学会的创始会员之一,属于中国第一批地质专家。他参与并领导了由斯文赫定发起的"中国—瑞典西北科学考察团",获瑞典皇家科学院"北

---

① 当时这些地方名牌高中的办学理念、模式和经验,值得深入研究,或可对今天的中学教育有一定启示意义。
② 刘宝珺院士在"常印佛院士八十华诞暨从事地质工作六十周年庆贺座谈会"上的讲话,2011年7月6日,视频资料存于采集工程数据库。刘宝珺(1931~),天津市人,地质学家,我国沉积学权威,与常印佛同年当选为中国科学院学部委员。

极星奖章"。与安特生一起从事过"仰韶文化"的考古研究;在甘肃武威发现了早石炭世地层,并发现了一个珊瑚化石新种,经古生物学家余建章鉴定,以发现人的名字命名为"袁氏珊瑚",确定为早石炭世的标准化石;在西北最早发现大批爬行动物化石。1932年到抗战前任清华大学地学系教授兼系主任;抗战时期任昆明西南联合大学地质地理气象系教授,其后又任清华大学地质系教授、系主任。袁复礼知识极其渊博,上课不限方向,能教授任何地学课程。他讲授过的课程包括地文学、地理学、地貌学、地形测量学、地质制图学、普通地质学、构造地质学、矿床学、岩石学和地史学等等。他喜欢和学生海阔天空地神聊,课程没有固定教法,也因此常给大家带来欢愉。

常印佛回忆,据高年级同学传闻,有一回上课,袁先生让助教把一摞书搬到讲台上后,就开始逐本介绍那些著作,每拿起一本,都会介绍它的作者、内容及体例。当介绍到哈奇·威尔斯的一本著作时,他翻到书中有著者照片的那一页,举起来给大家看,并说:"他们说这个人像我,你们看像不像?"此举引得学生哄堂大笑。袁先生经常代其他老师讲课,又因基础扎实,故能随处讲起。有一次,普通地质学教师不在,袁复礼前往代课,讲了两天,书翻到哪里就从哪里讲起,全无定法。例如讲到冰川,他就到黑板上写字,但粉笔断了,当他弯腰去捡的时候,恰好窗户开了,一阵风吹过,把书吹过去几页,来到"河流"这一章,他回头再看书,见是"河流",于是马上开始讲河流。他的这种风格也受到一些学生欢迎。据地质学家、中科院院士陈梦熊(1917~2012)回忆,袁复礼教授曾教他地文学和地质测量学,是他最喜欢的老师,"袁先生不仅是地貌学家,也是构造地质、考古、地理、古脊椎动物和第四纪地质学家。他平易诙谐,没有严格的讲课提纲,随性所至,海阔天空,但始终与学生神游于传授范围,是讲课的大境界。"[1]还有一段轶事则可以反映袁复礼教授的意志和精神品质:联大在抗战中西迁时,曾在长沙小驻,因日寇随后扑向长沙,乃匆匆西迁昆明,有部分师生是徒步西行,袁先生亦在其中,但他却利用这个机会沿途观察研究地质,把迁校当成是带学生作野外实习的长途地质旅行。试想,在当时那种兵荒马乱,国破家亡,后有追兵,人心惶惶

---

[1] 张尔平:"陈氏兄弟梦熊与梦家"。《人物》,2008年8月。

的逃难时刻,能有这份淡定从容,如果没有坚强的毅力与定力,积极乐观的爱国情怀和奋发图强的精神品质,是很难做到的。有人说,了解联大在抗战中长途迁徙,保存学术火种的历史后,便知道中华民族是不可能被打败和征服的。袁复礼教授的这段故事正是最好例证。

张席褆(1898～1966)是维也纳大学博士,古生物学家,教过常印佛地史学。在清华地学系任教之前,曾任两广地质调查所代理所长、中山大学地学系主任。20世纪30年代对广西的区域地质、地层、古生物著述颇多,尤其是连滩笔石的发现、两广新生代地质和海相三叠纪研究均属开创性工作。30年代后期转向中生代造山运动、云南古生代地层及云贵三叠纪地层研究,著有《云南三叠纪地形及地层概要》。50年代起转入教材编写及古脊椎动物与古生态学研究。张席褆为人笃厚诚朴,刚正不阿,深受师生敬重,桃李满天下。西南联大时,他有一次带学生野外实习途中,正逢联大学生酝酿罢课,消息传到了野外。就在预定罢课当天清晨,他对实习同学们说,今天校内罢课,大家也不要上山了,以此表示了对学生运动的支持,受到联大进步同学的爱戴。

冯景兰(1898～1976)是我国著名的地质教育家、矿床学家、地貌学家,中国矿床学奠基人之一,教过常印佛矿床学。早年就读于科罗拉多矿业学院,1921年毕业,之后求学于哥伦比亚大学研究院,获硕士学位。回国后曾任教于河南中州大学、北洋大学、清华大学、西南联大及后来的北京地质学院。在两广地质、川康滇铜矿地质、豫西砂矿地质、黄河及黑龙江流域新构造运动、工程地质学等方面做了大量开创性工作,对矿床共生、成矿控制及成矿规律等研究上贡献尤大。他参与主编的《矿床学原理》是矿床学的系统专著和教科书。除矿床学外,冯景兰对石油地质、工程地质、第四纪地质和新构造运动等领域均有所介入,并作出成绩。地貌学上著名的"丹霞地貌"概念也是他提出的。1957年被选为中科院学部委员。

孟宪民(1900～1969)是地质学、矿床学家,教过常印佛矿物学、光性矿物学和不透明矿物鉴定、矿床学。早年由清华留美,后毕业于科罗拉多州立矿业学院采矿系,1926年入美国麻省理工学院地质系读研究生,致力于矿床学理论的学习和研究,导师是现代矿床学的奠基人林格仑(W. Lindgren)教授。由于有丰富的实践经验,他只用了一年时间,便于1927年夏获得硕士学位。毕生从事矿床地质研究,特别对有色金属、稀有金属矿床的矿物组成以及成矿理论有深入研究。如关于当时中国最大的铜矿之一——云南东川铜矿,即做过详细的成因和规律的研究,对于该区扩大勘查工作和储量,有很好的指导作用。进入 50 年代以后,他对于老师林格仑所创立的岩浆热液成矿理论在世界范围内的广泛应用,产生了怀疑,所以在给常印佛等班级上课时,成矿理论讲得不多,而是用许多典型矿床实例,让同学在吸收实际知识的基础上自己去领会。至 1954 年,对他自己多年研究的东川铜矿,毅然摒弃了岩浆热液成因的看法,提出同生沉积成因的新观点,目前已得到大家公认。他稍后又把它扩大到其他许多传统认作岩浆热液成因的似层状矿床(体),一时在国内矿床学界引起了"同生"与"后生"、"水成"与"火成"的激烈的学术争鸣(简称"水火之争")。他去世后的 70 年代开始,国际上掀起了层控成矿理论概念,对他的观点提供了有力的支持。由于有采矿和地质双学科的教育背景,所以他也很重视应用,曾任个旧锡矿矿长,为这一中国最大的锡矿开发利用做出重要贡献。他强调实际,重视实践,授课时多次提醒同学不要迷信书本,在地质学领域未知的东西太多,要以实际为师,深入挖掘和总结。他常引用孟子一句话"尽信书不如无书"。为了搞好野外调查,他积极改进调查技术装备,如倡导适合野外的微量化学分析方法——斑点试验,收到很好的效果。他是中国矿床学奠基人之一,1955 年被选为中科院学部委员。

以上四位先生里最年轻的孟宪民到 1949 年时也已经 50 岁了,他们在清华地质系被称为"四老"。"四老"虽都曾留学海外,知识渊博,专业造诣精深,但在口才和授课艺术方面却没有少壮派精彩生动。张席褆和冯景兰的课堂风格很严谨,却稍显枯燥,孟宪民有时候发音不清晰,听众需要努力适应一段时间。但他们都非常热心,认真敬业,因此很受学生的敬重。

杨遵仪(1908~2009)是中国著名的古生物学家和教育家,教常印佛普通地质学、古生物学和标准化石学 3 门课程。他早年毕业于清华大学,后赴美国耶鲁大学留学,并取得博士学位,回国后先后任中山大学地质系教授、系主任及两广地质调查所所长等职,1946 年到清华大学地质系任教授。杨遵仪在古生物学、地层学、古生态学及古生物地理学的各个方面都做过比较深入的研究,在地层学和古生物学的理论和实践研究方面先后发表了 60 余篇论文,出版了 7 部专著。常印佛在大学最后一年与同学们提出要求,希望开一门标准化石课,以便能够识别基本的化石年代,帮助野外实际工作,杨遵仪即开设了这门课程,也深获大家喜欢。他于 1980 年当选为中国科学院学部委员。

涂光炽(1920~2007)是矿床学家、地球化学家,后来被誉为"中国地球化学之父",在中国首开地球化学课程。1944 年毕业于昆明西南联合大学地质地理气象学系,1949 年在美国明尼苏达大学获博士学位,1949~1950 年任美国宾夕法尼亚州立大学助理研究员,回国后任清华讲师。1951~1955 年间,被派往苏联留学,获副博士学位,1955 年任北京地质学院副教授,1956 年在中国科学院地质研究所任副研究员、研究员,后任新成立的地球化学研究所副所长。他早期参加祁连山综合地质考察和撰写《祁连山地质志》,先后组织领导多项研究,都有重大建树:开展铀矿床研究;提出"改造成矿"及多来源、多成因、多阶段成矿等新观点;提出花岗岩多成因演化新理论,主编有《华南花岗岩类地球化学》;倡导开展层控矿床理论研究与寻找超大型矿床之基础研究,总结了层控矿床的成矿方式、成因分类、矿床特点等。他编撰的《中国层控矿床地球化学》在我国矿床学和地球化学史上是一部里程碑巨著。涂光炽于 1980 年当选为中国科学院学部委员。

常印佛曾作为低年级学生前去旁听过涂光炽先生开设的地球化学课程,后来还在《缅怀涂光炽老师》一文中回忆起这段经历:

　　1951 年上半年,从美国归来不久的涂先生在清华大学地质系开设了"地球化学"课程。这是为研究生和应届毕业班而设的,出于求知和慕名,我也去旁听了第一课。课程原名为"地球化学",但在开讲前的通知中却改为"地球化学问题",我正有些迷惑不解,涂先生在第一堂课中首先就此做了说明。原话我已经记不清楚了,大意是地球化学(在当时)是一门新兴学科,继 B. M. 戈尔德施密特、B. H. 维尔纳茨基、A. E. 费尔斯曼等人之后,世界上许多学者都做了大量开拓性工作,学科正朝着多个方向发展之中,他只是边学习、边探索的一员,只能就当前发展中的一些问题提出来和大家探讨……涂先生这种虚怀若谷的态度,使我不由得肃然起敬。接下去他讲了学科的内容梗概,条理是那么清晰,分析又是那样透彻，使我这个尚未毕业的学生，也产生了浓厚的兴趣。由于授课时间和我的其他课程有冲突，不能常去旁听，这是我一直引以为憾的事，但仅此短短的一个学时，涂先生已把我引到一个新领域的门口，而他那种对科学的谨慎、严肃、认真，甚至敬畏的态度，至今仍历历在目，铭志终生。寓育人于教书之中，涂先生堪称典范。同时，据我所知，在中国的大学中正式设置"地球化学"课程，涂先生的这一学期，恐怕是其嚆矢，在我国地学教育中有开拓性意义。[1]

涂光炽这种新颖的授课方式，是直接把研究性的课题带到课堂上来，把提出问题、分析问题和最终解决问题、得出结论的科研全过程展示给学生，并让他们亲自参与，在学到知识的同时也学会了科研方法。

池际尚（1917～1994）是岩石学家、地质学家、中国岩石学学科主要奠基人，教常印佛岩石学。她也是温家宝总理的恩师，亲手培养出 3 名中国科学院院士。[2] 她毕业于西南联大，后赴美留学，获得宾夕法尼亚布伦茂大学博士学位，回国后受聘于清华大学地学系任副教授。她把国外研究获得的最新成果引入教学内容，编写了内容丰富、新颖的费德洛夫法讲义，引进了岩组学分析方法。在岩石学教学中以相律、相图等新的岩石物理化学理论体系革新了教学内容，使青年教师和学生们既掌握了岩石学的基本知识，又了解了当时学科的动向。当时没有现成的教材，她便自编自刻蜡板油印教材。其新颖的教学内容和苦心育人的精神鼓舞着学生们勤奋上进，听过她课的学生至今仍留有难忘的印象。如温家宝总理便常常怀念起这位恩师，曾深情地说："我的晶体光学就是池际尚教授讲的，她不是仅仅讲一堂课，而是整整给我们讲了半年。至今，我都清清楚楚地记得她的音容笑貌，她讲的是那么清楚、那么深刻，甚至费氏台的操作她都自己进行……"[3]池际尚是我国杰出的女性地质精英，她的丈夫李璞也是我国著名的地质学家、岩石学家和同位素地球化学家，二人都为我国

---

① 徐冠华编：《从热血青年到地学大师　纪念涂光炽院士九十诞辰》，科学出版社，2010 年。

② 这里是指以她为研究生导师的 3 位院士，他们是叶大年、刘宝珺和莫宣学。

③ 赵湘华："追忆杰出地质学家池际尚——甘为基石的地质人生"。《中国教育报》，2010 年 5 月 22 日。

地质事业做出了突出贡献。① 1980 年池际尚当选为中科院学部委员。

张忠胤(1922~1973)当时任讲师,在构造学方面有很好的研究。1951 年由清华大学推荐去苏联列宁格勒矿业学院学习水文地质和工程地质等新专业。回国后在 1958 年被打成"右派",因散布了一些关于苏联社会消极面的言论,被扣上"留苏反苏"的帽子。他是一位天赋聪敏,思维深刻,有新见解又刻苦勤奋的人,可惜迫于政治环境,竟从此一蹶不振,仅 51 岁即郁郁而终。

指导或辅导常印佛教学实习的老师先后有张澜庆(教员)和马万钧、朱上庆、杨式溥(助教)等人。张澜庆是老资格地下党员,指导常印佛矿物学实习课。他具有很高的政治修养和政策水平,并有很强的行政和组织能力,行事果断,工作高效,对事见解深刻,又注意团结人,在校担任了一些党政工作,十分繁忙。其对待其承担的教学任务也认真负责一丝不苟,很受同学爱戴。惜其因积劳成疾,于 1952 年 8 月不幸英年早逝,年仅 37 岁。马万钧是杨遵仪教授的助教,辅导常印佛的普通地质学课程。他善于解释刻画地质现象,使初学者很快进入角色状态,故受同学们欢迎。在清华地质系合并到北京地质学院后,他曾脱产学习俄语,后担任校苏联顾问教授、专家组组长帕夫林诺夫的助手和翻译。1957 年被打为"右派"。② 朱上庆(1922~?)是孟宪民教授的助教,曾辅导过常印佛的课堂实习。合并到北京地质学院后,专攻矿床学,成为我国著名的矿床学家之一。曾重点研究层控成矿理论,作出不少成就,居于我国这一领域的先驱者之列。1970 年代末和袁见齐、翟裕生先生合著的矿床学教科书,曾为许多高校作为教材或指定参考书。杨式溥(1925~2002)辅导过常印佛的野外地质实习,后来专攻地层古生物,是中国地质大学后期重要台柱之一。据常印佛回忆,杨式溥毕业于 1950 年,曾与常印佛有过一年的高低班关系。1951

---

① 李璞(1911~1968)还是新中国西藏地质工作的带头人,曾于 1951~1953 年间率领由中国人自己组织的第一个西藏综合科学考察队入藏进行地质调查,他还是中国超镁铁岩岩石学及有关矿产研究的开拓者,中国同位素地质地球化学的创始人。惜其在"文革"中受到冲击迫害,自杀身亡。

② 马万钧性格开朗,能言善辩,当时是系里进步青年教师之一,除专业课外,也曾担任过常印佛他们政治学习的辅导员。1957 年"整风"时,他所在的普通地质学教研室除室主任马杏垣教授外,其余的人几乎全被划为"右派",其中马万钧以其态度的激烈、言辞的犀利,尤为突出,被称为学校的"大右派",尽管其级别和身份都不是很高。

年暑期,他们班去浙西实习,杨遵仪是总领队,下分 4 个小分队,常印佛所在的小分队在常山马金溪地区,张忠胤为指导老师,常印佛为学生小队长,成员有丁原章、杜明达、涂相铨、葛晋熙等人。期间学校通知张忠胤留苏,但他颇有犹豫,不忍丢下实习同学,大家一致劝他立即成行。此时杨遵仪即派杨式溥来接替他。翌日清晨,全体到马金溪边,送张忠胤登舟东下,"张先生立在船尾挥手,直至孤帆远影碧空尽,这一别,竟成同学们与张先生的永诀……"[①]

因地质学教师紧缺,高校之间兼职或代课十分常见。马杏垣(1919~2001)即同时在北大和清华授课。他是构造地质学家、地震地质学家,教常印佛构造地质学。曾于 1946 年赴英国爱丁堡大学地质系攻读博士学位,师从当代著名的地质学家之一亚瑟·霍姆斯(Arthur Holmes, 1890~1965)教授。1948 年 8 月以优异的成绩和高水平的论文获得了博士学位,随即回国任北大地质学系教授。1951 年,清华原构造地质学老师张忠胤赴苏留学后,即聘请马杏垣为兼职教授。[②] 曾任国际地震危险咨询委员会委员,国际岩石圈委员会执行局委员,第六协调委员会"喜马拉雅及其邻区分委会"副主席及主席。研究领域广阔,尤擅长构造地质学、前寒武纪地质学、岩石圈动力学和地震地质学。曾获"李四光荣誉奖"等多项奖励,1980 年当选为学部委员。他当时兼任北京大学工会主席,口才极佳,课堂上也思路清晰、口若悬河,学生听得酣畅淋漓。

此外,到清华代课的还有张炳熹(1919~2000)和董申保(1917~2010)两位教授,分别讲授矿床学和岩石学。常印佛第一学期的矿床学课程原定由孟宪民主讲,但在开学前孟宪民就担任地质工作计划指导委员会下矿产地质勘探局副局长,忙于行政管理工作,开学后陪同苏联专家到全国各地的矿山考察,前后在外 70 天,无法正常教学。于是从北大请来张炳熹教矿床学。张炳熹是矿床地质学家,1940 年毕业于西南联合大学地质地理气象学

---

① 常印佛回忆手稿,2014 年 10 月,第 15 页。资料存于采集工程数据库。

② 马杏垣出国前在西南联大担任过德国构造地质学家米士的助教,对构造颇有造诣,但留英时主攻的是变质岩,在北大也是讲授变质岩。清华地质系代系主任张席禔在向几位构造地质学家提出邀请无果,心急如焚,便不顾一切,去恳请马杏垣授课。后者师命难违,只能硬着头皮答应。他实际上在清华兼职仅一年,翌年两校合并于北京地质学院。但这一年对他的学术生涯颇重要,他被重新拉回到构造地质学领域,变质岩反而成为他的第二方向,以后他即以构造地质学家闻名于世。

系,1946 年赴美国哈佛大学留学,先后获硕士、博士学位。1950 年回国后历任北大地质系副教授、教授、北京地质学院矿床学教研室主任、系主任,北京市地质局总工程师,地质矿产部地质矿产司和科学技术司总工程师等职,1980年当选为中国科学院学部委员。第二学期开始时,孟宪民接着张炳熺讲矿床学,讲到 5 月份时,又要出去考察,课程便由刚参观土改回来的冯景兰接着上。三位老师接力,把矿床学讲完。岩石学第一学期的课程由池际尚讲授,第二学期她待产在家,便从北大请董申保教授过来代课。董申保当时 34 岁,是年轻的岩石学家,1940 年毕业于西南联合大学地质地理气象系,1944 年获该校硕士学位,毕业后留校工作,1948 年赴法国巴黎大学攻读博士学位,后转入克莱蒙非朗大学师从荣格(J. Jung)和罗克斯(M. Roques)教授,研究变质岩。毕业后回北大任教,成为我国变质地质学奠基人之一,1980 年被评为中国科学院学部委员。他讲课非常好,品格也令人钦佩,常印佛十分喜欢和尊敬他。

1950 年,地质系老师中涂光炽 29 岁,池际尚 30 岁,杨遵仪 41 岁,兼职教授马杏垣 31 岁,到清华代课的张炳熺 31 岁,董申保 34 岁。他们朝气蓬勃,才华横溢,有激情与活力,精力充沛,同学都比较喜欢上他们的课。

清华大学当时对教师职称把关很严格。涂光炽是明尼苏达大学博士,刚到清华时,从讲师做起。池际尚在西南联大时就做过袁复礼教授的助教,在美国拿到博士学位回国后,方任副教授。常印佛是幸运的,在给他上过课的这些老师中,如果算进北大过来代课的 2 位教授的话,共有 8 位后来被评为中国科学院学部委员。这是在当时独特的时代条件下才会出现的,今天的清华恐怕也难再现当年的盛况。名师出高徒,常印佛和同学们在清华的学习经历,可谓是见过"大世面"的了。

专业及通识学习

中华民国时期的清华大学,文理并重。其文科研究鼎盛时期的国学院"四大导师",至今被传为美谈。新中国初期,清华教育的传统并没有立即丢失,在依托扎实的专业学习的基础上,同时还强调通识教育,不仅要求跨学科学习,还要跨领域,要求学生具备渊博的知识和广阔的视野。当然,新环境还是影响到了清华师生的教学,这在课程设置上能够反映出来。

1948 年清华地学系必修课与选修课课程设置见下表:

表 2－2　1948 年清华大学理学院地学系课程一览表(地质组)

	学程名称	每周时数			实验次数	每次试验时数	学分	先修学程
		学期	演讲	讨论				
第一学年	国文		3				6	
	英文		5				6	
	中国通史		3				6	
	高级数学 〔择一〕		4				8	
	微积分		4				8	
	普通地质学		3		1	3	8	
	政治学概论 〔择一〕		3	1			6	
	经济学概论		3	1			6	
	社会学概论		3				6	
	三民主义							
	体育		2					
第二学年	矿物学		2		1	3	6	普通地质学
	地史学		2		1	3	6	普通地质学
	古生物学		2		1	3	6	
	普通生物学 〔择一〕		3		1	3	8	
	普通化学		3		1	3	8	
	分析化学		2		1	3/＝	6	
	普通物理学		2		1	3	6	
	地形测量		2				0—8	
	伦理学							
	选修							
	体育							
第三学年	光性矿物及矿物鉴定	1			2	3	6	矿物学
	岩石学	2	2		1	3	6	矿物学
	地质构造	2	2		1	3	6	普通地质学
	野外实习						4	晋通地质学、地史学
	选修						6—18	
	体育						2	
第三学年选修课	地质讨论	1					2	
第四学年	野外实习						4	
	矿床学		2		1	3	6	矿物学、岩石学
	毕业论文						2	
	选修						16—28	
	体育		2					

（续表）

学程名称		每周时数					学分	先修学程
		学期	演讲	讨论	实验次数	每次实验时数		
第四学年选修课	地质讨论	上 下	2 2 2 2 2		1 1 1 1	3 3 3 3	2 6 3 3 6	

（续表的学程为：地质讨论、地层学、脊椎动物化石、新生代地质、地形学）

　　由表可知当时地质组开设了内容全面的专业必修课、选修课以及实习课程，还要求学习数理化生等基础课。值得注意的是，大一时专业课程仅一门普通地质学，其余课程除国文和英文外，还要学中国通史并选修政治学、社会学或经济学概论。三民主义也是必修课。一开始课程范围很广，专业课程任务轻，鼓励学生更多地根据兴趣选课，为养成通才打基础。到第三、第四学年时，都有选修课的最低学分要求，第四学年更是要求选修课不得低于 16 分，任务很重，也是鼓励学生多选专业课，扩大知识面。

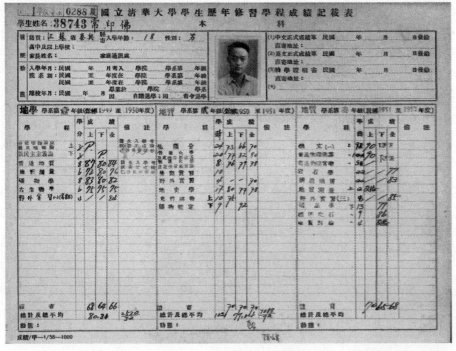

图 2-2　常印佛在清华大学成绩单（1952 年，清华大学档案馆提供）

新中国成立后,课程设置发生一些变化。下面是常印佛在清华学习成绩单上的课程。

表 2-3　常印佛毕业成绩单上课程一览

	课　程	学分(学时)
第一学年①	辩证唯物主义与历史唯物主义 新民主主义论 普通地质学 地形测量 矿物学 古生物学 野外实习(一) 体育	3 8 6 8 6 4 4
第二学年	微积分 普通化学及定性分析演讲 普通化学及定性分析实验 暑期实习 野外实习(二) 地史学 光性矿物 矿物鉴定 体育	24 20 8 10 4 17 10 9
第三学年	俄文 普通物理演讲 普通物理实验 岩石学 构造地质 地质测量 野外实习(三) 矿床学 标准化石 地质讨论 体育	9 10 5 22 20 2 8 13 9 4

* 根据常印佛在清华大学毕业成绩登记表整理,原件存于清华大学档案馆。

　　从表中,可以看出当时国家急于尽快培养地质人才的愿望——之前在 4 年里学完的专业必修课一门都不少地被压缩在 3 年内学完,大一就开设普通地质学、地形测量、矿物学和古生物学等专业必修课,同时强化了野外实习。从大一开始,清华地质系每年利用暑假时间师生一同出野外,近则至北京郊外的西山,远则到杭州、江山、常山一带,有时还与北大同学一起出行。在基础课方面,常印佛选修了微积分、普通化学演讲及实验、普通物理演讲及实验等课程,其分量亦不轻。总体而言,在主要课程学习方面,常印佛完成的

---

① 因常印佛国文和英文考试达到免修水平,故免修此 2 门课程。

任务应与往届毕业生没有多少区别,从实用角度看,可能野外实践能力还会更强一些。

与以前不同的是,专业选修课的开设可能比以前较少,如地形学、地层学和新生代地质等课程都不见于常印佛的课程成绩单。最后的毕业设计或毕业论文环节也被免除,只需要通过考试就能毕业。发给毕业证书,但没有学位证书。另外,在常印佛读大一时,采用的仍然是学分制,到第二学年,便以学时制代替了学分制。这种压缩紧凑的学程安排虽然较之前少了些宽厚从容,但在核心知识体系的构建和能力的培养方面,应不输以往。而且清华的学风和氛围并不会因为新政权的建立便忽然消失,仍然鼓励学生广泛汲取知识,所以课程设置的变化并没有限制他们的学习范围。常印佛当时便经常去高年级或别的院系听课,这些课程是不会反映在成绩单上的。

专业学习之外,学校还鼓励学生通过旁听课程,参加各类论坛讲座等多种方式开阔视野。常印佛也喜欢参与这类活动。有一次,清华大学的教授金岳霖和冯友兰就唯物主义和唯心主义展开辩论,冯友兰扮演唯物主义哲学家费尔巴哈,金岳霖扮演唯心主义哲学家黑格尔,两人唇枪舌剑,很是激烈。常印佛也前去"观战",听了约一个小时,"感觉就像坐飞机一样,腾云驾雾",凭高中时读过两本哲学著作的基础,也只能理解个大概。通过这次观看,他对唯心主义哲学有了新的认识和评价,反思了艾思奇著作中的一些论点。

还有一次,气象系主任赵九章作报告,常印佛约好杜明达前去听讲,但临时有事未去成,后来杜明达把报告内容告诉他,依然给他留下了深刻的印象。赵九章说,他在德国洪堡大学留学时的导师是气象学权威,最早的天气预报的发起人,天气预报在当时还是个新鲜事物,德国人都感到很惊奇,而他的老师预报很不准确。当时街上有个鞋匠,也预报天气,预报的结果有时竟然比教授的更准。别人就问他是怎么预报的,他回答说:"你就瞄准洪堡大学的那个老笨蛋做的预报,和他说的相反就行了"。这个故事刺激常印佛思考许多,他结合自己所学的地质学的特点,认识到地质学有时候也像气象学一样,许多问题都存在着变量,实际情况和预测情景往往不一致,要时刻保持谨慎小心,不能充好汉,自以为什么都知道,也毋须迷信权威,要敢于独立思考,形成批判思维。①

图 2-3　野外考察归来在明斋前合影(后排最左穿马甲者为常印佛,1951年)

新政权下的教育特色

　　清华大学由留美预备学堂发展而来,在民国很长一段时间里以出国留学率最高著名,从这里有一批批杰出的学生走向海外求学,校内授课的教师,也多数具有海外留学背景。老师会向同学们介绍国外的著名专家、学术成果或风土人情,并鼓励他们将来出国深造,甚至利用自己的学缘关系帮助推荐。这种教育背景和环境也是吸引常印佛当初报考它的原因之一。

　　然而,新政权建立后,实行"一边倒"的外交政策,对内强调阶级斗争与

---

① 常印佛访谈,2012年10月16日,合肥。资料存于采集工程数据库。

思想改造,对外与西方国家势同水火。清华大学在这种政治环境下,与其他大学一样面临着改造的命运,要革除"资产阶级自由风气",办成新民主主义的、人民的大学。新政权接管后的清华,变化是多方面的。常印佛的入学登记表上即有最直观的反映。它仍然是沿用中华民国的旧表,学年度一栏为"民国"某年至某年。而原来的"民国",被加盖了"公历"的印章,其后写着公元年份。学分制废除后,成绩单上原来的"学分"字样也被改为"学时"。从这些细节,可以看到政权更替的痕迹。

更剧烈的变动也在上演。1949 年夏,清华大学先将人类学系合并于社会学系,撤销法律系,其后农学院又被划出,与华北大学和北京大学农学院合并成立农业大学。课程改革是改造大学的主要工作,清华大学先是把大一国文和英文课由之前的必修课改为考核合格即可免修的课程,又根据"取消反动课程及增设革命课程"的原则做出其他的改革措施。在政治课方面,用"辩证唯物主义和历史唯物主义"以及"新民主主义"代替原来的"三民主义"。还特设大课委员会,主持思想政治课教育,在全校师生中如火如荼地开展政治学习和思想改造。学校要配合政府和社会开展活动,1950 年寒假,清华大学文、法学院及农化系师生参加京郊的土地改革运动,使他们"对于立场及观点更坚定了,思想改造更提高了一步"。朝鲜战争爆发后,又在全校师生中发动学习和宣传,开展支援"抗美援朝"活动。知识分子思想改造运动在全国高校拉开大幕后,清华也不乏紧张的氛围。

不正常的氛围,使得这些有"海外背景"的老师们在课堂上不能再像以前旁征博引,自由洒脱,凡涉及到国外的部分,都三缄其口,刻意回避。当时的提法是,以美国为首的帝国主义是我们的敌人,凡是敌人拥护的,我们都要坚决反对。讲一个知识点或一个理论,就只讲其自身,绝口不提其产生或发现的背景,否则难免要涉及国外的部分。遇到一些不得不讲的国外的地质学知识,如有一些矿床类型,在国外有很典型的研究,也要用曲折隐晦地话说出来,轻描淡写,决不能有赞美的言辞。至于出国留学,更没有人敢提。但科学是没有国界的,如果硬以国界来划分,给它戴上"资本主义"或"社会主义"的帽子,它就是不完整的。给知识划分阶级属性的结果就是教育上的缺陷,一些同学缺少对国外知识的了解,走到工作岗位后,甚至会犯常识性的错误。可以想见，那些早年留学海外，满腹"西洋"学问的老师，是怎样一种无奈。尽管如此，有的老师在讲到投入处，还是会情不自禁地透出外面的信息。如早年留学德国的张席禔在讲到钾盐矿的时候，想起了他在德国留学时看过的一个世界典型的大钾盐矿，便给同学们描绘了那宏伟壮观。大家听后感到非常惊奇，印象极深。而这样的情景实在太少了。

最能体现新政权教育特色的应属政治课，当时称"大课"，由"辩证唯物论与历史唯物论教学委员会"（即大课委员会）主持，其常务委员包括费孝通、吴晗、吴景超、孙毓棠、金岳霖、张岱年、艾知生等，费孝通为大课委员会召集人，何东昌任大课党组织党委书记。大课委员会建立了严密的组织，师生一起参与，确保达到政治学习和思想改造的目的。学生分组，由不同的老师负责指导，常印佛被分到张席禔组下指导，并任分组小组长，要到他家里去汇报。此类政治学习和强制性的思想改造并不受知识分子欢迎，所谓的指导与汇报也多是走形式：张席禔对常印佛的汇报不会说什么，对这种学习也不太关心。

当时常请马列学院的人去清华给师生做报告，也有本校的教师会讲一些课程。常印佛记得，吴景超就曾被请去为大家讲经济学问题，但学生不同意他的观点，认为他讲的是资本主义经济学，后来重新请人讲马克思主义经济学。大课刚开始时，没有太多的政治压力，可以自由发言和争论，学生们的情绪被调动起来，积极性很高，经常开展一些有趣的辩论。如，在学习到马克思主义所讲的人剥削人的问题时，杜明达就提出"人吃猪肉是不是剥削猪"的问题，这个典故后来常被杨遵仪老师拿到课堂上开玩笑。葛晋熙看了许多宗教方面的书，总爱向其他人宣传宗教的不平等。在新中国成立初期，弗洛伊德的精神分析理论、存在主义等都是热门话题，也常常成为探讨的焦点。后来政治氛围趋于紧张，讨论便不如之前自由了。

清华大学当时有 4 个大阅览室，开架书很多，可以随便看，内容也很广泛，为常印佛提供了理想的读书条件。同学也都喜欢读书，有空就去阅览室找自己喜欢的书看，范围并不限于地质学。杜明达和葛晋熙阅读面非常广，是有名的"书篓子"。他们不需要攀比成绩竞争奖学金，也没有今天大学生的就业、考研压力，政治运动也不像后来那样激烈地振动校园，可以随心所欲地汲取知识，在书海中自由地徜徉。

课外生活

1949 年到 1952 年对于中国来说,是个特殊的历史时期。国家在经历了漫长的抗日战争后,又打了 3 年内战,到 1949 年终于迎来统一与和平。伴随新政府成立的,还有整个社会的转型,在新意识形态的指导下,中国开展了一系列政治运动。土地改革运动、镇压反革命、知识分子思想改造运动、支援志愿军抗美援朝、三反五反运动,紧张的运动一浪紧接一浪。此时的大学已经不是与世隔绝、可以自成一统的象牙塔,它被迫卷入这场社会变革中来,有时甚至是运动的中心。常印佛在清华读书的 3 年,即参与和见证这段社会转型的历史。

常印佛刚入清华,便与同学一起参加了新政府的诞生仪式——开国大典。在接到学校事先的通知安排后,他和同学们在 1949 年 10 月 1 日天还未亮便早早地爬起了床,先到校外的清华园站,乘火车至西直门,下车后先向东后向南步行,经东四、东单,再到天安门广场。这一段路大约 13 公里,走了很长时间,直到毛泽东宣告中华人民共和国成立后,才进入天安门广场。但作为这个历史时刻的见证者,他们依然十分兴奋。

1950 年 6 月朝鲜战争爆发,10 月中国出兵抗美援朝。当时的口号是"一边打仗一边搞建设",并动员全国力量支持这场战争。影响波及校园,据 1950 年 11 月 11 日《人民日报》报道,清华大学全体同学致电全国学联:

> ……我们要立即组织起来,加强学习宣传,准备下乡宣传。我们建议全国学联号召全中国学生继承"五四"、"一二·九"以来的光荣的爱国主义传统,加强学习时事及采取其他积极行动,为抗美援朝保家卫国的神圣任务斗争到底。……

从 11 月开始,学校经常组织开会,讨论形势,做宣传,学生们受到鼓舞,群情激昂。后来动员他们直接报名参加志愿军,到前线去战斗。学生报名的热情也很高涨。在报名大会上,吴晗宣布了报名政策。他说,现在不仅须要抗美援朝,还须要建设国家,当前急需大量的地质学家、采矿工程师,所以凡是地质系、采矿系,以及其他一些学习实用技术类的学生就不要参加报名了。这样,常印佛和地质、地理系的其他同学就没有报名。但是他们要通过其他方式支援抗美援朝。地理系学生自发分头搜集朝鲜越南各种地理资料,与地质系的绘图员组成绘图小组,共同绘制大型而鲜明的朝鲜、越南、东南亚地图三幅,供全校师生员工学习国内外形势参考。常印佛则与其他人一起到社会上做宣传。他们来到北京环卫局,同二三十个工人一起,白天劳动,晚上座谈,前后做了一周。喜欢说相声的同学则被拉去表演节目,宣传鼓动群众报名上前线去。

常印佛还见证了 1951 年到 1952 年间的知识分子思想改造运动。对于

图 2-4　常印佛在清华时与师生合影(最后排右二为常印佛,1951 年)

在知识界开展的这场政治运动,在当时的环境下,常印佛认为有必要而且是支持的。他自己虽然还算不上知识分子,却作为观众见证了许多老师辈学者的检讨反省。对于当时的情形,他感到由于人们经历了旧社会外敌入侵和内战混乱的困境,在迎来民族解放和国家独立后,对新中国寄予厚望,多数知识分子真诚拥护共产党,也积极正面地响应思想改造。例如,地质系的孟宪民教授在学习中能深入挖掘、坦率暴露思想,受到党组织欢迎,作为典型之一,在大会上介绍改造经验。他在大会上说道,刚解放时,自己看到费孝通教授等人十分活跃,就问张席禔先生,他们如此积极,万一国民党回来了怎么办,张先生即回答说,国民党是不会再回来了,今后国家会走向富强繁荣,大家应当积极努力。孟宪民的大会发言受到与会全体师生员工的热烈鼓掌欢迎,其中著名物理学家余瑞璜(1906～1997)教授激动地从听众席上站起来,振臂高呼"欢迎孟宪民同志回到人民教师队伍! 向孟宪民同志学习!"整体而言,清华的运动还是比较稳重缓和的,多数人对于检讨人提出善意的意见,显示出真诚帮助的态度。

然而,对于思想改造运动中出现的一些极左偏激行为,常印佛也感到震惊和困惑。如著名社会学家、优生学家潘光旦(1899～1967)教授在运动中是清华重点"帮助"的对象,使他前后在二十几次大小会议上检讨并接受批判,在运动快结束时才准其"过关"。潘光旦早年因病失去右腿,每次在大礼堂开大会时,他都是腋下撑着两根拐棍,一只腿一蹦一跳地登上主席台,站着面向台下接受批判,作反省检讨。对此场景,常印佛每觉于心不忍(尽管以他当时的认识,也认为潘光旦的一些思想需要改造)。又如,当时与清华毗邻的燕京大学,重点开展了对张东荪(1886～1973)教授和陆志韦(1894～1970)校长的批判,时值抗美援朝,反美情绪高涨,作为教会大学的燕大被认为是美帝国主义对中国进行文化侵略的一大据点,而张、陆二人又曾与司徒雷登关系密切,自然也受到重点"关照"。对他们的批判火力越来越猛烈,以至形成"斗争"的场面,把批判会变成了批斗会。当时清华与燕大之间建立了广播有线直播,在清华可以听到燕大批判会现场声音。常印佛记得,在每一个发言人讲完后,全场上都会出现群众欢呼震天的口号,宛如斗地主、斗反革命一般。这种场景在后来的运动中,尤其是"文革"中虽是屡见不鲜、不足为奇,甚或说是小巫见大巫的,但在当时而言,则让许多人觉得不可思议。这样的斗争也令常印佛感到震惊,并在脑际时常萦回一个问号:"这到底是为什么?"他当时当然无法意识到,这只是今后知识界更加猛烈的政治运动的一个开端。

常印佛很少参加学校里其他的文娱活动——尽管本来也不多。音乐老师张肖虎(1914～1997),有时在周末组织一些音乐欣赏活动,班上有几位爱好音乐的同学是那里的常客,其中有一位与常印佛关系较密切的刘煦同学,有时也拉他去听听。他至今回想起来,仍对当时演奏的德沃夏克的《新大陆交响曲》和柴可夫斯基的《悲怆交响曲》印象深刻。常印佛不喜欢运动,对体育活动也不是很热心。另外一些小活动就是到气象系用天文望远镜观望天空之类的,常印佛也会偶尔参加。总之,那时清华大学的文娱活动跟今天比是不可同日而语的,常印佛的大学时光主要在课堂、图书馆里安静地度过。

毕业与分配

1952 年春季开学后,常印佛就要考虑毕业问题了。当时毕业生有两个选择:继续留校读研,或由国家分配,参加工作。读研不需要考试,提交申请即可。常印佛想继续读研,便和班上其他五六名同学一起递交了申请,结果只有刘本培一人获得准许。① 代系主任张席禔②接到学生们递交的读研申请时,即力劝他们放弃,并动员道,现在国家需要人,去做矿床地质调查工作,到基层去锻炼更有利于人才成长。常印佛接受了张席禔的建议,决定服从

---

① 刘本培(1932～),上海松江人,长期从事地层学和地史学教学与科研工作,在造山带综合地层学、多岛洋造古地理和中牛代地层古生物领域有很多成果。曾任 IUGS 侏罗系分会选举委员,GSGP 中国国家委员会委员,国务院学位委员会地球物理、地质学科评审组成员,原地质矿产部"地史学"课程教学指导委员会主任等职。

② 清华大学规定教师每隔五年便可以休假一年,此时袁复礼正值休假,系主任由张席禔代理。

国家的安排，到最需要的地方去。

根据分配，清华地质系毕业生的去向主要是地质部（当时尚在筹备中）①、重工业部和燃料工业部等几个国家工业部门。还有一部分去了学校，包括在高等院校调整的浪潮中新成立的北京地质学院、长春地质学院，以及地质部在六大行政区各办的中等地质专科学校。② 常印佛被分到地质部，等待具体的工作安排。

和许多地质系新毕业的大学生一样，常印佛对未来没有特别清晰的想法，对将来到底从事什么地质工作也不是很了解。在课堂上虽然学过矿床知识，但真正的矿床一个都没有去过，对工作的认识还有些模糊。即便当时有些人会有自己的想法，也不会太坚持。大家热情都很高，要到一线建设祖国，正如电影《年轻的一代》中所反映，许多地质专业新毕业的大学生要求到最艰苦的地方去接受锻炼。常印佛并不想留在学校当教师，他当时认为当教师就是上课教书，而他更喜欢野外，去地质队或科研单位，做一些具体的地质工作。

人才的成长往往体现出群聚效应。在清华大学得天独厚的学习条件下，常印佛和同学们相互砥砺，相互劝勉。当他们走上工作岗位后，多数都做出了可圈可点的成就。

最早做出杰出成绩的应属彭志忠。彭志忠毕业时年仅 20 岁，毕业后留校任教，合并到北京地质学院后，教矿物学。1954 年开始为研究生讲课并与其他同志合编出中国第一本《结晶学教程》。1957 年，在唐有祺教授指导下，首次测出了复杂的葡萄石结构，突破了国际上研究晶体结构的权威布瑞格在 1930 年代所建立起来的硅酸盐晶体结构分类体系。这项成果发表后，在国内外引起了很大反响，有国外专家想拜会这位发现者，而当时彭志忠年仅 25 岁，还只是北京地质学院的讲师。1960 年，他领导建立了中国第一个矿物晶体结构实验室，带领几位 20 多岁的年青教师，日夜苦干，仅用 35 天就测

---

① 毕业时间是 6 月，地质部在 8 月经批准成立，此前地质工作由全国地质工作计划指导委员会领导开展。

② 即宣化、长春、南京、武汉、重庆和西安各 1 所。

定了一个晶胞含有 184 个原子的复杂晶体结构,比国外同时进行这项研究工作的机构提前 5 个月发表了研究成果,再次震动了国际结晶矿物学界。此后实验室还测定出了 10 多种矿物晶体结构,发现了许多新矿物,发表了 20 多篇论文,同时编著出版了《X 射线分析》等著作。在第一届全国科学大会上,他领导的实验室获得先进集体奖,其个人被评为先进工作者。自 1978 到 1985 年,他所领导的实验室又发现了 30 种新矿物与矿物新变种,测定了 40 多种矿物的晶体结构,在世界上新发现了 10 余项具有重要意义的晶体结构现象,在国内外发表了 60 多篇科研论文。另外,还著有《葡萄石的晶体结构》和《氟碳铈钡矿的晶体结构和钡—稀土氟碳酸盐的晶体化学》两书。他领导的科研集体取得的科研成果,先后获得了国家科委,地质矿产部,湖北省和内蒙古自治区的奖励和表彰。不幸的是,他正值壮年,却染上肝病,于 1986 年逝世。

王恩涌是和常印佛一起从南京考到清华的同学,地理学专业,后因院系调整被合并到北大。1953 年毕业于北京大学地质地理系自然地理专业,毕业后留系。从 1953 年到 1983 年在自然地理系主要从事教学科研的组织和管理工作,曾担任系秘书、助理、副系主任。后来从事人文地理,政治地理和城市地理研究。对昌平卫星城的研究成果获 1991 年北京社会科学方面一等奖。

胡兆量与王恩涌一样,1952 年被合并到北京大学,次年毕业后留校,后为被校教授,兼任中国经济地理研究会理事长,主要贡献有:完成宁夏南部山区、温州等国土与城市规划工作,获教委和省级一等奖,对地理学基本理论、中国发展规律、北京城市发展、中国钢铁工业布局等有系统论著,讲授经济地理学导论和中国经济地理等课程。

翁世劼是毕业生中唯一的党员,因政治条件好,留在地质部计划司从事技术管理工作。他并不情愿坐办公室,仍然想去野外工作,后在我国寻找石油的第一次热潮中,被派往青海柴达木盆地做石油地质工作。在队上,他深受队技术负责人、我国著名地质学家朱夏的赏识,然因性格刚直,与人结怨,并在整风"反右"运动中被错划为"右派"。1960 年代初,地质部在六大区各设地质研究所,朱夏被任命为设在南京的华东地质研究所技术所长。他把翁世劼也带到南京,因其英语好,常让其向所内介绍国外研究进展。"文革"

期间,他首当其冲,被新账旧账一起算,几次下放农村。"文革"后曾被派到西德学习遥感。在构造和岩浆岩方面有不少成果和著作。因熟悉外国资讯,常到局队和学校作报告,在那闭关锁国的年代,深受大家欢迎。1980年代中后期,被借调到地质部外事局,从事国际合作方面的研究和咨询,提出了不少建议,为我国地质系统的对外开放和有效合作起到了很好的作用。后身患重病,一直在家治病和修养,于2014年去世。其一生波折多舛,才华与学识本可有更大的发挥。

丁原章毕业后被分配到东北地质学院,从事地质教育,1950年代中期,在北京地质学院读苏联顾问帕夫林诺夫教授的研究生。1974年,调到广州从事地震研究工作。1983年到1991年,担任广东省地震局局长、党组书记。他主要研究水库诱发地震、工程地震和地震地质,曾主持广东省新丰江水库、江西省柘林水库的诱发地震研究、大亚湾核电站地震烈度研究、海南岛和香港地区的地震危险性分析、香港青马人桥和青龙大桥的防震设计等等。1981年,荣获"广东省劳动模范"称号,1991年起享受政府特殊津贴。1995年后,主要在香港大学、香港土木工程署和工程设计部门工作。

张瑞翔毕业后,先后在地质部地矿司、普查委员会、地质部633队、石油局、陕西石油普查大队、石油局综合研究大队工作,历任技术员、分队长、队长、大队技术负责等职,1973~1978年调海洋地质调查局工作,1978~1989年先后在地质矿产部石油地质海洋地质局和地质勘查管理司工作,任副处长、总地质师、副司长等职。曾主持《中华人民共和国石油地质图集》的编制工作。在石油地质海洋地质局工作期间,多次参加国际海洋法公约会议等国际会议,发表过《海洋地质事业》等著述约20篇。曾任中国石油学会第一、二、三届理事,中国地质学会海洋地质专业委员会第一、二届常务委员,中国海洋地质学会第一、二届常务理事,中国海洋学会北京分会理事,中国南极考查委员会技术专家组成员,全国海洋资源研究开发保护专家组成员等职。1989年病逝于北京。

杜明达毕业后曾在地质部直属六大队之一221队庞家堡铁矿从事普查勘探,1955年调地质部普查委员会(现中国地质科学院前身),担任谢家荣的秘书,率河西走廊踏勘队赴甘肃找矿。1956年,主要负责全国找油任务的谢家荣将其调至新组建的地质部石油地质局。1957年率队赴云南踏勘,1958年因言获罪,下放到云南地质局文山队,1962年并入11队,负责南华龙潭砷矿地勘业务。在岩层细分及对比上做出突出贡献,使地质勘探工作大为改善。1965年转至兰坪金顶铅锌矿,发现重力滑坍堆积及地层倒转,对勘探及成矿条件研究提出了全新的见解,引起同行重视。[①] 1983年调部经济研究中心至退休。1985年受地质部记二等功,1999年获政府特殊津贴。

丘元禧毕业后分配到长春地质学院,后调到广东地质学校、中山大学任教。长期从事区域地质及大地构造学的教学与科研,成为中山大学地球与环境科学学院地球科学系教授、博士生导师。先后担任过普通地质学、地质学基础、构造地质与地质力学、大地构造学、区域地质学等课程主讲和多项国家重点科技攻关项目课题研究负责人。曾任地矿部高级工程师,中国地质学会区域地质与成矿专业委员会委员、广东省地质学会构造地质专业委员会副主任、煤炭部湘潭矿业学院兼职教授。在国内及国际发表学术论文数十篇和《地质力学与板块构造学——比较·联系·前瞻》等专著6部,编写过多种教材,参加过高校试用教材的编写并出版。

沈照理毕业后被分到北京地质学院。1957年赴苏联留学,在莫斯科地质勘探学院攻读水文地球化学研究生,1961年获地质—矿物学副博士学位。回国后在北京地质学院、武汉地质学院任教、科研,主要从事水文地质、水文地球化学及环境水文地质的研究。在水文地球化学基础理论、水—岩相互

---

① 杜明达在被定为"右派"后,须接受劳动改造,不让参加地质工作,在很长一段时间内与地质绝缘。他在劳动时往米经过金顶山卜,抬头望去,总觉得山顶上一片岩石露头很奇怪,不禁在心中留下一个问题。几年后,对他监管稍懈,他有一次爬上山去观察了许久,确认这是一大块被构造推过来的块体,其下伏原地岩层也随之被倒转,故沿倾向布置的钻孔都见不到矿,必须到相反一侧去探寻。他把意见说给队上,获得采纳,后在山背施钻,果然找到了厚大的主矿体,经查明储量为中国第一大铅锌矿床。不过当时的政治气候,任何地质成果,"右派"分子都无权具名,杜明达的这一贡献是在很久以后才被人知晓的。据了解,"文革"结束后平反冤假错案时才发现,杜明达的右派材料由原单位上报主管地方党委时,被认为依据不足,没有批准,但此时他已调另一单位,介绍信上写明是右派,而原单位也没有再作更正。他因此误戴了二十几年右派帽了。常印佛在手稿中深情详述了杜明达的遭遇和经历,认为他"在某一类知识分子中具有典型意义"。读者亦可参见冯育楠曾在《新观察》上发表的报道"发现亿万财富的穷汉",以及之后杜明达给该刊的来信,以进一步了解其信息。

作用、地下水环境、成矿作用古水文地质分析、油田水化学等领域，系统开展了大量开创性研究。编著出版了《水文地质学》、《水文地球化学基础》等经典教材，出版了《水岩相互作用的地球化学模拟理论及应用》、《中国油田水地球化学导论》、《华北平原地下水环境演化》等学术专著，成为领域内的著名学者。1979～1987年任原武汉地质学院水文地质与工程地质系主任。1988～1992年任中国地质大学(北京)副校长，且培养出多名优秀研究生。曾任国务院学位委员会地质工科和环境科学与工程学科评议组、国家自然科学基金委员会地球科学部学科评议组成员，中国地质学会水文地质专业委员会副主任委员、环境地质专业委员会副主任委员，地质矿产部教育司水文地质课程指导委员会副主任委员。2004年荣获国际水岩相互作用专业委员会授予的杰出贡献奖。2008年当选为俄罗斯工程院外籍院士。

因受篇幅限制，无法一一介绍这批毕业生。据常印佛统计，1952届毕业的地质系同学，有11位已经去世，被打成"右派"的有8人。[1] 他们中有相当优秀的人才，本可以做出更好的成绩来，却因长期受压抑，无法正常工作而

图2-5　清华地质系1952年毕业生部分同学合影纪念(后排左二为常印佛，1979年)

---

① 统计时间为2012年10月。

蹉跎了岁月。一些人等到恢复工作时已是英雄迟暮,令人惋惜。不管怎样,清华大学这批地质系毕业生,后来许多都成为杰出人才,为科学事业和国家建设作出了重要贡献。

留京与南下

离校后,被分配到地质部的常印佛等人住进当时政务院财政经济委员会招待所,等待具体通知。有专人负责他们的生活,每天发给每人6毛钱,吃饭用4毛,还可以剩下2毛钱买些生活用品。后来他们才知道,留下来是要参加即将召开的地质部成立大会。当时全国地质工作计划指导委员会和矿产地质勘探局的工作人员数量不多,让新毕业生参加既可增加大会氛围,又能让他们亲身感受到肩上的历史使命。

1952年8月10日,中央人民政府第十七次会议决定成立地质部,办公地址设在前中国地质调查所旧址兵马司九号,在政务院财政经济委员会的指导下展开工作。李四光(1889~1971)任部长,何长工(1900~1987)、宋应(1916~1975)、刘杰任副部长。9月3日,地质部成立大会在北京西单曲剧场举行。常印佛参加了这次大会,至今对当时场景记忆犹新。会上李四光先发表讲话,宣告地质部成立,从科学的角度概括了全国地质工作。接着是何长工讲话,他说党和毛主席把自己派到地质部,保证与大家一起把地质工作搞上去。继而是宋应讲话。宋应1936年毕业于北京大学地质系,是李四光的学生,在校时便是学生党员,"一二·九"运动的积极分子,毕业后参加革命活动,李四光特地把他要去担任地质领导任务。宋应的讲话具有鼓动性。他说:"今后的地质工作要大大的发展。我们现在地质人员才两三百人,这是不行的,我们要有上千人,上万人……我们不但要在陆地上找矿,还要到海洋去,还要用飞机找矿。"[①]常印佛听后很受鼓舞,尤其是后一句话更

---

① 常印佛访谈,2012年10月16日,合肥。资料存于采集工程数据库。

是深深吸引了他,感觉自己这一生有了"用武之地"。一起去参加大会的罗诗塘说:"宋部长真不愧是学地质的,说出来的都是内行话,而且高瞻远瞩。"①地质学家尹赞勋也以老专家和地质职工代表的身份在会上作了发言。地质部成立大会使大家受到强烈的感染,对即将从事的地质工作充满了期待。

　　大会召开后,地质部公布了新毕业生具体工作去向。当时为集中全国地质力量,地质部在地方成立了 6 个直属地质大队,其中在皖南地区成立的是 321 地质队,队部正在铜陵铜官山勘探铜矿。常印佛和另一位清华大学的朱康年同学以及北大的两位同学冯钟燕、马志恒被分配到 321 地质队。在去铜陵之前,他们拜访了原地质工作计划指导委员会的老领导谢家荣(1898～1966)②,想请教一些经验。常印佛之前已经见过这位著名的地质学家,而一起讨论工作却还是第一次。谢家荣抗战前曾在铜官山做过调查研究,不久前又去视察过,因而谈了一些对铜官山地质、矿床方面的看法,接着又跟他们讲了我国地质工作的特征,以及他长期关注和研究的石油地质和油荒问题。他们还去拜访了孟宪民,他那时任地质部地矿组组长③,工作比较忙,只简单说了几句便告别了。

　　1952 年 9 月,常印佛坐上了南下的火车,途经南京转至铜陵。由于前国民党政权下的"中央"级地质机构还在南京,北京的地质工作计划指导委员会成立后,便在南京设立办事处以统一协调这些机构。出发前,地质部的一位同志建议常印佛等应前往拜会南京办事处主任侯德封(1900～1980)④,请

---

① 常印佛回忆手稿,2014 年 10 月,第 21 页。资料存于采集工程数据库。

② 谢家荣(1898～1966),上海人,1916 年毕业于农商部地质研究所,1920 年美国威斯康星大学地质系硕士。他是我国著名地质学家、矿床学家、地质教育家,在基础地质科学与应用诸多领域都有建树,是中国矿床学的主要奠基人。他领导了资源委员会矿产测勘处,是中国经济地质事业的主要开拓者。地质部成立后任总工程师,为我国石油大发现做出重要贡献。曾在北京大学、清华大学、中山大学任教,曾创办南京地质探矿专科学校。1955 年被选聘为中国科学院学部委员(院士)。"文革"中因不堪受造反派批斗冲击,于 1966 年 8 月 14 日在北京家中自杀。

③ 当时地质部初建,下属部门一律称组,地矿组不久即改称为地矿司(全称为地质矿产司),孟宪民遂被正式任命为副司长。

④ 侯德封(1900～1980),河北高阳人,著名矿产地质学家,地球化学家。1923 年毕业于北大地系,1955 年被评为中科院学部委员,曾任四川省地质调查所所长,中央地质调查所技正、陈列馆主任。中华人民共和国成立后历任地质工作计划指导委员会委员,中科院地质研究所所长,中科院地球化学研究所所长,中国第四纪研究委员会副主任,中国科大地球化学系教授、系主任等职。

求其指示和建议。于是他们到南京后就找到侯德封的办公室。侯德封招呼他们坐下,当时他还担任其他职务,不断有电话响起,一时竟无暇接待他们。常印佛等见状即欲起身告辞,却被示意等候。等他忙完事务,即开始与他们交谈。他很热情,十分健谈,从学习苏联经验,到野外考察方法,滔滔不绝,有时候又像是在自言自语。常印佛等人一直到很晚才与他道别。

南京离常印佛的泰兴老家很近,但他还是决定先到铜陵报到。他们一路马不停蹄直奔铜陵,刚下火车,便见郭文魁队长亲自带领的一群地质队员已经在等候他们。

第三章
走进野外一线

剑指铜官山

　　新中国成立之初,全国地质工作计划指导委员会根据集中使用地质人才的战略原则,为国内已知的几个重点矿山配置了较强的地质力量,以便尽快提供矿产支援经济建设。中央地质部成立后,全国有 6 支地质队归其直接领导,它们是:河北庞家堡 221 队(铁矿)、内蒙古包头 241 队(铁矿)、安徽铜官山 321 队(铜矿)、湖北大冶 429 队(铁矿)、甘肃白银厂 641 队(铜矿)、陕西渭北 642 队(煤矿)。铜陵铜官山铜矿因独特的资源条件和区位优势被作为勘探重点。

　　铜陵位于安徽南部,西滨长江,东连南陵、繁昌,南接贵池、青阳,西北与枞阳,东北与无为隔江相望,交通便利,黄金水道上达安庆、武汉,下抵芜湖、南京,有着优越的地理区位。同时铜陵有着丰富的矿产资源,矿种繁多,储量丰富,开采条件好。已知有铜、铁、硫、金、石灰岩和煤矿,与之结伴而生的有钴、金等多种金属和元素,此外还有铅、锌、锰、膨润土、珍珠岩、石英石、大理石、玛瑙等。要开发长江中下游工业走廊,铜陵是不可缺少的支撑点。

　　铜陵地区铜矿的发现和开发利用有着悠久的历史。根据现代科技考古资料,在狮子山区木鱼山古炼渣堆中发现有未炼好的铜中间产品,经同位素年龄测定,距今最早为 2882±55 年,树轮校正为 3015 年,属西周之世(周康王-昭王,前 1020～976),以后春秋战国、两汉三国记述不多。至南北朝时,庾信《枯树赋》中有"南陵以梅根作冶"一语。至唐宋而愈盛,唐《元和郡县志》载:"南陵县利国山在县西一百一十里产铜,供梅根监,梅根监在县西一百三十五里"。利国山即现在的铜官山,梅根监是冶铸之所。唐代大诗人李白曾在今铜陵县不远的五松山小住,此间留有诗句赞美当地风光,其中即有一首《答杜秀才五松山见赠》,里面歌咏铜矿冶炼场景的诗句生动奇幻:铜井炎炉歊九天,赫如铸鼎荆山前;陶公矍铄呵赤电,回禄睢盱扬紫烟。诗中"铜井"即今狮子山,其地至今仍有古采矿坑,也反映了铜陵当地冶铜之场景。至宋代时,有梅尧臣作《铜官山》一首:"碧矿不出土,青山凿不休。青山凿不休,坐令鬼神愁。"则是描述了铜官山采铜之盛况。很长一段历史时期内,铜陵都是古代铜矿采冶的一个地方性中心。

　　近代以来,铜官山矿区古采坑、废矿堆、古炼渣遍布的情况引起了国内外地质界、采矿业的高度重视。自晚清以降,有德国人李希霍芬,英国人麦奎,北洋政府农商部矿业工程师张景明、章鸿钊,农商部矿业顾问丁格兰,国民政府商业部叶良辅、李捷,以及 1930 年代初在中央研究院地质研究所的孟宪民、张更和中央地质调查所的谢家荣、孙健初(1897～1952)等[①]都先后到此地对地质、矿产情况做了不同程度的调查研究。

　　1938 年,铜陵在日军进攻下沦陷,铜官山落入敌手,被作为铁矿肆意掠夺开采。日寇后来发现矿石含铜量较高,不合炼钢要求,即派人进入矿区开展地质、物探、钻探工作,结果发现了富厚的铜矿体。尽管已是二战后期,战局对日本已十分不利,他们仍从 1944 年起预备开发铜官山铜矿,先在老庙基山开凿了 65 米长的平巷,接着又开凿斜井,抢劫开采了含铜品

---

① 谢家荣曾到铜官山两次,分别是 1931 年和 1933～1934 年间,其中第一次是与孙健初同行,后者还单独去了目前属于狮子山矿区的鸡冠山,发现了鸡冠山铁矿。

位1.4％的富矿石约2万吨,甚至还修了一条15华里的轻便轨道连接铜官山到江边,用于运输矿石。然不久日本即战败投降,铜官山也为国民政府接收,一度曾想按日本人的开采计划复工,却直到新中国成立也未能实现。

1949年9～10月间,原南京的地质机构分头派出张兆瑾(1908～?)和赵宗溥(1917～2003)等来铜官山作调查研究,提出了一些新认识,并估算了储量。同时,张兆瑾还发现了狮子山铜矿,赵宗溥发现了老鸦岭铁帽,对铜陵的找矿和开发起了很好的先导作用。1950年1月3号,中央有色金属会议决定,恢复铜陵铜官山铜矿的建设工程,4月15日,重工业部批准铜官山铜矿建设方案。随后,张兆瑾率领6名工人组成的铜官山铜矿测探队开始了铜官山的小规模勘探工作,不久又以殷维翰(1911～2009)为队长,配备3台钻机,根据前人资料和日本人留下的图纸线索在老庙基山进行钻探。1950年8月,施工钻孔见到了富铜矿体,新时期铜官山地区铜矿勘查的序幕正式拉开。

经过两年的努力,至1952年时,国家经济已从战争的破坏中基本恢复,大规模的工业建设摆在面前,对矿产资源的需求更加迫切。铜官山因优越的区位和产铜前景以及良好的前期工作,便成为剑锋所指。

铜官山铜矿位于现铜陵市西南2.5公里处,它由松树山、老庙基山、小铜官山、老山、宝山、白家山、罗家村和笔山8个矿床组成。1950年时,其中的松树山、老庙基山、小铜官山等矿床已进行试生产和基础设施的建设,这3个主矿段矿产储量占全区储量的70％,然因地质报告尚未提交,地下信息不充分,还无法进行正规的开采设计,一时呈“等米下锅”的形势。故要求321队对松树山、老庙基山和小铜官山这一主要地段进行详细勘探并提交报告。而当时笔山、老山、宝山都还未开采,白家山矿床刚刚发现,罗村矿床则尚未发现。

在1952年高校毕业生中,分配到铜官山的除常印佛等来自清华和北大的四人外,还有来自南京地质探矿专科学校的朱安庆、方云坡和张善祯3人。考虑到当时毕业生的稀缺,便不难领会地质部拿下铜官山的决心。很快,处处响起了铿锵有力的地质锤打击声,惊醒了铜陵地下沉睡的宝藏,它们埋藏了亿万年,马上就要重见天日了。

将强兵精的 321 地质队

1950 年 6 月 28 日由政务院财政经济委员会矿产勘测处委派张兆瑾带领潘明福、张锵、赵泉、宣林、杨师水、谢荣智等 6 名工人到铜陵创建"铜官山铜矿测探队",是为 321 队前身。它也是中华人民共和国成立后,铜陵地区第一支地质队伍,成立后即在铜官山寻找铜矿。1952 年 5 月 9 日,321 队宣告成立,9 月 1 日,改属地质部领导,全名为"中央人民政府地质部三二一地质队"。为拿下铜官山,地质部给 321 队调遣了最硬的人员配置,任命郭文魁(1915~1999)为队长,主抓业务工作;次年又任命滕野翔为队党支部书记,亦兼任队长,负责组织领导①。

当时中央地质部给郭文魁的任务很明确:拿下铜官山铜矿。郭文魁 1937 年毕业于北京大学地质系,毕业后留校任教。抗日战争全面爆发后,他随校辗转西迁,经长沙临时大学到昆明西南联合大学,1940 年后到国民政府资源委员会矿产测勘处工作,一直在滇东、川西作地质填图与矿产调查。抗战胜利前夕,赴美进修,在联邦地质调查所金属矿产部实习金属矿的地质找矿,期间曾在普林斯顿大学地质系参与铁铜矿床野外调查与室内研究,后又因

图 3-1 郭文魁

---

① 地质部明确称呼:滕野翔为第一队长,郭文魁为第二队长,都是正职。

国内需要,继续留美学习坝基工程地质,1947 年回国。1949 年春,南京解放后,郭文魁被任命为矿产测勘处经济地质科长和中国地质工作计划指导委员会委员,同时担任中国科学院专门委员。1952 年担任地质部 321 地质队队长;1954 年担任地质部地质矿产司有色金属处工程师兼副处长;1956 年调任资源计划司总工程师;1957 年到地质部矿床地质研究所,先后任区域地质与矿产综合研究室、成矿规律研究室、第一研究室主任,并兼任全国区域地质测量指导组成员;1964 年任中国地质科学院矿床地质研究所所长;1978 年,调任中国地质科学院地质研究所领导小组组长;1980 年被选为中国科学院学部委员。

郭文魁有着良好的学术背景、矿产地质工作经验丰富,在地质界有着很好的人脉关系,足够担此重任。解放初,南京地质科研力量有 3 支,一支是谢家荣所领导的矿产测探处,属原国民党资源委员会,其原主任委员是翁文灏,谢家荣是翁文灏的得意门生。另一支是同样受翁文灏器重的李春昱所领导的中央地质调查所,属原国民政府经济部。第三支即为一直由李四光领导的中央研究院地质研究所。当时,这 3 部分地质力量被划到地质工作计划指导委员会下管理。郭文魁在此 3 个机构中都有良好人缘,由他来做 321 队的队长就很方便组织凝聚起一支精锐力量。

在建队初,321 队的人才配置就是地质部直属 6 个大队中是最强的一个。除队长郭文魁外,技术人员还有郭宗山、沈永和、段承敬、李锡之、陈庆宣、杨庆如、董南庭、刘广志、冯钟燕、常印佛、朱安庆、朱康年、张善祯、方云坡、马志恒等。当时铜官山在 6 个山头进行勘探工作,每个山头各有一位负责人,他们都是能够独当一面的地质专家。郭文魁队长亲自负责一个,其他山头的负责人有:董南庭,后来成为吉林省地矿局副局长兼总工程师;[1]沈永

---

[1] 董南庭,湖北省人,1946 年毕业于西南联合大学,后从事地质矿产勘查工作。1946~1955 年在江苏、四川等七省从事野外地质工作;1955~1957 年在西南局、南方局地矿处任主任工程师;1957~1989 年在吉林局工作,任吉林省地矿局高级工程师。

和,后来成为山西省地矿局副局长兼总工程师;①段承敬,后来任地质部全国矿产资源储量委员会办公室的技术负责人;杨庆如,后来到江西、湖北地质局做副总工程师。② 李锡之,曾任 324 队技术负责人、374 队总地质师,虽然在1957 年"反右"时被打成"右派",但后来曾任湖北省地质局第二总工程师。③

在铜官山工作的这批人中,不仅走出了 6 个总工程师,还有 5 人被选为中国科学院或工程院院士,即郭文魁、常印佛、陈庆宣、刘广志和赵文津。

陈庆宣(1916～2005),1941 年毕业于西南联大地质地理气象系。后来任中国地质科学院地质力学研究所研究员,在中国首次在实验构造方面研究了扭裂隙的形成条件和过程以及长期应力作用下岩石非弹性变形;提出了在分析岩石变形与应力场的关系中应注意的一些问题和东西向构造带形成机制;为中国西南地区地震地质、重大工程选址、北京、深圳等城市地壳稳定性评价作出重要贡献。发现了铜官山外围铁帽,扩大了铜官山铜矿储量。曾为包钢找到优质耐火黏土。首次发现西康系中含三叠纪菊石化石的海相复理石沉积,解决了其地层时代问题;发现酒泉盆地早第三纪火烧沟组与白杨河组间不整合,重新厘定了盆地第三系地层,为该区石油远景评价打下了基础。首次发现祁连山震旦系和海相三叠系,为该区以后区测找矿作出贡

① 沈永和,安徽寿县人,1946 年毕业于国立中央大学地质系。曾任中央地质调查所技佐。新中国成立后,历任中国地质工作计划委员会地质调查所技佐,地质部 241 勘探队地质组副组长、202 勘探队副队长,山西省 218 地质队工程师,山西省地质局工程师、副总工程师、总工程师、副局长、高级工程师,中国地质学会第三十二、三十三届理事。长期从事矿产普查、勘探和技术管理工作。撰有"近矿围岩的矽化问题"、"论高岭岩"、"金属矿庆形成过程的空间概念和时间概念及其与远景评价的关系"等论文。

② 杨庆如,江苏宜兴人,1942 年毕业丁国立中央大学地质系。任过重庆大学地质系助教,福建省地质土壤调查所技正。新中国成立后,历任华东工业部矿产测勘处地质工程师、中南地质局工程师、铜矿地质勘探大队技术负责人、江西地质局副总工程师,为德兴铜矿的发现做出了重要贡献。1958～1962 年任中国援助柬埔寨地质勘探队总工程师,回国后任地质部长江中下游地质工作协作组副组长、总工程师,湖北省地质局副总工程师、第二总工程师、技术顾问。兼任湖北省地质学会副理事长、地矿部科学技术顾问委员会通讯委员。

③ 李锡之,山东郯城人,1947 年毕业于国立中央大学地质系,历任中央研究院地质研究所助理员,地矿部 321 地质队、华东地质局 324 地质队一级技术员、华东地质局 374 队总地质师、安徽省地质局326 队主任工程师、地矿部长江中下游协作组主任工程师,国家计委铜矿规范编写组组长、安徽省地质科学研究所副所长、技术顾问,地矿部科顾委通讯委员,安徽省硅酸盐学会常务理事,安徽省地质学会理事等。

献。1991 年被选为中科院学部委员。

赵文津(1931~)，地球物理专家，1952 年毕业于清华大学物理系。主要从事矿产勘查和深部地球物理探测。曾任中国地球物理学会常务理事、副理事长，现任中国地球物理学会大陆动力学委员会主任、勘探地球物理委员会顾问组组长。因完成喜马拉雅山和青藏高原的深部探测并获得多项重大发现，荣获 2000 年"国家自然科学二等奖"。2001 年当选为中国工程院院士，2003 年获"何梁何利科技进步奖"。

刘广志(1923~2014)，1947 年毕业于北洋大学矿冶工程系采矿专业，获采矿工程学学士学位。1949~1953 年任矿产地质勘探局钻探科科长、中国地质计划指导委员会钻探处工程师。涉足于石油地质、水文地质、工程地质等钻探、掘进工程，是新中国勘探工程的主要奠基人。中华人民共和国成立之初他奔波于白云鄂博、铜官山、攀枝花等大型矿山，组织多工种综合勘探。他积极倡导人造金刚石小口径钻探配套技术的研究；领导推广定向钻探、绳索取心钻探、空气钻探、反循环钻探、孔底动力机钻探五大技术，使我国钻探

图3-2　铜官山四位院士合影（自左至右分别为常印佛、刘广志、陈庆宣、赵文津，2004 年，321 地质队提供）

工程技术水平居世界先进行列。创造性地为上海治理地面沉降,钻出松辽盆地第一口油井等,取得了突出成绩。刘广志 1950 年代在铜官山做过一段时间的钻探工作,1995 年当选为中国工程院院士。

321 队优越的人才配置在同级地质队里可谓首屈一指。对于一位刚从学校毕业,就能来到这样的环境中工作的青年学生来说,是幸运的。常印佛与这些虽然年轻却经验丰富的专家们一起工作,随时都能有新的收获。

从地质填图开始

321 队当时工作的重点是勘探铜官山,把大部分力量都集中在这里。但郭文魁布置的找矿规划却不限于铜官山,他提出先点后面、放眼四周、扩大找矿的战略,并向铜官山外围地区派出了小分队。一支小分队去已发现的狮子山矿点作远景评价。另有流动小分队则在外围四下出击,做地质填图工作。每队一老一新两个地质人员,利用国民党留下来的行军地形图,把考察的地质信息填写在地图上,一边填图,一边跑路线,一边找矿。流动小分队实行轮换制度,出野外的小分队回来后,再派出新的一批到别处继续跑。

常印佛到铜官山后,先被派到工地负责两台钻井的岩芯编录工作,即对钻探取上来的岩芯进行地质编录和取样。这两台钻井一个在郭义魁负责的矿区,一个在沈永和负责的矿区里。在此期间,常印佛还与冯钟燕一起,在郭宗山负责的青石山进行地质普查,做了槽探、坑探,填制了 1 幅 1:2 500 地质图。1952 年国庆节以后,在外普查的李锡之、方云坡小分队回总部,他们在大通、青阳、九华山一带填了 3 幅图。接到他们的填图之后,总部开会研究后决定,下一步工作是往西拓展到贵池、殷家汇一带。

即将派出的分队由陈庆宣带队,把当时队上唯一在地质技术岗位上的预备党员冯钟燕派给他。① 起初郭文魁想把冯钟燕留在身边做一些综合整理研究工作,而冯认为野外才是地质工作的最佳学习场所,要求随队出发。不巧的是,他在出发前把脚扭伤,行走不便。这时陈庆宣就找到常印佛,让他参加填图工作。常印佛与冯钟燕的想法一样,很乐意出野外,爽快地答应了。

常印佛这次由陈庆宣带队,到贵池、殷家汇、刘街等地做普查,填制了3幅图。根据他们后来写的《贵池地质普查小结》,我们可以了解到在贵池普查的详细情况:

> 贵池普查队 1952 年 10 月 18 日自铜官山出发至贵池,12 月 17 日返回铜官山,费时六十一天,其中旅途耽误 4 天,因雨耽误 7 天,实际工作 50 天,完成五万分之一地形地质图三幅,合计调查面积一千二百平方公里。

《小结》接着具体汇报了这一地区的地质、矿床等信息,然后总结了经验及收获:

> 在普查工作中,要把所有的地方或山头都跑遍是不可能的,特别是在调查地质的人数少,调查区域大,时间短的情况下是更不可能的。因此我们不能不好好地紧密联系群众,每到一个地区必须耐心向农民,特别是年纪大的农民,询问何地有矿或者是古时开过矿的,不然许多有矿或是开过矿的地方是很容易被遗漏的。
>
> 在野外普查工作,在每日几十里的行程中,我们得随时注意周围的东西,像河谷中的卵石,乡下房屋的基石,有时都会在工作上给我们一切启示,说不定这些石头中有些矿石夹在里面,我们就得追寻他的来

---

① 当时队上仅有 3 个党员,其中两名正式党员为来自北师大的王锐和钻探工人官万珍,另一即为预备党员冯钟燕。王锐虽是地质员,但被抽去任人事组长,故在地质技术岗位上,仅冯一人为党员。

源呢。①

流动小分队在贵池的普查发现了铜山一带铁帽、炼渣、古掘迹,以及血木窝(后改称黄山岭)②铅锌矿的古掘、炼渣、废矿堆。于是1953年初,贵池铜山详查小分队成立,由李锡之负责,常印佛作为主要助手,且带有几名新招收的练习生。当年3月,他们填制了铜山一带1∶1万地质图,预言铁帽下有隐伏矿体存在。5月,铜山第一阶段工作结束,转贵池安子山矿点作普查,7月初收队回铜官山,下半年李锡之继续去铜山工作,常印佛则未再去。

在郭文魁实行的由点到面、扩大找矿战略的指导下,其他小分队的普查工作有条不紊地开展着。1952年11月到1953年7月间,杨庆如等在狮子山地区进行了地质详查,并填有约7平方公里1∶2500地形地质图1幅。赵文津、邹光华、聂馨五、朱梅生等先后在狮子山、铜山、安子山等地开展了矿

图3-3　321队部分队员在铜官山野外考察小憩[左一为郭宗山(?),
后左一为冯钟燕,1953年,321地质队提供]

① 陈庆宣、常印佛:《贵池地质普查小结》,1952年。现存安徽省地质资料馆。
② "血木窝"是采用军用地图上的名字,"木"字实为"水"字之误。据老乡讲,历史上此地曾大规模采矿,不幸矿坑发生事故,许多矿工遇难,血水外流,因而叫"血水窝"。此处经详细勘查后,证实为一中型铅锌矿,池州市进行开采,因原名不吉利,附近有山名黄山岭,便改名为黄山岭铅锌矿。

区大比例尺物探工作。1953 年,段承敬、朱安庆等在铜官山外围(铜陵—南陵一带)470 平方公里范围内,用 1∶5 万地形底图填制 1∶10 万地质图 1 幅,查明区域地层,由老至新,主要是志留纪至三叠纪岩层组成。[①] 发现了凤凰山铜矿、焦冲铜矿、矶头山(即后来的新桥)铁帽等一批矿产地。至此,铜陵本区的普查工作基本完成。西面从贵池到青阳,再到铜陵,往东的工作便推到了繁昌。1953 年下半年,派常印佛(带队)、朱安庆等到繁昌、荻港做两幅图普查。1954 年上半年又派常印佛、曾宪文等跨江至江北湖东县(后改成枞阳县)将军庙、义津桥做了 2 幅图普查。所有这些普查都以路线地质填图为主要手段,沿路找矿。先后共填了 11 幅近 5 000 平方公里的区域,发现了一批矿产地,开拓了至今 60 年来找矿发展的前景。应该说,郭文魁的战略部署功不可没。

如前所述,铜官山铜矿共有 8 个矿床,但主要集中地段则是其东南侧的松树山—老庙基山—小铜官山三个断续相连的矿床,当时勘探工作尚未结束,而其余几个矿床都很小。由于工业部门急待开发,迫切要求提交地质资料,于是汲取苏联经验,先把主矿段编一份"中间性"报告,以应矿山建设急需。为此,321 队成立铜官山铜矿调查报告编写综合组,郭文魁领衔,郭宗山[②]任组长,朱安庆、朱康年、李梅玲[③]等参加,着手中间报告的编写。因人手紧缺,正在繁昌普查的常印佛被从前线调回,也参与此项工作。综合组具体工作人员负责原始资料和数据的核对与处理,勘探剖面和中段平面图编制以及储量计算。郭宗山执笔文字报告(初稿),最后由郭文魁修改定稿。报告于 1954 年初编写完毕并上交,至此铜官山的勘探任务告一段落,郭文魁在完成使命后调离。其后队上行政工作仍由书记兼第一队长滕野翔主持,技

---

① 铜陵地质矿产简志编委会:《铜陵地质矿产简志》(1879~1985),1987 年,第 16 页。

② 郭宗山(1917~2001),陕西省山阴县人,1940 年毕业于西南联大地质地理气象系,1949~1951 年在英国剑桥大学学习矿物岩石学,取得博士候选人资格,后受感召放弃学业,提前回国,投身于新中国的地质勘探事业,1952 年被任命为 321 地质勘探队地质科长,做出了出色贡献,1955 年奉调到北京,在全国地质矿产普查委员会任石油室主任工程师,参与组织当时全国的石油普查工作,1956 年被调至新成立的地质部矿物原料研究所稀有分散元素矿床研究室任副主任,做研究工作,发表论文多篇并出版数部专著。

③ 李梅玲是 1953 年夏新到队的南京大学毕业生。

术工作由郭宗山负责。

编完报告，常印佛还继续从事普查，此时铜官山矿区的工作基本完成。321 队队部也从铜官山迁至庐江砖桥的贾家楼村。1954 年夏，常印佛从江北普查回来后，又被派到庐江评价一处铜矿产地，一直工作到年底。

铜官山的勘探工作在 1954 年上半年完成了收尾工程，7 月，由郭宗山、朱康年等编制了补充报告。1954 年 10 月，国家矿产储量委员会决议，要把两份报告合并成一份完整报告，并处理一些遗留问题，以便于工业设计使用。队上把这个任务交给了常印佛，他在 1955 年春节刚过，踏着大雪来到铜官山，着手最终报告的整编。完整的《安徽铜陵铜官山铜矿地质勘探报告》在 1955 年 5 月底编成，6 月份上交。这份报告和上述中间报告是安徽省内第一份可供开采设计依据的详勘成果，经矿山开采证实，报告中所圈定的矿体形态、产状及矿石质量等，均与矿山开采的实际情况基本相符，受到矿山开采部门的好评，为我国铜矿事业发展提供了可靠的地质资料。

在编写铜官山铜矿勘探报告的过程中，常印佛积累了初步的地质经验：①古地名、古采坑、古冶迹及古史料的记载，对提醒后人注意在该区找铜起了重要作用；②大量的地表铁帽显示了深部可能有较大规模工业矿体存在，需要进行深入勘查；③勘探初期总结的矿体在平面上呈"一层一圈"，剖面上沿接触带及有利层位作"桠枝状"分布，尤其是以五通石英砂岩为底板的有利层位和矿体可离开接触带而进入围岩的认识，对指导该矿床的正确勘探及很快做出评价起了决定作用；④地球物理探矿作为一种新的探矿手段在该区做了不少方法试验和效果应用工作，是国内较早开展地球物理探矿方法试验工作的基地之一，对指导该区寻找隐伏矿体起了重要作用；⑤铜官山铜矿的矿床具有受有利地层层位控制的成矿特征，这对扩大找矿思路也具有指导意义；⑥熟悉了地质勘探报告的编写过程和范式。①

这些经验对后来的实践工作都具有重要的指导意义，有些认识甚至是他后来学术理论创新的最早启蒙。另外，包括编录岩芯、地质填图、协助编

---

① 中央地质部 321 地质队：《铜官山铜矿地质勘探报告》，1955 年印。现藏于安徽省地质资料馆。

报告以及独立带队做普查等在内的各项工作,使他在短时间内熟悉了一线地质各个环节,从书本走向了全面实践,从而得到快速成长。

图 3-4　321 队地质科人员留影(前排左三为常印佛,1954 年)

最终勘探报告上交后,不久即获得全国储量委员会批准。按当时规定,321 队即将全套矿区勘探资料(包括实物资料如岩芯)移交给工业部门。冶金部后来又派出地质队对矿区内其它几个矿床(笔山、老山、宝山、白家山等)进行勘探,而 321 队这一阶段的任务即算正式结束,重点转向江北庐江、枞阳一带继续以找铜矿为主的普查工作。常印佛也于提交报告后调离 321 队,前往南京地质部华东地质局工作。

艰苦的条件

20 世纪 50 年代初,社会物质条件十分艰苦,地质工作也受到制约。常印佛后来回忆道,当时最困难的条件有 3 个,一是人员,二是设备,三是住房。

人员的困难前面已多次提及,全国地质人才极其缺乏,能投入到一线工作的人更少,尽管 321 队在全国地质队中的条件应算优秀,但是到 1952 年底,全队一共才 209 人,其中大部分为钻探工人,地质技术人员包括郭文魁在内也不到 20 人。当时队上在上海、芜湖、安庆、长沙等地招了一批工人,尤以安庆最多,达 108 人,号称"108 将"。为解决地质人手紧缺的问题,还决定招收一批初、高中毕业生作为地质练习生。为此,郭文魁派冯钟燕和常印佛负责出一份有关科学常识及基础知识的考题,用作招收练习生的试卷。通过简单的考试,在各地新招工人中遴选了近 20 名年轻的初中毕业或高中生作为地质练习生。这些人员招来后,先让地质人员(主要是几个大学生)给他们上几天课,讲一些基本地质知识,然后分到各个组去,边工作边学习,根据水平可承担不同层次的任务。他们在当时以及后来都起了很好的作用,有的通过自我努力,还成为某一方面的熟练专家。

当时地质队的设备也是相当简陋的,队上开始只有美国先锋式或日本利根式钻机,后来才进口苏式 KA2M - 300 型和 KAM - 500 型两种型号的钻机。队上最初也没有化验室,较长时期内样品都是送到地质部设在南京的中心实验室测试。① 在岩矿鉴定方面,当时有两台进口显微镜(德国莱兹产),一台是偏光显微镜,一台是反光显微镜,这在当时国内地质队中已算是上等配置了。一辆美国"斯姆勃克"军用十轮卡车是铜官山唯一的运输汽车。单个地质人员野外工作最重要的工具就三样:罗盘、地质锤和放大镜。常印佛等同学毕业分配时,地质部给他们发放了一套美式和德式的组合装备,包括美国制造的水壶、雨衣和德国制造的罗盘、放大镜。大到钻机、卡车,小到地质罗盘、放大镜,多数竟是外国设备,恰恰反映了这些工具的稀缺——国内暂时还没有能力生产这些设备和工具。

住房条件也很艰苦。房屋用土和成泥砖,晾干后堆成一人多高的墙垣,顶上铺上茅草即成,这种草房室内空间狭小,阴暗潮湿。还有另一种简易棚屋,即用木或粗竹作柱,柱间用竹条编成篱笆作墙,外涂以泥和石灰,上覆草

---

① 后因地质工作快速发展,队伍增加,样品量大增,南京中心实验室忙不过来,321 队于 1957 年在队上设立自己的实验室。

图3-5　321地质队的一种住房(321地质队提供)

顶,采光条件较前者稍好些。自1960年代初开始,队上才陆续盖了一批砖瓦结构的办公室和宿舍,其中有一排住房面积较大,每户两间屋(其余都只有一间半屋),共6户,被分给书记、(副)队长、总工程师、政治处主任、普通老职员和老工人师傅各1套。常印佛因总工程师身份于1964年入住其中。因这批宿舍分布在队部范围的东南隅,被戏称为"东南亚",至今仍保存着。

野外地质普查工作不仅艰苦而且危险,当时没有卫星测绘,更别提GPS导航,出野外就是带上地质锤、指南针等基本工具进山。在每一次派出小分队之前,队员们会先把一幅较大的地图拆分为几个小图,在每个小图的中间位置,找一个村庄。在野外地质路线设置上,他们以村庄为中心,向四周行进,完成一片区域后,再换一个村庄为中心继续考察。一个小分队一般两个人,有经验者带队,另外一人作为助手学习。常印佛起初与陈庆宣或李锡之组队时,都是作为助手随行。出行时要带上行李,队上会安排一个随行工人负责押运,给他们先到村里联系住所,并负责准备食物。

例如,1952年常印佛到贵池普查的时候,是11、12月份,天气比较寒冷,他们每人一个行军床,一条褥子,一床被子,六七件衣服,捆在行李袋里,再带上炊具,雇佣脚夫担着就出发了。每天早晨七八点中出去,春秋两季多露水,很多时候衣服都会被露水打湿,等到中午,又被风吹干了。早上出发时,用饭盒装好馒头(一般一天4个,很小,每个约一两)和菜,即为午餐,有时候会找到当地老乡家里,烧一些热水喝。食物不多,却要走很多路,经常早早便饥肠辘辘,体力不支。有经验的陈庆宣就教常印佛:中午吃两个馒头,等跑完大半路线,快要返回之前,再吃剩下的两个,以便补充些体力,支持剩下的路程。这样一天下来,一般要走上四五十里的山路。另外,野外调查,还要面临一些危险,深沟陡崖暂且不说,而当时山区人口较少,野生动物繁多,豹子、长蛇经常出没,也给地质人员的安全带来威胁。所以地质队员须学习基本的野外生存技能,队员的背包里总带着蛇药、止血膏和纱布等物品。

当然,由于地质工作异常艰苦,国家发放的津贴也比较高。1952年,常印佛每个月收入90多元钱,这在当时是一笔很多的钱了(当时的鸡蛋价格是1毛钱10个)。所以那时候人们都说,地质队是很"快活"的单位。这在全国是普遍现象,与国家鼓励青年从事地质事业的政策有关。后来,因为地质队员的待遇与当地农民的差别太大,以至于被反映到国务院。据说地质部副部长何长工还特为此事向上级写了报告,要求地质队员的津贴降低一些,其后才有所降低。同时,为了缓和工农之间的抱怨情绪,地质部李四光部长在一次全国人民代表大会上作了一个发言,陈述了地质工作的难处,希望各级政府谅解、关怀和支持。他还引用了当时在地勘单位颇流行的一个顺口溜"勘探勘探,妻离子散;光荣光荣,艰苦无穷"。这些发言还被当时的报纸刊载了,产生了很好的效果,为改善野外工作环境创造了条件。

岁月峥嵘,而地质队员们斗志昂扬,为了能够给国家找到更多的宝藏,他们满怀激情地登山涉水、风餐露宿,战胜一切困难,用青春与梦想谱写了属于自己的歌:

> 是那山谷的风,吹动了我们的红旗;
> 是那狂暴的雨,洗刷了我们的帐篷。
> 我们有火焰般的热情,战胜了一切疲劳和寒冷。
> 背起我们的行装,攀上那层层山峰。
> 我们满怀无穷的希望,为祖国寻找着富饶的矿藏!

> 是那天上的星,为我们点燃了明灯;
> 是那林中的鸟,向我们报告了黎明。
> 我们有火焰般的热情,战胜了一切疲劳和寒冷。
> 背起我们的行装,攀上那层层山峰。

我们满怀无穷的希望,为祖国寻找着富饶的矿藏!

是那条条的河,汇成了波涛大海;

把我们无穷的智慧,献给祖国和人民。

我们有火焰般的热情,战胜了一切疲劳和寒冷。

背起我们的行装,攀上那层层山峰。

我们满怀无穷的希望,为祖国寻找着富饶的矿藏![①]

走出清华校园,踏进铜陵山水,常印佛也成为勘探队的一员,而他并不觉得苦,在野外,他体会到了无穷的乐趣:

野外地质工作,既要付出脑力,又要付出体力。最简单的断层或接触关系,要找到并弄清它,也要付出艰辛的劳动。再加上生活上的种种困难和不便,所以被一些人视为畏途,但只要真正投入到把自己和大自然互相交融的境界中去,就会发现其中的乐趣无穷。无论是崇山深谷,还是穷乡僻壤,自然界总是充满着生机,可以说是"问花花解语,听月月有声",而世代蕃息在这片土地上的人民则蕴藏着巨大的智慧和乐观精神。记得有一次一位老农告诉我找矿要在青石(石灰岩)和麻石(火成岩或砂岩)交界的地方找。我回来后告诉郭先生,郭先生为之赞叹不已。在这样的环境中我产生了"如鱼得水"的感受。[②]

他把野外当作最好的课堂,满怀热情地去解读"自然"这本大书。他热爱地质工作,从来不知疲倦,一到晚上,同事们就经常看到他把白天采来的岩石摆成一排,在灯光下用锤子敲敲,用放大镜观察,在笔记本上写写画画。[③] 最初三年的野外生活,使常印佛初步锻炼了野外地质工作者必备的基本能力。

----

① 《勘探队员之歌》,佟志贤作词,晓河作曲,创作于 1952 年。
② 常印佛:"与大山结缘的道路"。《科学的道路》(下册),上海教育出版社,2005 年,第 1336 页。
③ 蒋秉行访谈,2013 年 6 月 27 日,铜陵。资料存于采集工程数据库。

矿床学的领路人:郭文魁

一般而言,大学地质系毕业的本科生到地质一线后,通常很容易获得实践经验,却未必有能力从事理论上的探索与研究工作。这仅靠自己摸索是不容易的,还需要有人指导或亲身示范。对于常印佛而言,郭文魁就是这样一位学术道路上的引路人,一位矿床学上的导师,把他领入对矿床学深入探索的大门。

虽然当时郭文魁还不到 40 岁,但他已经是造诣颇深的矿床地质学家了。他在 1945 年初到美国时,即入联邦地质调查所金属矿产部实习金属矿的地质找矿,曾在普林斯顿大学地质系参加铁铜矿床野外调查与室内研究。由于成绩优良,获得了美国联邦地质调查所的合格证书。后来虽然转攻坝基工程地质,但回国后的工作亦常与找矿勘探有关。在担任 321 地质队队长期间,他就开始研究铜官山的铜矿成因问题。他后来在矿床学研究上取得卓越的成就,由其提出的"格架构造控矿学说","中国金属矿床三大成矿域和三大成矿旋回理论"及"金属成矿的渗浸和注浸作用理论"都是现代中国矿床学发展的重要里程碑。而他 1950 年代在铜陵的工作经历,应该说是他从事矿床地质工作的重要阶段,以铜官山为主的铜陵地区的成矿类型与成矿规律,对他的矿床学研究也具有重要意义。铜官山铜矿是典型的矽卡岩型铜矿,郭文魁在主持勘探期间对其做了许多学术性的研究和思考,对铜官山矿床的接触变质带及矿物组合、矿体产状及控制因素、矿化及热液蚀变、矿物生成顺序、铜矿床成因等都有理论探索和经验总结。

常印佛到 321 队之初,负责看管的第一口钻井便是在郭文魁所在的山头,后来又协助他编写《铜官山铜矿床地质勘探报告》,得以在他的直接领导下工作。勘探报告是富于研究性的,常印佛在编制剖面、计算储量、协助郭文魁编写报告的过程中,都得以学习其中的研究方法与思路。对于郭先生的教导和鼓励,常印佛印象深刻:"他以高度的热情和耐心的诱导,使我们这些新兵又受到一次'再教育',从他那里我感受到一切地质现象都是有意义的,关键在于要用敏锐的观察和科学的思维认识其本质和相互联系。老师们的指导使我对地质科学产生了愈来愈浓的兴趣,尽管在实践中遇到的失败往往要多于成功,但这丝毫没有降低我的信心和探索的勇气。"①教育的艺术在于激励、鼓舞和唤醒,郭文魁不仅是一位优秀的地质学家,更是实践中的教育家,是一位优秀的导师。常印佛在他的引领下开始了矿床学的思考与研究,其科学探索常征引后者的研究成果,二人还合作发表过文章。虽然不是入门弟子,但常印佛对郭文魁以师礼相待,感激终身。

郭文魁在工作和生活中的作风也感染着每一个地质队员。他喜欢和年轻人交谈,每到星期天,都会从上到下武装起来,穿上登山服、登山鞋,拎起地质锤,招呼年轻的地质队员一起上山。这是野外学习的好机会,常印佛经常参加。郭文魁对年轻人热心教诲,在野外一边观察一边讲解。例如,看到山上相距不远的两个坑,一个里面有水,一个里面没水,他就会问大家为什么有这种情况,然后便会详细解释其形成原因。他在野外给年轻人实地上课,既教会了他们知识,又演示了思考问题的方法。

郭文魁性格随和,平易近人,经常在星期六晚上闲暇之时,吆喝大家一起玩桥牌,丝毫没有队长的架子。由于工作繁忙,他就地住在办公室,屋里的灯每天都亮到半夜。他是一位学者型的队长,和他在一起工作,大家都觉得心情舒畅。

此外,还有一件"小事"值得一提。中国在 20 世纪 50 年代初缺少工程地质方面的人才,而这又是国防部门和工程技术部门所亟须的,地质部即在全国选调年轻人到苏联学习军事工程地质,常印佛也在被选之列。1952 年 11 月间,调令电报发到了 321 队部,当时常印佛正在贵池做地质普查未归,接到电报的郭宗山随即去找郭文魁商议。他们认为队上也人手紧缺,常印佛的工作正在进行,不宜中断,而且在郭文魁看来,矿产地质才是地质工作的正路,也是地质堪查人才最能发挥作用的地方。因此,队上回电报辞掉了这个调遣,要求另选他人。常印佛直到 12 月中旬末从贵池回来才知道这件事。郭文魁高兴地对他说:"你看,我帮你把这个事挡下来了。"当时正值中苏友

---

① 常印佛:"与大山结缘的道路"。《科学的道路》(下册),上海教育出版社,2005 年,第 1336 页。

好,能到苏联留学镀金,对多数人来说都是难得的机会,而常印佛并不觉得惋惜。他喜欢当前的工作,还与别人开玩笑说:"要是我到苏联去学军事工程地质,出来就穿军装啦!"当时如果不是郭文魁替他做出决定,那么他现在的身份有可能就是工程地质学家了。

"党工作者":"陈老"与滕野翔

优秀的共产党干部,在新中国初期各项事业的发展上起到了有力的领导作用。他们多数清正廉洁,讲求实际,有出色的团结和领导能力,有效地推动了工作展开。321 队便有 2 位让常印佛难忘的共产党干部:"陈老"与滕野翔队长。

1952 年,321 队只有 3 名共产党员,党关系挂在铜官山铜矿工务处。工务处的党组织书记姓陈,50 岁左右,头发已斑白,俨然一长辈,能与群众打成一片,得到大家的衷心爱戴,故被称为"陈老"。① "陈老"清楚地认识到,铜官山要发展,首先要有矿才行,很关心队上工作。他很健谈,经常晚上摸黑米到队上,跟队长郭文魁和一群年轻的地质队员聊天,无所不谈,通过这种方式了解工作进展,掌握队员的思想情绪,给他们加油鼓劲。"陈老"认为知识分子和技术人员思想比较"保守",常鼓励他们要解放思想,敢想敢干。他曾对郭文魁讲:"老郭呀,你什么都好,就是思想放不开。"②有时候年轻队员跟他的想法不一样,他就半开玩笑说:"你们都是小保守呀!"鼓励年轻人更应该有理想主义精神。

"陈老"跟队员们团结得很好,对队员的事情比对自己的事情还关切。例如,当时地质队员由于工作艰苦,流动性大,普遍面临难找对象的问题。有一次"陈老"了解到郭宗山已经 30 多岁了,婚姻的问题还没有解决,便替他

---

① 当时铜矿和地质队的人员都很年轻,平均不到 30 岁,大家当时都习惯喊他"陈老",以至于多年后想不起他的本名。

② 常印佛访谈,2012 年 10 月 21 日,合肥。资料存于采集工程数据库。

着急,找他谈话说要帮他物色对象。后来他果真经常向人打听哪儿有未婚女青年,因实在没有找到合适的才罢休。

1953年底,常印佛和陈庆宣从贵池回到队上,他们在那里发现了两处新矿点,即铜山铜矿和血水窝铅锌矿。消息灵通的"陈老"很快知道了这件事,在他们刚回来一周后,他就直接摸到他们的住处,想了解具体情况。陈庆宣和常印佛就给他介绍了在贵池铜山一带的普查经过与发现。他听后很高兴,并建议向地质部反映,接着又马上去找郭文魁,要求尽快报到地质部,争取立项。其后,他隔三差五地就到队上去询问此事的进展,敦促加快节奏。在他的关心和推动下,贵池铜矿很快上马,第二年就把钻孔打下,见到了矿。

321队是国家重点地质队,而起初队上党的组织领导力量很薄弱,中央地质部为此数次电告安徽省委,希望省里派一批干部去支援。1953年初,中共安徽省委派滕野翔(1920～2008)到321队,任党组组长,兼第一队长,7月,任321队党委书记。滕野翔是安徽和县人,1939年参加革命工作,同年加入中国共产党。在赴321队之前,历任岳西、霍山、六安、舒城县委书记、游击大队政委,宿松县委书记,皖北区党委组织部、安徽省委组织部处长,有着丰富的工作经验。到了321队,滕野翔名义上为第一队长,郭文魁为第二队长,实际上两个队长是平等的,只是负责的事务不同。先后被派到队上的还有另外20多名干部。滕队长履任之初即作出指示:所有新到队的干部都要到钻机工地上去,和工人同吃同住同劳动,联系群众,熟悉情况,满两个月后再安排其他具体工作。

滕野翔虽然19岁就参加革命,但他之前在学校读过书,有一定的文化基础,学习能力强。[①] 他也和地质队员们一起工作,参与他们的讨论,有时候还能说中要害,提出解决办法来。滕野翔作风清正廉洁,生活简朴,不讲排场,没有架子。《皖南十年:321队史》里记载有这样一则轶事:

---

① 据常印佛回忆,滕野翔在和常印佛聊天时,听说常是中大附中毕业的,便告诉他说自己在初中毕业后,也曾打算考中大附中的高中,因为他的家乡和县与南京毗邻,他家所在的农村曾一度划入江苏省。后来大概因经济原因,读了师范学校,可能尚未毕业便投身抗战,故大体上相当于高中文化程度,其古文及书法均有一定基础。

图3-6　滕野翔(左二)在考察工作(321地质队提供)

　　我们的队长兼党委书记滕野翔同志是一个长期担任党内职务的忠诚朴实的干部,第一次上钻机时,工人们坚决不让他进机场,一定要经队长批准,因为他是一个穿着破灰棉袄的不速之客,工人们当时谁知道这就是我们的首长!①

　　滕队长对地质队员十分关爱,公正无私,赢得了他们由衷的信任和支持。他在任期间,321队团结奋进,各方面工作都顺利展开。1955年地质部华东地质局成立,当年7月滕野翔被调去任副局长,其后又先后担任安徽省地质局局长、党委书记,省革委会生产组计划小组副组长、秘书小组组长,省电子工业局局长、党组书记,省人大常委会委员、省人大常委会财经委员会副主任等职。1963年开始全国上下都在开展"四清"检查,到处抓坏人,抓混到干部队伍里的"坏分子",时任安徽省地质局局长的滕野翔选321队作为第一个"四清"试点,亲自率领"四清"工作队。在他的过问下,各项事情都得到公平处理,大家心情舒畅,保护了队员,保证了地质工作的正常开展。

　　铜官山工务处的"陈老"、321队大队长滕野翔以及诸多像他们一样的党员干部勤勤恳恳地工作在地质战线上,为全队创造了积极、团结、奋发向上

---

① 321地质队编:《皖南十年——321队史》。现存于铜陵狮子山321地质队资料室。

的环境。常印佛当时读过很多苏联小说,里面经常提到一种身份,叫"党工作者",它是指那些为党的事业而无私奉献终生的人。"党工作者"在当时的苏联,是一个比较光荣的称号,有很崇高的形象。在常印佛看来,"陈老"和滕野翔他们就是这样一群"党工作者",正是有他们的默默付出,才为321队取得累累战果提供了保障。

　　新环境下对地质人才的使用方式,也促进了年轻人的快速成长。民国时期,刚毕业的地质专业大学生需要跟在老地质队员后面做很长一段时间的野外工作后,才有资格独立带队。而新中国成立后,则是给新人压担子,让他们放手去干。前后的不同,一是因为国家对地质工作提出新的要求,而地质人才又确实太少,对年轻人来说,任务就是命令,不担起来不行——缺少经验,就在工作中积累;没有方法,就在实干中摸索。二是因为不拘一格大胆启用年轻人,鼓励打破常规的创新实践,是共产党用人的一贯作风。对于这种做法,起初,有一些从民国过来的地质队员还不是很适应。例如,段承敬是1948年从国立中央大学毕业的,到1953年时,已经有四五年的野外工作经历了,当队上决定派他带队出野外做普查时,他仍觉得自己资历尚浅,经验不足,要求郭宗山另派一名经验丰富的师傅带队,自己做助手。他的顾虑后经郭宗山一番开导后才放下。这种顾虑若放在民国时期很容易理解的。以中央地质调查所为例,除特约研究员外,其研究人员分为技正、技士、技佐和练习员四个层次,练习员是刚进所工作尚未转正的研究人员,一般要经过两年的实习期才能升到技佐,再经过三到五年的实际工作才能升到技士。一般只有升到技士以后,才有可能单独承担任务。[1] 这样做当然是为了保证工作质量,而在新中国时期,却无法满足地质工作的需要,地质专业新毕业生直接被推向前台。1953年夏,滕野翔提出让常印佛带队去繁昌做地质普查,经郭文魁同意后,常印佛即出发,当时他毕业还未满一年,年仅22岁。在新形势下,许多像常印佛这样年轻的地质队员,肩负着重任,在山野间的摸爬滚打中迅速成长。

---

① 张九辰:"中国近代地质学家群体研究"。《自然辩证法通讯》,2003年,第3期。

第四章
驰骋长江中下游

在华东地质局

　　中央地质部成立后,在全国六大区分别设有地质局,其中华东地质局以浙江省地质调查所为基础,总部在上海解放路汉密尔顿大厦。当时出于东南沿海国防安全的考虑,并没有在华东地区开展太多地质工作。1953 年国家动员主要地质力量找石油,就把华东地质局撤销,大部分人员被派到西北找油。而其他五大区地质局却都仍然保存着,这就造成了华东地区矿产地质力量的薄弱,难以满足经济发展的要求,恢复华东地质局设置被提到议事日程上来。

　　经过一段时间的筹备 1955 年 5 月 4 日,在南京市珠江路 700 号原中央地质调查所旧址上,新华东地质局成立,负责江苏、安徽、山东、浙江、福建五省的地质矿产调查工作,由张仁任局长,严坤元任局副总工程师、技术负责人,局机关设办公室、地矿处、生产技术处、资料处、计划处、财务处、干部处、供应处、劳动工资处、保卫处、监察室,政治部等处室,包括 321、304 在内的华东地区地质系统所有的地质队都划归其领导,原地质部南京中心化验室也划归局管。

总工程师严坤元是江苏武进人，1934 年毕业于国立中央大学地质系。曾任福建建设厅地质调查所技士，江西、北平地质调查所技士、技正，抗战胜利后，调到北平地质调查所，所长为高平。地质部直属六大队之一的白云鄂博队成立后，严坤元在队上任副队长，即技术队长，并于 1954 年底提交了白云鄂博矿产勘探报告，出色地完成了任务，1955 年调到南京任华东地质局副总工程师。他有着广博的矿产勘查学知识和突出的工作能力，对常印佛有重要影响，将在下文述及。华东地质局成立后地质工作有长足发展，取得了辉煌战果：1955 年有 11 个地质队，1956 年新组 21 个地质队，1957 年又新组了 22 个地质队，到 1957 年底，先后组建或改建成了 54 个地质队，对华东地区的磷、铜、铁、明矾石、煤等 15 个矿种共 83 个地质普查勘探项目进行了工作，完成钻探工作 35.5 万米，探明了磷、铜、铁、明矾石、煤等多种矿产的储量。对于这些成绩的取得，严坤元功不可没。

华东地质局初建时，基础十分薄弱，与其他五个大区地质局相比，不可同日而语，急需四处调集新力量补充进来。常印佛在完成铜官山勘探报告的总报告后，调到华东局地矿处，负责有色金属的管理。当时华东局做地矿管理的共 4 人，另外 3 人分管煤矿，铁矿和非金属。常印佛在华东局工作期间，正是该局发展时期，局属地质队由十几个变为几十个，工作很忙，常须加班到深夜。当时京剧大师梅兰芳曾到南京演出 3 场，他也仅得一次有时间观看。

在华东地质局有色金属办公室的工作虽然忙碌而充实，但常印佛到野外一线去工作的渴望始终没有熄灭，他热爱地质一线，也一直盼望着能有机会再回到野外。

机会很快到来。1955 年底，中苏两国合作组织地质队到野外找矿，其中长江中下游地区的一支队伍挂靠在华东地质局，编号 374，叫"中苏技术合作扬子江中下游铜矿普查队"，简称"扬子江队"。队伍成立后，任命当时在贵池铜山工作的李锡之做总地质师，考虑到常印佛曾几次表达过想去野外工作的愿望，而且华东地质局原来就派常印佛多次去地质部参与扬子江队的筹备工作，即调他去当李锡之的助手。常印佛听到这个消息后十分高兴，他于 1956 年 6 月离开南京，沿江而上，赶赴扬子江队队部驻地——安庆。路过

采石矶、铜官山时,看着大轮船在广阔的江面上破浪前行,他怀着鱼归江海,鸟返山林的心情,写下了一首七律《重返第一线》:

月光如泻笼江干,一曲离歌秣陵关。

星火危崖采石渡,紫烟青霭铜官山。

三载征程兴未尽,期年伏枥常思还。

此身许国无多求,乐在图书山水间。

其中颈联回顾了毕业三年以来的感受,表露了对野外工作的期待,尾联则是他一生理想与追求的真实写照。

在中苏技术合作队

374 队是中苏合作地质队,队上苏联专家根纳季·谢米洛维奇·耶果罗夫是一位有着丰富地质经验的工程师。在时人看来,能与苏联专家共事,是值得羡慕的。当初就有一些老同志对常印佛说,到了扬子江队,跟苏联专家学习,就相当于到苏联留学了。常印佛在扬子江队工作期间,作为中方主要技术骨干,经常陪同耶果罗夫考察各处铜产地,期间与他有过很多交流,也从中受益颇多。

常印佛一到岗位即与耶果罗夫展开了合作,并有一次颇为重要的经历。他到 374 队报到后,李锡之正在为贵池铜山铜矿勘探报告进行收尾工作,尚未到队,于是即由他和行政队长杨育才共同陪同耶果罗夫去野外踏勘选点——即选择工作地区,确定工作对象,这在当时确是最迫切的任务。他们首先去铜陵,接着去枞阳,经过比较研究,耶果罗夫选定铜陵狮子山作为评价的重点。

当时苏联地质工作经验已经在国内广泛推广,为保证地质工作的严谨性,降低风险提高效益,中国学习苏联建立起了一套非常复杂的勘查程序。

地质队员人手一本地质工作规程的小册子。按照操作规程,勘探工作步骤是:先在地表挖探槽,揭露矿体,判断大概情况,然后在较浅的地方打孔,看往地下延伸到什么位置,接着在周围打孔,看它向周围延伸多广。中苏双方都会要求地质勘查员严格按照这套程序工作,违反程序则要受到批评。

然而,狮子山的特点之一是矽卡岩带的面积很大(国内外都不常见),特别是宽度达一百米至几百米,若在地表揭穿它,则需要同样长的探槽,其工作量之大可以想见,故被戏称为"通天槽"。更困难的是,中国南方炎热潮湿,岩(矿)石往往经过强烈风化,形成较厚的风化壳,一些容易被溶解的矿物(如一些铜矿物)和元素(如铜)很容易被淋失殆尽,即使挖槽也无法圈出矿体。耶果罗夫在国内是工作在西伯利亚南部阿尔泰山区,那是高寒地区,和江南大不一样。所以,常印佛在向他介绍情况时,特别说明了这一点。

耶果罗夫也充分注意到常印佛介绍的现象,在现场仔细观察,偶尔陷入深深的思索。随后,他忽然向一同考察的行政队长杨育才问道:"这里需要打钻,但中国很穷,能不能打?"杨回答说,经费上已有准备,如需要便打。于是他便在平面地质图上对狮子山长达 3000 米以上、宽 100～200 米至 500～600 米的矽卡岩带中的较好地段以 200 米或 400 米的间距布置了近 10 条钻探剖面,并圈定了钻孔位置。原来,他跳过了探槽的程序,选择直接使用钻孔探索矿体!而通过打钻,果然把地下矿体给"捞了上来"。

这件事给常印佛很大的启发,他认识到:耶果罗夫没有僵守程序,而是因地制宜灵活运用方法,所谓的勘查程序,也是相对的,在某些情况下不能墨守成规。这个经历也为他之后的找矿提供了很好的借鉴。

不久之后,李锡之来到队上,接手中方技术负责人的工作。常印佛被派往青阳一分队,对青阳杨田埂东山铜矿做了一个远景评价,并与谢显明、惠胜恩、刘兆连、吴国瑜一起编写了评价报告,于 1956 年 10 月 28 日上交。12月,常印佛带 374 队一个小分队到湖北房县宋洛河区和竹山花竹溪—擂鼓台铜矿点做野外勘查,次年 1 月完成野外工作,2、3 月间与谢显明、刘鸿禧、李矩孝一起完成了该区铜矿点的踏勘报告。在这份踏勘报告的最后,他们提出了一些问题和进一步工作的建议,能够反映他们工作的程度:

① 含铜页岩厚达 1 米,可能表示古时有大矿存在,如何去追索? 如果说现存的陈家山矿点是古时大矿的侵蚀残余,则现时红色岩层掩盖之下是否尚有类似的未被侵蚀的大矿存在?

② 竹山系的时代问题,长期未解决,它和武当片岩及百万分之一地质图上"L"层以至和平西沟系之间的关系如何?

③ 绿色片岩的时代问题,是否应包括于现在的"竹山系"之中? 火成岩岩相问题,目前了解它是近似石英安山岩或安山岩成分,长石以更长石为主,是否纳化的结果未详细研究。 因此,今后得注意其岩相、种类、生成环境等等。

④ 竹山地区的大地构造单元,构造运动的次数与分期与成矿作用岩浆活动关系如何?

⑤ 后河谷中发现火成岩卵石,且有微量黄铜矿星散,因此对后河上游应考虑布置地质测量工作。①

这些问题表明,他们在野外勘查时,十分注重地质现象之间的联系,工作思路清晰,能够提出有价值的地质问题。其中提出地质构造与成矿作用岩浆活动的关系,显然体现了对一般成矿规律的思考,而非止于经验的认识。

374 队当时组成 4 个分队:一分队在青阳、贵池,二分队在铜陵(分队部设在狮子山),三分队在怀宁,四分队在枞阳,都在安徽境内,因为有矿产地,有资料,可以组成固定单位作系统工作。而鄂西北地区矿产资料很少,只能组成一个临时性小分队,苏联专家对此区很感兴趣,便让常印佛带队去作普查。在他们动身前告别时,耶果罗夫对一位副队长说"大矿、大矿",意思是此去可以找到大矿。但事与愿违,常印佛的这趟普查并未发现有价值的矿点。该区至今未找到一个大矿,只在区外相毗邻的竹溪县,在 1980 年代由湖北省地质局找到一个中型铜矿。然而不管怎样,在扬子江队工作的日子里,

---

① 常印佛等:《湖北房县宋洛河区/竹山花竹溪—擂鼓台铜矿床踏勘报告》,374 普查队第二踏勘组,1956 年。资料现存于安徽省地质资料馆。

常印佛得以跳出铜陵,到长江中下游更广泛的区域进行地质工作,这对他来说是十分难得的经历。他考察了大量的矿产地,积累了丰富的经验,对长江中下游成矿事实形成了初步认识,对日后地质找矿和科研工作都有重要意义。另外,与耶果罗夫一同工作,也使他直接了解了苏联矿产勘查方法,学习了苏联专家的经验,也是一笔可贵的财富。

在当时全面学习苏联的背景下,各行业在一定程度上都存在着崇拜迷信苏联专家的情况,地质领域也不例外。不可否认,1949 年以后的中国地质学深受苏联影响,苏联地质教材被大量翻译成中文,许多著名苏联地质学家在中国为人所熟知。在实践上,苏联地质专家帮助中国建立了一套从普查到详查,再到勘探的完整的工作程序,使中国矿产勘查可以迅速上手,少走了许多弯路。但是,并不是每一位到中国的苏联专家都具备顶尖水平。以耶果罗夫为例,他虽然找矿实践经验丰富,但在理论上的认识水平并不很高,而且经验也不可避免地有其局限性。因此队上技术人员有时也不完全认可其观点,在工作中存在不同看法是正常的。如中方总地质师李锡之即不一味盲从他的观点,但在"反右"中却被上纲上线,作为罪状之一受到不公正的对待。

总体而言,耶果罗夫在 374 队做出了应有的贡献。其完成任务回国时,队上为他开了热烈的欢送会。

在 374 队工作期间,常印佛还完成了人生中最重要的事情之一——1957 年夏,他与相识三年的汪德镛结为连理,开始了两人半个多世纪的携手同行。二人是在华东地质局相识的,同在严坤元手下工作。1955 年,汪德镛毕业于南京大学地质系,随后分配到华东地质局。1956 年,二人又同被调到 374 地质队,汪德镛成为常印佛指导下的一个分队技术负责。[①] 她自小家境较好,又生长在环境优越的江南,初到皖南险山恶水之地,辛苦可想而知。因此,常印佛常在工作上给她指导,生活上给予关照,教她如何逃避蛇,如何应对野兽。随着两人接触机会的增多,便产生了感情,自然而然地走到了一起。

---

① 技术负责,即技术负责人,是当时对该职务的称呼,下同。

婚礼是在安庆举办的,证婚人是当时还在中国的耶果罗夫。巧合的是,婚礼当天,华东地质局总工程师严坤元因出差来到安庆,他本不知此事,但在大街上遇见了常印佛,也去参加了他们的婚礼。婚礼很简单,二人都没有着意装扮。当时严坤元还对常印佛的着装提出意见,

图 4 - 1　常印佛与汪德镛结婚照(1957 年)

认为他至少也得穿上西服,打上领带,显得正式一些。二人婚后伉俪情深,共同为国家的地质矿产事业贡献着力量。

打开狮子山与凤凰山宝藏

经过几年苦心经营,中国的地质力量已经有了显著发展,在耶果罗夫离开时,仅安徽在长江中下游地区就有 321、322、324 等地质队。1957 年秋,321 队技术负责人张启址被调至福建地质局做副总工程师,上级决定由常印佛继任此职。他从当年 12 月上任,直到 1965 年初出国援越,前后担任 321 队技术负责人(1960 年地质局在野外队实行总工程师负责制后,改称总工程师)共 7 年时间。这也是他人生中最重要的时期,创造了许多成果,其中即包括对狮子山和凤凰山内座矿床的勘探。

狮子山矿区是包括东、西狮子山,老鸦岭,大团山和冬瓜山等一批大、中型隐伏矿床组成的矿田(常印佛去时,老鸦岭、大团山及冬瓜山深部盲矿尚未被发现),位于现铜陵市东南 7 公里。狮子山也是产铜历史悠久的矿山之一,前文已述,又有史载"狮子山原名铜精山,……齐梁时置冶炼铜于此",矿区古洞累累,炼渣和废石堆遍布各处,其后即湮没无闻,近代以来,才开始地质找矿工作。1931 年,中央地质调查所孙健初至本区簸箕山南麓及鸡冠山附近查勘铁矿,但没有注意到铜矿。抗日战争爆发后,铜陵沦陷,日寇在掠

夺铜官山铁矿的同时,对狮子山一带(主要是鸡冠山)铁帽也颇为重视,并在1942年初派出夏井一郎等到本区测制了1：2 000地形地质图1幅,但除此之外收获甚微。1949年秋,前华东工业部矿产测勘处张兆瑾、刘宗琦等在铜官山进行详细地质测量以后,又至本区工作两星期,完成1：2 000地形地质图1幅,约3平方千米,发现了铜矿露头,并探讨了矿床的分布及矿床产状,经实地观测后又提出了进一步工作的建议。从此,狮子山铜矿在沉睡了几百年之后,又重新亮相于世人面前,并且拉开了这个大铜矿勘查和开发的序幕,张兆瑾等功不可没。1952年至1953年,321队在进行铜官山外围普查中,派杨庆如工程师等人在狮子山做了详查,测制了1：2 500地形地质图一幅,共计面积约7平方千米。1952年11月至1953年7月,赵文津等曾陆续对狮子山各地做了物探,同时采用自然电流法、电阻法和磁法3种方法探测,但受条件限制,其结果显示该区没有较大的磁性矿体和硫化矿体存在。当时321队和地质部已决定在此施工深部工程(当时拟定打坑道)进行找矿,恰巧庐江地区发现了铜矿点,地质部暂停该区工作,集中力量去江北,以至该区在这一轮工作未取得重大突破。

　　1956年6月,374队在该区有远景的矿带和物探异常处布置普查钻孔19个,在大铜塘至西狮子山长约1 500米的矽卡岩带上发现了铜矿化和矿体,其中西狮子山施工的9号孔中,于孔深150米处见到了隐伏铜矿体,①西狮子山矿段的主矿体终于被发现,也展示了狮子山区的找矿远景。但由于当时施工的钻孔太分散,对西狮子山已发现的矿体形态、

----

① 在常印佛回忆手稿里,还记载了关于西狮子山主矿体发现经过的一个小故事:当时耶果罗夫在平面图上设计孔位时,是画在1953年物探图上一个自然电流异常中心位置上的。由于当年物探施工时,未设置永久性的测量基桩,而只是布置了一些分散的木桩,施工钻探时到野外定孔位找不到基桩(不知是因气候湿热而腐烂了,还是被人拔走了或是深藏草中找不着了),于是只好把物探图与地质图套合起来,根据地质露头大体上定了孔位。施工结果发现了主矿体,这是狮子山区第二次重大突破(第一次是张兆瑾等1949年发现了铜矿露头,使这个古老的矿山"死而复活")。两年后(1958年)地质部派了一个物探队到安徽,在狮子山重做电法,发现自电异常中心距钻孔70米远,而且在中心处发现沟边泉眼一处。很明显,这个异常是地下水引起的,而且异常的高强度也不是埋深150米以下的铜矿所能产生的,所以矿体因异常而发现,但异常并非因矿体而发生。这叫做"歪打正着"。歪打正着在地质工作中并不罕见,如世界最大的铜铀共生矿床——澳大利亚的奥林匹克坝矿床,也是歪打正着发现的。

产状、规模也未做进一步的深入了解。所以这时在狮子山的工作属于传统划分的矿产勘查预查、普查、详查、精查四大阶段中的由预查向普查的过渡阶段。[①]

321 地质队在完成铜官山铜矿勘探工作后的几年时间里,先后到庐江、枞阳(原名湖东县)等地继续找矿,但没有重要发现。[②] 1957 年 2 月,华东地质局指示 321 队到狮子山地区做详细普查,队伍在 3 月搬到狮子山,并改名为"狮子山地质队"。

图 4-2　常印佛在野外工作(右二为汪德镛,最左为常印佛)

① 将矿产勘查分为预查、普查、详查、精查四大阶段,是苏联标准引进之前的划分方法,阶段之间有时比较模糊,缺少严格、明确的界限。地质部成立后,即大力学习推广苏联经验,苏联也是将矿产勘查划分为 4 个阶段:初步普查、详细普查、初步勘探、详细勘探,中文简称初查、详查、初勘、详勘,和中国传统的"预、普、详、精"四阶段大体上可以对应,但也不能完全对应,如苏联的详查主要内容相当于原来的普查,但也包括原来详查的一部分内容。如按苏联标准,此时狮子山的工作则相当于由初查到详查的过渡阶段。

② 321 队 1954 年迁江北,先在庐江县砖桥附近几个矿点作详查,队部设在砖桥附近的贾家楼。后迁至湖东县(1955 年更名为枞阳县)的拔茅山,对附近几个矿点作普查和详查。

常印佛来到狮子山后，继续领导勘查，经过 1957～1959 年两年工作，证实东、西狮子山两个矿床均为有工业价值的铜矿床，并相继转入勘探。1960年春到 1961 年秋，找煤、铁的任务较紧，勘探区内大批勘查力量集中在寻找煤、铁资源上，使狮子山铜矿的勘探陷入半停顿状态，直至 1961 年秋才逐渐恢复初勘。狮子山铜矿开采准备工作于 1958 年大跃进的风潮中第一次上马，后因执行中央"调整、巩固、充实、提高"的八字方针暂时停止（时约 1962年上半年），恰好在此时，东、西狮子山矿床由初勘转入详勘，321 队为提高勘探工作质量，想利用停止作业的坑道进行地质素描、采样和编录。经与矿山协商后达成协议，矿上同意提供方便，创造井下地质工作条件。队上便组织了一支精干的坑探地质组，进行系统的编录和取样工作。

常印佛对这次行动印象深刻，并为我们提供了生动的文字回忆材料：

坑道虽然停止作业，但这是临时性的，矿山仍要照常进行维护保养，通风排水，而不是将其废弃。所以此时进行井下地质工作，矿上主要增加坑道顶壁的清理和冲洗，并为地质人员上、下、进、出提供交通运输保障，因此 321 队也向矿上提交了不多的经费，作为补偿。这真是一次难得的机会，矿上除留下几名陪同的工人外，几乎别无他人。坑道中也没有平时川流不息的矿车飞驰须小心避让，更没有打眼时凿岩机的隆隆噪声和放炮时的滚滚浓烟，地质人员尽可自由自在，专心致志地进行素描编录、观察研究。如果需要对坑道作什么处理，随时可请在场矿工去弄好。特别值得一提的是，为了素描和观察的方便，都先让矿工把坑道顶板和两壁（帮子）用高压水龙头冲洗得一干二净，地质现象清清楚楚地刻在壁上，比敦煌壁画还要清晰。所作的素描也弥足珍贵，可惜当时无录像机，否则一盘"地质长廊画卷"就录下了。对比 1953 年秋，铜官山编第一份报告时，也要利用坑道资料，特地把狮子山分队撤回，由杨庆如先生带着几个技术员和练习生组成坑探地质组，那时坑道中人群往来、矿车奔驰、噪音不绝、烟尘弥漫的景况，不啻有天壤之别。①

① 常印佛回忆手稿，2014 年 10 月。资料存于采集工程数据库。

坑探地质组全面而高效高质地完成了任务,所获得的坑道地质资料,为提交一份优质的地质报告提供了保证。

1963 年勘探工作全部结束,是年 12 月,常印佛主持编写了《安徽铜陵狮子山铜矿床最终地质勘探报告》。这是他独立主持编写的第一部完整的勘探报告,参与编写的人员还有周作祯、黄广球、阎如燧、汪德镛、杨成兴、陈训雄、黄许陈、张兆丰等二三十名工程技术人员。《勘探报告》共分九章,第一章"绪论"和第二章"区域地质简述",以及第三章"矿区地质"的若干节由常印佛执笔,结论部分由常印佛和周作祯执笔,第八章储量计算则是由汪德镛执笔。汪德镛参加了东、西狮子山的岩芯编录工作,一人负责 5 台钻机的岩芯编录,编写狮子山报告时,又负责编图和图纸资料的审核以及储量计算工作,为狮子山勘探做出了贡献。

常印佛在《勘探报告》的结论中,总结了狮子山勘探工作的经验和教训:

① 本矿区在 1953 年地表地质测量之后,中断了三年之久,直至 1956 年才进行详查,当 1956～1959 年间,取得了初步勘探的成果,确定本区的工业意义后,也应该立即转入详细勘探,实际上却延至 1962 年才正式进行详勘,这样实际勘探工作时间仅 4 年多,而前后却拖延了 7 年之久,对矿山开采及铜官山冶炼基地的扩建均带来一些不利影响。

② 普查阶段未作详细地表工作,仅据老窿和矽卡岩带分布情况及少量露头取样资料即布深钻探矿,在程序上是不合适的,实际上找出了矿体也不能作出评价,因此我队来本区继续工作时首先即充分揭露地表,虽不能完全解决以隐伏矿体为主的本矿床的评价问题,但对查明矿床构造指导进一步详查评价仍起着重大作用。

③ 本类矿床的成矿控制因素复杂,矿体成群出现,且多为盲矿体,矿体规模不大,形态及组分变化均较复杂,因此勘探手段的选择及勘探阶段的划分均应慎重考虑,一般说来,比较合适的程序是通过较稀疏的钻孔控制后,即投入一定数量的坑道查明矿体产状、控制因素及对比标志,此时对矿床的远景评价即可作出,而初步勘探工作也就随之完成,然后即根据具体情况选择钻探或坑道或两者并用作为勘探手段,进行

详细勘探，勘探网度也在此时再作审定。[①]

既反思了工作进度安排和前人普查程序上的教训，又总结了勘探复杂矿床的合理程序，为勘探工作提出了一般性的参考意见。

狮子山铜矿床的勘探报告是常印佛从前到后一手主持的，是他的第一份完整的勘探报告。狮子山铜矿，先后投入钻探工作量3.15万米，总投资约529万元。1964年7月24日全国储委批准探明铜储量14.73万吨。矿山采掘业于1966年投产，是铜陵冶炼基地的重点矿山之一。由于狮子山勘探质量高，研究程度深，报告编制工作也做得好，部地矿司于1964年后半年曾通知队上把报告复制若干份发给国内有关勘探项目做参考，由于多种原因，这一活动未能完成，但由此也可见地勘主管部门对这份成果的肯定和重视。

在主持狮子山铜矿勘探的同时，常印佛还参加和领导了凤凰山铜矿的勘探。凤凰山铜矿原名新屋里，后依铜矿建设工程名，改为凤凰山，位于现铜陵市东南20公里，它以药园山铜（铁）矿为主，包括万迎山、虎形山、铁山头、清水塘、杉木岭、宝山陶、仙人冲等一批中小型矿床。

1953年3月至7月间，321地质队的铜官山外围普查小分队段承敬和朱安庆到凤凰山做地质填图时，发现了此矿区，并提出了进一步工作的意见。1953年9月，321地质队特派出凤凰山分队，由段承敬和冯钟燕开展普查工作，测制约9平方公里的1∶1万地质图以及万迎山—虎形山—药园山矿段1∶2 000地质简图，同时布置了槽探工程揭露和地表露头取样、化验等。万迎山—虎形山—药园山矿段由赵文津率领物探人员进行了1∶2 000的物探详查，至1953年底结束，认为本区有一定的找矿远景，但因当时在江北庐江发现了铜矿带，需投入地质工作，由于力量有限，地质部接受了苏联专家组组长洛吉诺夫的建议，重点主攻庐江，本区工作暂停。1956年10月，耶果罗夫根据1953年普查资料及野外踏勘，建议恢复凤凰山地区的普查工作。当时选择从地表有巨大古矿坑的万迎山矿段入手。1957年秋，耶果罗夫回国

---

① 常印佛等：《安徽铜陵狮子山铜矿床最终地质勘探报告》，1964年，第164页。资料现存于安徽省地质资料馆。

后,常印佛在清理保存在那里的资料过程中,发现1953年普查中曾在药园山矿段露头用方格去取样的结果中,有铜的原生晕异常浓集,即重点开展药园山工作,不久该区工作移交321队。同年10月321队增加技术人员和施工力量,在万迎山矿段钻探的同时,开始对药园山、虎形山矿段检查,清理旧槽,对地表矿体详细研究和钻孔验证等,到年底之前做了许多工作。

1958年,常印佛对凤凰山区物探详查的工作成果进行综合研究后,认为药园山的物探异常与地表地质、矿体情况都比较好,即通知分队技术人员布置钻孔,施工结果是于1959年找到了药园山半隐伏的二号主矿体,随后组织力量加速勘查,由普查转入详查,1961年开始勘探。勘探工作也是在时任大队总工程师的常印佛的领导和分队技术负责人陈克兴、地质组长吕开子的组织下进行的。1964年初,交掉狮子山最终勘探报告后,常印佛率领321队地质科综合研究组先行搬到凤凰山,支援勘探工作,并着手凤凰山勘探报告的编写准备工作。

1965年初常印佛作为地质专家参加援外,剩下的工作由地质科工程师周作祯代理主持。凤凰山铜矿在1965年9月勘探完毕,10月在陈克兴、周作祯的组织和省地质局总工程师严坤元的指导下,由二十多位技术人员参与编写提交了《安徽省铜陵县凤凰山铜矿区药园山矿床储量报告》。报告提交后,铜陵有色金属公司凤凰山铜矿即设计开采,设计规模为日处理矿石6 000吨,是铜陵地区继铜官山、狮子山矿区之后又一个新的铜(铁)矿资源基地,也是安徽省内铜(铁)矿资源的重要产地之一。[①]

在找矿"大跃进"中

1958年全国范围内开始了以农业的高指标和工业的大炼钢铁为主的"大跃进",进而带动了各行各业的全面跃进,地质"大跃进"也迅速波及全国。4月安徽省地质局成立,321队归其领导。6月24日,安徽省地质局下

---

① 《中国矿床发现史·安徽卷》,地质出版社,1996年,第88页。

发了以《全党全民办地质——彻底实行地质工作的群众路线》为题的文件，其中汇编了地质部领导关于地质"大跃进"的讲话和报纸上号召全民找矿的文献共 6 篇。该文件的题按部分充分反映了当时的气氛：

根据党的鼓足干劲、力争上游、多快好省地建设社会主义总路线，和中央、地方工业，大中小型工业同时并举的方针。地质工作必须为工业大发展提供足够的矿产资源，必须走在工业建设的前面。要完成这样艰巨的任务，就必须坚决依靠地方党委的领导，依靠广大群众，贯彻全党全民办地质，彻底实现地质工作的群众路线。就必须破除迷信，解放思想，打破地质工作的神秘观点，把地质工作从狭小的天地里跳出来。大力开展群众性的找矿、报矿、查矿、探矿运动。千家万家办地质，实现地质工作的大跃进。……在一天等于二十年的伟大时代，我们一定能多快好省地找到国家所需要的一切矿产资源。[①]

这个文件标志着安徽省地质"大跃进"的正式开展。常印佛在队上做出了相应的部署，领导开展了以查勘铁矿为中心的一系列工作。为保障地质工作的顺利跃进，皖南各县成立了自己的地质队，但技术力量比较薄弱。为此 321 队派出技术人员到它所承担的铜陵、青阳、贵池和东至四县支持当地的地质工作。[②] 1958 年夏季，安徽省地质局决定，将队部设在铜陵县南部董家店的以勘查煤、锰等沉积矿产为主的大通地质队并入 321 队，因而 321 队也就承担了煤和锰的勘查任务。扬子江中下游普查队（374 队）此时已成为安徽省地质局下属的一个队，队部也由安庆迁至青阳。这年夏秋之交，省局决定撤销 374 队，其所属队伍分别划归工作所在地区的地质队，因而 374 队队部及在青阳、贵池一带的队伍也并入 321 队。自夏季开始，常印佛派出 321 地质队 1 分队人员开展铜陵市鸡冠山铁矿普查；同时组织力量开始对铜

---

① 321 地质队档案，1958 年第 3 卷。存于铜陵狮子山 321 地质队档案室。

② 实际上，县成立的所谓地质队只有几个从未学过地质的青年人，这些人与 321 队一起时，是边工作边学习，以学习为主。在"大跃进"之后的调整时期，这些队即被撤销。

陵市天鹅抱蛋山硫铁矿进行详细普查及初步勘探,发现硫铁矿石中含砷和金较高,是一个含金砷硫铁矿床。10月,321队考虑到作业范围扩大后,狮子山偏处于东北隅,当时交通不方便,队部有鞭长莫及之感,因而把队部迁贵池,并派出普查小分队评价青阳县峤门口硫铁矿。同年,321地质队2分队与贵池县地质队对贵池六峰山地区铁帽进行检查,编写了《六峰山铁矿普查报告》。

客观地说,在这段时间里,由于地质队员的辛苦劳动和广泛的群众参与,取得了许多有价值的普查勘探成果。浅表矿和露头矿比较容易被发现,群众的参与要比少数地质队员找矿力量更大,当时在全国范围内也涌现出许多群众找矿、报矿的典型。这在特定的条件下,也体现了全民办地质的优越性,以致彭德怀在1959年写给毛泽东的"万言书"中,也认为"大跃进"的成绩之一是"摸清了资源的家底"。

常印佛对这种全民找矿和大炼钢铁运动并不是没有疑虑的。在374队时,他曾到湖北西北部武当山地区做地质考察,见当地有人用土炉子炼铜,经打听得知此处一直沿用这种炼铜方法。其场景让常印佛仿佛回到了古代,不禁感慨其封闭和落后。"大跃进"时又看到遍地而起的炼铁小高炉,用土方法炼钢铁,使他立刻想起了在武当山的见闻。常印佛对此忧心忡忡,他深知这样是不能建设现代化的,群众运动、解放思想,发展到极端便是采用落后的方法,蔑视专业知识,违背科学和规律。当时就有老干部对常印佛说:"这些东西(指土方法找矿、冶炼)都只能是暂时的,最终还是要走你们那条路,科技的路!"[①]

很快,"大跃进"的负面效应就凸显了,找矿勘探领域出现放卫星,浮夸风,人心浮躁,急于求成,违背科学规律,不按程序操作,盲目冒进等严重问题,造成了地质工作质量大滑坡的局面。单纯追求钻进尺度的盲目布钻、夸大矿产储量的勘探报告、潦草完成的地质图纸,让常印佛感到形势严峻,作为全队的技术负责人,他在把握工作质量上面临着巨大压力。到1958年底,在和队员谈到"大跃进"造成的问题时,就有人建议他向组织上反映。他随即

---

① 常印佛访谈,2012年10月20日,合肥;常印佛回忆手稿,2015年3月,第32页。资料存于采集工程数据库。在手稿中,常印佛较详细地回忆了刘德荣(即文中提到的这位老干部)与他讲这句话的经过,并追述了两则有关他的故事,表明他是一位头脑冷静而有相当水平的党员干部。

起草了一份报告,全面陈述了地质找矿工作质量滑坡问题,要求必须尽快采取措施。在当时极左的环境里,写这样一份报告不是没有风险的,指出"大跃进"的缺点有可能被认为是反对中央路线。为此,他在报告中采取就事论事的原则,只谈及业务内出现的问题,不涉及工农业生产等其他领域的混乱局面,更不评价"大跃进"运动本身的是非,这样就把政治上的风险减到了最小。

报告随即交到 321 队党委,党委书记作了批示,要求各分队按照报告中提出的问题自我检查,纠正错误,同时还将报告上报到安徽省地质局。时任局长的滕野翔十分重视报告反映的问题,在一次局里召开的会议上,对常印佛提出了表扬。当时 321 队书记姚长玉参加了这次会议,回到队上后传达了会议精神。他说,局长对队上转报的常印佛的报告很赞许,但认为队上的批示还"不够有力",可是队上已经十分重视工程师的意见,严肃要求各单位认真贯彻、检查和改正,还要怎么"有力"呢? 其后不久,在安徽省地质局召开的另一次会议上,还把常印佛的报告复印多份,并在前面加上一段肯定的按语,散发给大家,滕野翔局长作了发言,主要在于纠正地质工作"大跃进"中的错误。

有了上级的支持,常印佛在队里抓工作质量便名正言顺。这在一定程度上遏制住了地质工作的质量滑坡。尽管 1959 年庐山会议之后,又在全国范围内掀起了"反右倾"运动,浮夸风更甚于前,但 321 队的工作质量基本还是有保证的。在后来地质部学大庆、抓质量的活动中,321 队的经验也受到肯定。1964 年,地质部在所培养的典型——广东大降坪硫铁矿区召开的交流、推广大降坪经验的现场会上,常印佛还被指定作了关于 321 队经验的介绍。常印佛对此一直很淡然,他认为,技术与质量,是总工程师分内之事,若知而不言,则是失职。[①]

1 : 5 万普查—测量

铜陵地区经过近十年的找矿活动,尤其是"大跃进"找矿热潮之后,地表

---

① 常印佛访谈,2012 年 10 月 21 日,合肥。资料存于采集工程数据库。

露头矿已经越找越少。此间在学习苏联经验时,普查—测量的方法被介绍进来,有关工作规范也被翻译成中文出版,即在成矿条件比较好的地区,开展较详细的地质填图和地质研究,同时进行找矿和成矿规律研究。对以内生成矿作用为主的地区一般采用较大比例尺(1∶5万)开展该项工作。常印佛在读后,根据铜陵的找矿实际,认为正需要采集各类找矿信息,实施地区成矿规律研究,以寻找被浮土、植被、浅水体或浅层岩石所掩盖的矿产。他在不同场合下都陈述了这一看法。与此同时,时任地质部地质矿产司有色金属处主任工程师余鸿彰也有此想法,并打算在全国选几个基础较好的地区作试点。一次趁余鸿彰到铜陵考察之际,常印佛与他交流了这一想法,两人遂一拍即合。地质部选定了安徽铜陵、湖北大冶、广东韶关和河北涞源作为第一批试点。

安徽省地质局严坤元总工程师对此非常重视,也很感兴趣,除部定试点铜陵外,另又增加了贵池殷家汇和怀宁洪镇两个省内试点,并且为此又在贵池恢复组建了324地质队。后来全国4个试点中唯铜陵能坚持到底,与安徽省地质局的重视与大力支持是分不开的。

321队在1961年12月正式接到安徽省地质局下达的1∶5万普查—测量任务,把这项工作落实给普查(分)队专门负责实施。除分队领导和一般管理人员外,还配备了三名正副技术负责人和一批地质人员,其中有相当一部分是1960和1961年北京地质学院两届新毕业生,他们热情奔放,也有较好的学习基础,和老队员一道,投入了这项新工作。填图的部分主要靠跑地质路线。找矿部分的内容比较繁多,大体包括面上、点上和综合研究三个方面。面上是主要任务,除地质观察法,还有各类物、化探和重砂测量方法以及探矿工程(槽探、井探、钻探等)目的是寻找和发现新的矿点和找矿线索。点上任务较简单,只作一些表层揭露和取样化验,情况好时则交给专业普查分队进行普查评价。综合研究是另一个重点,目的是查明区内成矿地质条件,总结成矿规律,在综合分析区内各矿产地和找矿信息基础上,圈定远景区段,提出找矿建议。

由于铜陵地区有很好的工作基础,又充分利用了之前的地质资料,因此该项工作进展顺利。1964年,地质部在太原召开普查会议,会上321队普查分队一位技术负责人作了关于这项工作成果的汇报。主管部门地矿司的有关人员均很满意,而参加会议的主管全国区测工作的地质部区域地质测量局与会负责人也很感兴趣,即向地矿司提出把这项普查—测量试点也作为1∶5万区测工作的试点。他们协商好后,向部有关领导汇报后即当场决定:铜陵1∶5万普查—测量试点同时也作为1∶5万区测试点项目。

　　区测即区域地质测量,是中华人民共和国成立后从俄文翻译过来,"区测"为其简称,直至"文革"后,才改译为区域地质调查,简称"区调"①。与普查—测量不同的是,它是一项基础性工作,是人类认识自己家园基本地质情况的手段,目的是为国家经济、社会、国防建设等方面(如农林水利、工程建设、城市发展、灾害防治、资源勘查、生态环境等等)提供所需要的基础地质资料。它不需要像普查—测量那样采用众多的找矿手段,它的一些资料可以为后者服务,后者获取的信息也可以为它所利用,但是它也有一套相应的工作标准和规范。太原会议上的这次决议对该项目试点的影响很大,等于

图4-3　321队工作人员合影(前排左二为常印佛,1963年)

---

① 普查—测量一词也是译自俄文,"文革"后则改称矿产地质调查,简称"矿调",以与区域地质调查(区调)相对应。

给它提出了新的任务和要求,使工作量以及工作难度、工作期限都增加了不少。不久常印佛即赴越工作,没有参与后一段"转向"期的工作。队上后续又作了很多努力,根据进度可于1966年完成任务,1967年提交报告。但由于"文革"初期来势凶猛,冲击一切,这项工作也不可避免陷入停顿,一直拖到1969年才提交成果报告。

1:5万普查—测量取得了一批重要地质成果,在地层、构造地质、岩浆岩、矿床等方面都获得许多重要的认识。由于这个项目兼有两个试点的任务,部里还要求编制一份1:5万填图规范稿,作为以后编制全国性规范的准备,321队也完成上交。

特别值得一提的是,1968年,地质部在"文革"中实现"大联合",成立革委会,在生产组之下设有地质组。地质组的同志对于处在放任自流状态的地质工作原本就心急如焚,成立组织后,立马投入"抓革命,促生产"中去。地质组长曹用汉与原地矿司总工程师岳希新下基层了解情况,来到了321队,意外地发现了这一成果,非常兴奋,赞不绝口。他们打算借此推动一下处于低潮中的地质工作,就在苏州召开了一次全国性的有相当规模的会议,推广铜陵1:5万区测和普查—测量的经验,引起了轰动效应。看到铜陵的成果后,有的省的代表甚至无奈地说:"铜陵有那么多矿,打了那么多钻,我们那里没有这么好的条件,无论怎么做也赶不上铜陵成果的丰富精彩啊!"[1]会后各省区来321队参观取经者不下20批之多,当时专门负责接待和介绍工作的汪德镛,一时竟忙得"疲于奔命"。

由于铜陵地区有良好的地质条件和工作基础,该项工作又是作为地质部1:5万普查—测量和区调双重试点,加上安徽省地质局的重视以及321队的努力工作,取得了很好的效果,许多新认识在指导找矿方面长期发挥作用。

---

[1] 常印佛回忆手稿,2014年10月,第49页。资料存于采集工程数据库。

科研:从实践中来

矿产勘查工作本是集找矿实践、技术方法与理论认识于一体的活动,对于优秀的工程师来说,找矿既是生产实践,又是科学研究。他们在寻找地下宝藏的同时,需要弄清楚地层构造、矿床类型、成矿规律等一系列基本问题,因此,野外就是他们的"实验室"。在找矿"大跃进"的浪潮中,有大批新矿被发现,这使常印佛萌生了探索铜陵地区控矿规律的想法。对狮子山铜矿和凤凰山铜矿的勘探给他提供了非常好的机会,他留意相关材料的搜集,加强对该问题的追踪思考,并最终把新认识写进了狮子山勘探报告中。在 1959年给国庆十周年献礼活动中,常印佛还做了一项探索性研究。他通过搜集开采坑道的资料,把它与打钻时的矿体形态和数值进行对比,探讨采矿前后变化,写成《铜官山铜矿勘探方法研究》,对勘探工作有实际指导意义。这项研究成果没有公开发表,仅以铅印本的方式在内部流传。

常印佛把他的许多新发现写进了勘探报告,却并没有写成文章发表出来的想法,在他看来,地质队工程师的首要任务是找矿,以满足国家对矿产的需求为第一目的,即便是理论研究,也是为生产服务,因此对写文章的热情不是很高。1963 年,《中国地质》杂志的编辑方克定向常印佛约稿,要他写一篇论文,常印佛才开始系统地把铜陵地区的地质勘查成果进行了总结,从理论高度阐述了本区的地质成矿条件。直到 1965 年他与刘学圭、王乙长合作完成了"某区内生矿化作用的几个问题"一文,发表在当年《中国地质》杂志第 12 期,成为他公开发表的第一篇论文。文中"某区"即指铜陵地区,因涉及保密,便用"某区"代替。文章中首次明确提出隐伏基底断裂制约和控制铜陵矽卡岩铜矿带的观点,认为铜矿形成受两组不同方向的基底断裂制约,其中一组近东西向的断裂带控制了整个铜陵地区的岩浆—成矿活动,为该地区最主要的也是基本的控矿构造。该论点当时在国内矿床地质勘查研究的理论和实际上都有创新意义,并不断为后来的实践所证实。同时文章还就地层与岩浆岩的控矿作用，也总结出了一些认识，如层间滑动、岩性、特别是黄龙组与五通组之间的界面。尤其值得　提的是，他们通过岩浆侵入条件的分析，认为狮子山区岩浆侵位最浅，因而具有最好的深部找矿前景。这些认识对后来勘查该地区铜矿起到了重要指导作用，如321队后来发现的老鸦岭铜矿、花树坡铜矿及特大型冬瓜山铜矿床等就是在这种认识和理论指导下进行的。[1]

矿产勘查学的领路人：严坤元

严坤元是常印佛在矿产勘查领域的引路人，他有着渊博的矿产勘查学知识、理论和丰富的实践经验，并取得累累成果。常印佛在华东地质局机关工作时，即直接受其领导，并因兢兢业业做好本职工作而受到了其好评。此后，常印佛又长期在严坤元的领导下工作，在学术思想和工作上受益良多。

严坤元在此前就对福建、江西、北京（平）、内蒙古等省市的区域地质调查和矿产普查勘探做了大量工作，在任华东地质局总工程师期间，也做出了突出的成绩。他根据当时经济建设需要，精心部署了地质找矿工作，突出强调要解决制约华东经济发展和农业生产所需要的燃料资源和化肥资源不足问题，在兼顾其他地质工作的同时，加大煤炭和磷矿地质普查，成绩斐然，为工农业生产解决了燃料和原料的燃眉之急。他还积极组织、合理安排了鲁、苏、皖、浙、闽五省的铜、铁、铅锌、金、明矾石和黄铁矿等矿产的普查勘探工作。这项战略促进了华东地质工作的大发展，各地质队胜利完成任务，发现和探明了一大批大中型矿产地，提交了一批勘探报告，初步满足了华东区及地方经济建设的需要。

---

[1] 唐永成、储国正、柏林："求实创新，敬业奉献——贺常印佛院士七十寿辰"．《安徽地质》，2001年，第2期。

图4-4 严坤元在作报告

　　安徽省地质局成立后不久,滕野翔与严坤元双双被调到该局分别任党组书记、局长,总工程师。他们是地质工作领导班子的黄金组合,创造了安徽矿产事业的辉煌时期。新成立的地质局在全省范围内广泛开展了大量勘查工作,取得了丰富成果。严坤元参与了决策,主持了规划,实施中进行了技术指导,在很长一段时间内,以他为首的技术管理指挥系统,成为地质局地质找矿技术业务领域的众望所归的核心。

　　在矿产勘查工作方面,严坤元继续原来华东地质局的部署,确保国家重点建设项目的急需,同时更多地考虑到安徽地方经济的发展。在他的主持和指导下,有关各地质队提交了为马鞍山钢铁基地、铜陵有色金属熔炼基地和淮北煤炭基地等大型企业所需的十多个大中型矿床(井田)的勘探报告,满足了国家当时对安徽能源、黑色、有色和化工工业建设和发展的需求。这一期间通过新矿床和隐伏矿床的发现,大大地开拓了沿江铜铁成矿带的找矿前景,与兄弟省兄弟单位一道,使长江中下游发展成为我国主要成矿带之一。与此同时他还积极开辟新区找矿工作,先后发现查明了霍邱、庐枞、萧宿、宣城等新区的铁铜等矿产资源。并且在皖南、沿江和江淮之间探明了一批铅锌、钨、钼、金红石、磷、明矾石、水泥原料资源和小窑煤等,产生了显著的经济社会效益,为安徽经济建设作出了贡献。通过这一阶段工作,安徽矿产资源分布的总格局也大体上明朗，特别是沿江和两淮矿产集中区的查明，从资源上为安徽工业布局奠定了基础，意义重大。[①]

严坤元十分重视基础地质工作。1958年他积极筹划，组建了安徽区域地质测量队（317队），承担当时在全国大部分省区开展的1：20万区域地质调查工作，并经常给予关心和指导。他对地质部在铜陵321队进行1：5万普查—测量工作试点也十分重视，并且还增开了贵池殷家汇和怀宁洪镇两幅图的1：5万普查—测量项目，作为省内试点。当1964年部里决定1：5万铜陵幅兼作1：5万区测试点后，他也给予大力支持。对于这两项新工作，严坤元倾注了大量心血和精力，从队伍组建、人才培养到质量监控、成果验收无不用心。对于一些重大基础地质问题，他也常常亲自过问。为了打好区域地质的扎实基础，他在一段时间内具体抓了安徽省的地层和构造研究。在他的精心指导和各队的努力下，安徽省1：20万区调成果，受到国内同行专家的好评，在全国区域地质工作领域产生了良好影响。1：5万铜陵幅也成为普查—测量（矿调）样板。通过这些基础性工作，极大地提高了安徽省的地质研究程度，在矿产勘查、水文、工程、环境、灾害等应用地质领域和科研教学中发挥了积极作用，也为以后进一步深化奠定了基础。

作为地方队的总工程师，常印佛不仅带领321队密切配合严坤元的部署，认真完成任务，而且也真切感受到他的工作思路，思维特征和精神品质。"严总最大的特征就是严，和他的姓一样。他对地质工作质量要求非常严格，不容许丝毫马虎，对自己要求也非常严格，开会从来不迟到"，[②]常印佛在回忆起这位老领导时肃然起敬。在严坤元九十华诞之际，常印佛曾写文章祝贺，表达了对他的敬意：

> 我们感受最深的是严老的敬业精神和奉献精神，无论是在顺利条件下，还是身处逆境中，都矢志不渝。他考虑问题首先从工作出发，从

---

① 常印佛、唐永成："松柏劲健，芝兰清芬——庆祝严坤元先生九十寿辰"。《安徽地质》，1998年，第8期。

② 常印佛访谈，2012年10月21日，合肥。资料存于采集工程数据库。

国家利益出发，而不是个人得失荣辱。他对工作要求十分严格，治学态度十分严谨，并且以身作则，一丝不苟，加之秉性刚介，从不趋附时尚，随波逐流。即使在一些社会政治运动期间，对于地质工作中的某些不正确的做法，也力陈己见，在当时的领导支持下，得到匡正，以减轻损失，尽可能缩小不良后果。

严老在丰富的实践中形成了对地质工作的系统见解。他尊重客观地质规律，重视在未知领域的探索和创新；同时严格按照地质工作是一项调查研究工作这一基本特点办事；反对不讲科学，大轰大嗡，追求形式的作法。因而他非常重视地质工作的质量，要求从第一性资料的获取开始，到最终成果的提交为止，全过程每一个环节都要把好质量关。特别是第一性资料尤为重要，即使是一张素描、一份编录、一个数据，都不允许出现差错。为此，他为地勘业务管理制定了一套规章制度（包括执行国家和部颁规范和标准）建立了比较完整的管理办法，保证了地勘工作的正确运行。[①]

"文革"发生后，严坤元作为技术权威则"靠边站"，较长时期内不能有效发挥力量，但他并没有被环境的压力所改变，依然铮铮傲骨。在"文革"后期，全国掀起"工业学大庆、农业学大寨"的高潮，安徽省地质局也组团前往大庆参观学习，由一位局长领队，局长还叫上了严坤元一同参加。他在整个参观期间都显得很冷淡，讨论学习体会时基本上是"徐庶进曹营，一言不发"。最后写总结时，领队局长让他写关于学习大庆石油地质勘探先进经验的体会，他用了半页纸，淡淡的几句话就交卷了。[②] 这也从侧面反映了一位老科技人员凭着良心和原则，不趋附时尚随波逐流的做人处事的风格。

在工作上，则有一件小事颇能反映严坤元对常印佛的影响。地质工作需要多个环节的配合，有些工作如画槽井探图、做岩芯编录属于比较基础的

---

① 常印佛、唐永成："松柏劲健，芝兰清芬——庆祝严坤元先生九十寿辰"。《安徽地质》，1998 年，第 8 期。
② 常印佛回忆手稿，2014 年 10 月，第 52 页。资料存于采集工程数据库。

工作,而地质综合研究则属于较高水平的工作,但两者同样重要,如果没有认真严谨的岩芯编录,综合研究也不可能做好。1950年代的岩芯编录多数是由刚毕业的大、中专院校学生去做,有的编录工作质量不高,影响到综合研究。针对这种情况,严坤元就向各地质队提出,综合研究要有"岩芯复查"过程,即要求做综合研究的人员,要亲自到岩芯库中复查岩芯,不能完全依赖编录资料。这既可避免受编录的错误疏漏信息误导,又能通过观察大量的岩芯,发现新问题、新现象和新规律。常印佛立即把这个指示传达下去,在综合研究中增加岩芯复查环节。不仅如此,在此基础上,他还提出要加强原始岩芯编录工作,尽量保证岩芯编录质量。为此,他还以总工程师的名义向队部、党委专门写了报告,这正体现了他对严坤元注重研究基础的意识的深刻领会。①

严坤元性格严肃,对下属没有太多话语上的教诲,而他最好的教诲都在工作中自然体现,他用实际行动把常印佛领进了矿产勘查领域的大门。常印佛对待工作的认真严谨,工作中对找矿战略的部署和思路的突破,都能体现严坤元的影响。有经验的地质学家在野外实践和实际工作中给年轻地质学者再教育,实际上成为他们走出校园之后的"学术导师",引领他们在学术的道路上继续前行。这也是我国1950年代地质教育的重要组成部分和温馨一幕。郭文魁和严坤元都是这一类地质学家的代表,而常印佛就是无数个受益于他们无私关怀和指导的年轻地质工作者中的一位。他们为祖国的地质事业前赴后继,薪火相传,共同追求着民族复兴的梦想。

优秀的总工程师

1960年代,全国地质系统开始实行总工程师负责制,常印佛从321地质队技术负责人转变为总工程师,时年29岁。在任总工期间,他领导了对狮子

① 张兆丰访谈,2013年9月30日,上海。资料存于采集工程数据库。

山和凤凰山的勘探工作,开展了对铜陵地区煤、铁、锰等多种矿产的寻找,首先在铜陵实施1∶5万普查—测量工作,对铜陵地区的控矿规律作了研究,取得累累成果。与此同时,为了加强找矿工作的科研力量,在当时许多地区对地质资料控制比较严格的环境下,他针对科研院所及高校提出了"热烈欢迎、积极配合、相互学习、共享成果"的方针,欢迎他们到铜陵做研究,搞合作,提供一切便利,因而被戏称为"开明地主"。在这个方针的推动下,先后有七八个单位,十多个项目在该区进行专题研究和方法试验。其中重要的有:地质部地质科学院矿床研究所闻广对凤凰山岩体和矿床以及二者之间的关系作了深入的研究,得到许多有关成矿岩浆作用方面的新认识,其中许多直到现在仍在应用着;地科院物化探研究所钱宁、聂馨五等在凤凰山进行电法勘探的新方法试点,与其他试点一道,为推广物探新技术作出了贡献;地科院物化探所化探室谢学锦、邵跃、李善芳、朱炳球、金仰芬等在狮子山、凤凰山等地做了不同化探方法的试验研究,取得了多方面的成果,特别是原生晕化探方法就是在这里(也包括326队工作的安庆月山铜铁矿)试验成功而向全国推广的。其他如中科院地球化学研究所欧阳自远、北京地质学院翟裕生、长春地质学院黄薰德等以及南京大学、浙江大学、合肥工业大学、地质部华东地质矿产研究所、地科院水文所等机构都来此进行过工作。[①]

　　这些工作极大地提高了该区的地质研究程度,且在此过程中,常印佛采取了派人参与合作研究和请他们给队上技术人员上课等方式,也显著地提高了队伍的业务水平。如闻广的项目,常印佛安排队上一名年轻骨干,参与了从野外工作到返回地科院室内研究工作的全过程,使他迅速成长,后来曾担任队地质科长,主持全队的地质找矿技术工作。

　　担任321队技术负责人(总工)的7年时间,既是常印佛出成绩的时期,又是他迅速成长的时期。"观千剑而后识器,操千曲而后晓声",地质学是一门经验学科,积累经验、见多识广对一位地质学家来说十分重要,只有如此,才能对各类地质现象进行对比、联想,总结特征、发现规律。由于职务之故,他要负责全队矿产勘查技术指导与管理工作,对各处工作情况都须了解,因

————————————

① 常印佛回忆手稿,2014年10月,第50页。资料存于采集工程数据库。

此经常到各地考察,足迹遍布铜陵乃至整个长江中下游地区,涉及矿种也不限于铜矿,对其他如铁、煤、铅、锌、钼等等多种金属、非金属、稀有元素矿床也都要了解。在这个过程中,常印佛不仅积累了丰富的经验,还得以跳出一座矿床、一个矿种,在更广阔的区域和更高的层次上进行整体的思考和把握。

常印佛并不满足于单纯经验的积累或仅仅处理好工程师的事务,地质工作对他而言不是一种任务,而是值得永不止步地探索的天地。他自觉地以学者的眼光看待地质,十分注重广泛搜寻最新研究成果,思考更深层次的理论问题。当时 321 队有自己的图书资料室,不仅有着数量可观的地质专业图书,还有来自全国的各类地质杂志,如《地质评论》、《地质学报》、《中国地质》等等,另外还有一些英文图书和少数英文杂志。常印佛除了经常借阅图书外,对这些杂志的每一期都不会放过,他通过这些窗口了解学术界的新发现、新理论和新进展。

常印佛在 321 队的同事张兆丰说:“常总是一位学者型工程师。”[1]周治安的一段评述也与此不谋而合:“常总曾经有一次在处理普查矿区下一步钻孔及巷道布置方面问题时,在他脑海里跃出许多问题:此处属于哪一条矿化带? 哪种因素是控矿的主导因素? 构造是东西向还是北东向? 岩体接触带在哪一边? 它的走向又是怎样? 它与这里的褶皱是何关系? 此处地层岩性又如何控矿? 经过对这一系列问题的思考或摸排,最后才拿出具体指导意见。”[2]这就是“学者型工程师”在处理问题时的状态。

此外,周治安还对常印佛的思维特征有过精辟的描述:

> 他的工作思路既源于实践又高于实践,先生扎根在找矿勘探的基层,同时又能把问题带入高端进行研究,可谓当年地勘企业研发(R&D)的模范。……仿佛在他思想中有个多层面反复缠绕的“铜陵结”,具体

---

[1] 张兆丰访谈,2013 年 9 月 30 日,上海。资料存于采集工程数据库。张兆丰,1935 年出生,江苏南京人,高级工程师。1954 年毕业于武汉地质学校矿产地质专业,专长矿产资源勘探。

[2] 周治安:“大爱无言,上善若水——写于常印佛院士 80 华诞”,《安徽地质》,2011 年,第 6 期。

技术工作只是该"结"中一个小段。那里包含着大世界、小世界、变化的世界。先生工作过的铜官山、狮子山、老鸦岭、冬瓜山、药园山，及铜陵所有的矿床、矿化点一齐构成一个"大世界"，其中有许多问题需要探索；这个"大世界"也可聚为一个"小世界"，它与苏、皖、赣、鄂的其他矿产地又构建为更宏观的"大世界"，其中也有许多问题需要探索；在查看一个钻孔岩芯、一条坑道或一块矿石的"小世界"时，先生的细观、微观又可将它们扩展成"大世界"，在那里同样也可提出许多问题去探索；随着勘探和研究的新进展，大世界、小世界又都是不断变化的世界，思维在其中不停运动，发生碰撞：激发出"顿悟"和创新，在强烈的兴趣下先生的探索似无止境。这就是我看到的，先生博大的铜陵情结。[1]

呈现在常印佛眼前的，是一个永远充满着奥秘的、需要无止境地探索的地质世界，在这里，他用丰富的经验、理论和思想勾勒着一幅幅图景。这是在其同时代的一般工程师中难能可贵的。

常印佛在业务上的高水平令周围的人佩服，而他的工作作风则使他有崇高的威望，受别人敬重。对待工作，他一丝不苟，严谨细致，常深入各个工区、钻机勘探现场，并牢牢把握地质勘探工作质量的核心环节。只要队上要提交勘探报告，他都会坐镇办公室或深入绘图室，认真细致审查图件与报告后才签字，不放过一个符号、一个数据。他对钻孔位置、孔号、深度、矿石品位等重要数据都有着惊人的记忆力，能够及时发现错误或问题，容不得半点差错和马虎。而他对人却非常温和儒雅，从来不会疾言厉色。在专业问题上，不管对方是同事、下属还是学生，他都是以商讨的方式交流，不会自恃才高、盛气凌人。他容许争论，会虚心倾听别人意见，从谏如流，而多数时候又总能以理服众，让别人心服口服，绝不会以势压人。每有重要决策，他总是与大家商量，听取各方意见后，才最终做出决定。他和各类人都能有效地交流，做工作非常有耐心，即便一些人有再大的情绪，也能被他慢慢说服。大

---

① 周治安："大爱无言　上善若水——写于常印佛院士 80 华诞"。《安徽地质》，2011 年，第 6 期。

家喜欢和他交流,敢于和他争论,也对他十分钦佩。①

常印佛的这种领导才能或是得益于少年时的传统儒家教育,或是得益于前辈领导如郭文魁、严坤元、滕野翔等作风风格的沐染。他虽然年轻,却有长者的风范,以仁爱之心待人。

例如,1958年暑期,南京地质学校有几名学生到队上作"生产实习",其中一名来自常州的瞿姓实习生为人朴实和善,工作勤奋扎实,给常印佛留下了好印象。时值全国大炼钢铁,各地(县)纷纷组织起县地质队找(铁)矿,贵池请求321队支援。321队派了一名地质员带着这位瞿姓实习生(根据当时年龄,下文姑称其为小瞿)去协助。由于这名地质员还有其他任务,只有小瞿一直在县里坚持工作。县里派来的几个青年和担任队长的一位青年村干部都没有学过地质,能做一些地质工作的仅小瞿一人。不久他们根据群众报矿,果真找到一处铁矿露头,在山坡上的浮土中出露几块铁矿石。按正常工作程序应该先挖探槽以了解这些露头间矿体是否相连,必要时打几口小探井,然后才能做出初步评价。这些工作对于县里来说并不太困难,可是当时县里等不及了,分管工业的副书记亲自找到小瞿,问他有多少矿量。小瞿回答说,没有做工作,计算不出矿量来。但县领导鼓励他大胆说,不要怕,假设这些露头都连起来的话,能算出多少矿量。小瞿被逼无奈,只好硬着头皮算了一下回答说,如果这些露头能连成一片,则可能有一到二百万吨铁矿石。可以看出,他对此心里有数,回答也比较谨慎,这些矿量算不上什么,临时应急可以马虎凑合,而想成为矿山是根本不可能的。但县领导听了很高兴,当场拍板,立刻上马。很快,山沟里即修建了几座竹架草顶的人工棚,小高炉也陆续建起,附近农村被调集来的上千个劳动力,男女分开,各自住在工棚里,热火朝天地大炼起钢铁来了。没过多久,不利的情况出现了,从铁矿露头下挖,越向下矿越小,各处露头间都不相连,眼看就要挖罄,大队人马不转移就得解散,转移又没有后备产地,停工又没办法向上交代,难坏了县领导。恰好此时常印佛和321队队长路过贵池,礼

---

① 在我们访谈的许多人中,都不约而同地提到常印佛的这些特点,可参见张兆丰访谈、蒋秉行访谈、邓晋福访谈等。资料存于采集工程数据库。

节性地拜访了县有关领导。那位分管工业的副书记为此抱怨小瞿，认为是被他坑惨了。他们俩向他作了说明和解释，但后者似乎未听进去。转眼暑假已过，实习同学返校，县里给小瞿做了很差的实习结果鉴定送到队上。常印佛即和队上书记、队长商量，取得一致意见，把县里鉴定材料扣压下来，另由队上写了一个实事求是而又不错的鉴定发给了学校（当时学校是和队上打交道，与县里无直接关系）。由于常印佛平时不太关心政治，当时他并没有意识到这样做对一个人而言意味着什么。直到经历了几次运动后，他才知道这类鉴定材料，是要放入个人人事档案中的，如果是"黑材料"，其人将背一辈子"黑锅"，甚至累及家人。常印佛没有想到这一举动还保护了小瞿，使他免受无辜之灾，不过瞿本人对此可能并不知情。

又如，周治安在 1960 年代初从北京地质学院分配到铜陵，因为家庭出身问题，背上政治包袱。常印佛和他简单聊了一些后，即决定派他去普查队工作，到野外艰苦的环境中去历练成长。周治安根据常印佛的安排，很快进入了角色，几年时间里锻炼了野外独立工作的能力。1964 年，李四光主持的全国地质力学进修班在北京开办，321 地质队获得一个名额，常印佛让周治安放下工作，赴京进修。结业后因建设西南大三线需要，周被选中派往西南做地震地质工作。当他把调令递到常印佛面前时，心里很忐忑，感觉有负于其当初送他去进修的初衷。没想到常印佛高兴地对他说："好啊！调你到李部长的研究所，这对你是更好的去处，况且还能直接参加三线建设，很好！你就努力去干吧，队里的工作，我再安排别人来接。"当晚常印佛在凤凰山队部野外食堂，自掏腰包备下酒菜，私下为周治安钱行。常印佛在饭前为周治安赋诗四首，以鼓励他到新地方干出一番事业来：

送周治安同志去四川（1965 年 1 月）①

其一

我识周郎四载前，翩翩文采正华年。

高山流水知多少，何日更烦顾误弦。

---

① 周治安："大爱无言　上善若水——写于常印佛院士 80 华诞"。《安徽地质》，2011 年，第 6 期。

其二

金沙水激战骑嘶，正是山鹰展翅时。

东风昨夜绽红蕊，春讯江南第一枝。

其三

此日青青江南山，他年白帝彩云间。

云山有意难留客，借问斯人许久还。

其四

青山如屏迤逦开，相别不须作愁怀。

与君共饮长江水，长愿嘉音逐浪来。

在 321 队上，常印佛有许多"神奇"的本事常令身边人惊叹，这位清华大学出身的总工，总能显示出与众不同的禀赋。

在勘探狮子山时，有人拿了一道数学题到地质科综合研究室，当时在场的没有人能做出来，后来找到正在北京地质学院读函授的人也不会解。正在大家为难之际，研究室成员张兆丰就把题目要过来，拿去找常印佛。当时他正在吃饭，看到题目后，顺手掏出笔，摊开身上的烟纸盒演算，很快就给出了答案。

常印佛兴趣爱好极广，桥牌和麻将都打得精，而他最大的爱好就是读书，虽然做总工程师业务繁忙，但只要有时间他就会读书。1962 年，张兆丰买了一本纪晓岚的《阅微草堂笔记》。常印佛就借去看，看完后对张兆丰说，纪晓岚真了不得。张问其故，常印佛说，自己把《阅微草堂笔记》中的一篇古文翻译成白话文，放了半个月后，又翻回古文，结果跟纪晓岚原文一比，多出许多字来，可见纪晓岚文字之精炼。这使张兆丰不禁感慨：总工的爱好真是广，原来

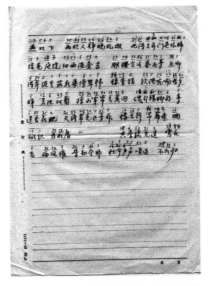

图 4-5　常印佛手写歌曲《燕双飞》

书还可以这么读!①

　　另有一次,321队上举行政治理论考试,内容是马列主义。大家认为,常印佛只是专业上最厉害,这样的考试他肯定不及格。但最终考试的结果让人大跌眼镜,常印佛考了队上最高分,比党委书记还高许多……②

一座矿业城市的兴起

　　铜陵自古以产铜闻名,也因此赢得了"中国古铜都"的美称③,如今铜陵市随处可见的各类铜雕塑、铜壁画已经成为城市的符号,无一不在默默诉说着其悠久的铜文化。然而,在近代以前漫长的历史长河中,铜陵的主要经济却是以农业为主的,古称"铜陵八宝"中的"三宝"生姜、大蒜、苎麻,以及丰富的水产资源构成了其经济的主体,而对铜等金属矿产的开采虽然著名,却只能算零星的手工业生产,不占主导地位。真正让铜陵崛起为一座现代化工业城市的,还是在新中国成立以后。是急促响起的地质锤铿锵的敲打声和钻机隆隆的轰鸣声催动着它向城市化迈进的步伐,是大规模的矿产勘探、开采与冶炼,并由此形成的工业集群,彻底改变了它的面貌。经历半个多世纪的建设,铜陵今天已经发展成为以矿产、能源为基础,多种新兴产业蓬勃发展的工业化城市,在省内占有重要地位。饮水思源,不应忘记在这里奋战的地质队,尤其是321地质队的功勋。常印佛曾饱含深情地说:"如果没有地质队员们的艰苦努力,铜陵这座矿业城市的兴起是无法想象的"。的确,他们是当之无愧的"铜都开拓者"。

　　经济统计数据最能够反映铜陵生产状况的变化。从铜陵市国民生产总

---

① 张兆丰访谈,2013年9月30日,上海。资料存于采集工程数据库。

② 常丹玫访谈,2013年7月,合肥。资料存于采集工程数据库。

③ 据古文献记载,铜陵在历史上一段时间内曾是一个地区性的产铜中心。国务院原副总理邹家华在1992年视察铜陵时,有感于该区古代采冶之盛,遂欣然题写了"中国古铜都铜陵",从而使铜陵的铜都声誉广为人知。

值来看,1949 年至 1952 年属经济恢复时期,数据不足为凭,从 1952 年算起,当年的国民生产总值为 1 802 万元,其中第一产业为 1 017 万元,占总数的 56.4%,第二产业为 372 万元,占总数 20.6%,第一产业总产值是第二产业总产值的 2.73 倍。到"文化大革命"爆发前的 1965 年,这组数据有了显著的变化。当年铜陵的国民生产总值为 9 569 万元,其中第一产业 2 812 万元,占总数的 29.3%;第二产业 4 820,占总数 50.3%,第二产业总产值是第一产业的 1.71 倍,工业已经成为铜陵经济的主导产业。[①] 这反映出了铜陵经济显著的工业化过程。

换一个角度,从铜陵市主要工业产品产量统计表中可以看出,铜、铁占据着其中主要部分。1953 年,铜陵市主要工业产品中,粗铜 1 195 吨,铜金属含铜量 1 560 吨,硫铁矿 700 吨,发电量 1 218 万千瓦,其余缺乏统计。1965 年时,产粗铜 14 766 吨,铜金属含铜量 13 812 吨,铁矿石 23.22 万吨,铁精砂 16.69 万吨,发电量 2 242 万千瓦,原煤 5.65 万吨,农用化肥 1.84 万吨,硫酸 7.05 万吨,硫铁矿 13.28 万吨,其余产品如砖瓦、饮料酒等相比之下可忽略不计。由此可见,铜、铁成为铜陵工业生产大宗,占绝对主导地位,这当然得益于对铜陵丰富的铜铁资源的开发。

根据铜陵市国民生产总值社会总产值变化图可知:铜陵市社会总产值在 1952~1957 年间是一个增长高峰,从 5 360 万元增加到 19 284 万元,1957~1962 年间因"大跃进"和极左政策造成的三年困难,导致这段时间里社会总产值的下降,1962 年之后延续了之前的增长高峰。

铜陵经济发展趋势在宏观上看,由国家经济总体走势决定,从 1952 年基本从战后破坏中恢复,到接下来的第一个五年计划的实施,以及 1958 年全国性的经济困难,到 1962 年调整后的提高。而在微观上看,具体影响铜陵经济走向的则是矿产工业的开发形势。1952 年恢复铜官山铜(铁)矿的勘探和生产,对铜陵经济贡献巨大,1964 年后,随着狮子山、凤凰山矿床勘探报告的上交,两座新矿山拔地而起,又为铜陵经济提供了巨大的助推力。

经济基础决定上层建筑,应该说,矿产开发及相关产业的兴起直接推动

---

① 铜陵市统计局:《铜陵奋进的四十年》(1949~1989)。

了铜陵市的设立。1950年6月,华东军政委员会在铜官山成立铜矿工程筹备处,1952年11月改为铜官山矿务局,受华东工业部领导。1956年,伴随着铜官山铜矿开发的深入,铜官山市成立,属省直辖,1958年改名为铜陵市。随着狮子山、凤凰山等陆续准备投产,在1964年时,铜陵曾一度改为政企合一的铜陵特区,直到1971年才恢复为铜陵市。

在地质学家和地质队员多年的奋战中,长江中下游作为一条蕴藏着巨量资源的区域已经呈现。铜陵是其中一个重要支点,它源源不断地为长江中下游地区其他工业城市甚至为整个华东地区提供"工业粮食",满足了国家在大规模经济建设中对矿产和铜铁金硫等工业必需品的需求。这离不开默默奉献的地质人。而321队也因其赫赫战功,曾被地质部授予"功勋地质队"称号。

第五章
十年援外

援助越南

　　新中国成立后奉行"一边倒"的外交政策,尽管自身亟须发展,在许多方面都困难重重,却依然对多国提供了大量的国际援助。这种克己为人的外交政策,在当时社会主义国家统一战线和世界革命理念的指导下,实为必然。在中国的诸多援助对象中,越南是典型的一个。

　　越南与中国比邻而居,历史上曾长期奉中国为宗主国,并曾有朝贡关系。近代以来,两国都遭遇列强侵略,都为民族独立而浴血苦斗,叮谓同病相怜。1950年初,中国与胡志明领导的越南民主共和国(即北越)建立外交关系,给予越南人民的抗法战争巨大支持,其后又作了援越抗美的斗争。1955年,越南战争爆发后,美国即支持越南南方集团对北越的作战。1961年,美国在越南发动特种战争。自1965年始,约翰逊政府把"特种战争"升级为"局部战争",扩大战争规模,开始了对越南北方的轰炸袭击。同年,约翰逊下令采取"雷声隆隆"行动,在南越不再局限于使用傀儡军,而是直接派军队参战,侵越美军迅速增加,达到50万人。中国在越战伊始便旗帜鲜明地支持北越政权,在美国欲扩大战争规模之前,中国支持越南的态度更加坚决。中方向越南明确表态:"用不着怕美国干涉,无非就是再来一次朝鲜战争。中国军队已经做好了准备,如果美国冒险打到北越,中国军队就开过去……我们去你们那里,跨一步就到了。我们应该无条件地加入到反对共同敌人的战斗中去"。并向越南承诺"中国人民将给南越人民以一切必要的物质支援,包括武器和一切作战物资。"援助的原则是"凡你们需要,我们这里有的,我们尽力援助。你们不请,我们不去。你们请我们哪一部分,我们哪一部分去。这主动权完全掌握在你们手里"。①

中国除为越南提供战争急需的物资外,还为其战后重建提供准备,包括科技方面的援助。1964 年 8 月,中越签订科技合作协议,在其中一个协议条款里,越南方面要求中国提供资金并派出地质专家帮助越南做矿产勘查工作,寻找其国内铜、铁矿等重要战略资源。协议规定该项目从 1965 年开始实施,为期 4 年。为此,中央地质部从全国抽调地质力量,组建援越地质专家组,时任 321 地质队总工程师的常印佛被借调。

常印佛当时正在负责铜陵凤凰山矿区的勘探工作并着手编写地质勘探报告。他于 1965 年 1 月接到地质部借调援越的通知,随即移交了手中的工作,在过完春节后,到地质部参加集中培训。培训的内容主要是政治理论和政策法规的学习,明确工作任务,了解当地的环境和风俗习惯,等等。常印佛的任务是负责勘查铜矿,另外还有来自广东的地质专家、负责黄铁矿勘查的王玉珉,以及小组领队何发荣。何来自云南,之前曾在越南工作过,对当地情况比较熟悉,他将带领援越小组成员熟悉环境。培训为期一个多月,到当年 4 月,正是北京春光旖旎的季节,常印佛一行踏上了开赴越南的火车。

列车向南疾驰,当经过武汉长江大桥时,常印佛透过车窗向东望去,思绪万千。那浩浩江水流经的铜陵,是自己开始投身地质事业的地方,从初出茅庐的毕业生,到 321 队总工程师的十多年里,跋涉在皖南山水的时光如今

---

① 姜长斌:《1955～1971 年的中美关系缓和之前:冷战冲突与克制的再探讨》,世界知识出版社,1998 年,第 115 页。

历历在目。想着此时的凤凰山应是满山盛开的芍药牡丹和杜鹃,地质队的老友和同事们正在那里开展如火如荼的铜矿勘探大会战,常印佛感怀不已,挥笔写下《赴越南途中怀皖中同事》[①]:

其一

今夕复何夕,烟花三月天。

风光无限好,心事万千旋。

莺迁栖新绿,燕归识旧椽。

大江如有意,随我归金川。

其二

凤丹胜芙蓉,杜鹃别样红。

群山多碧矿,众朋建新功。

由来鏖战地,常入征夫梦。

此去三千里,西南待好风。

诗中"凤丹"即为安徽铜陵凤凰山所产的"牡丹",其根即为名贵药材"凤丹皮",每到阳春三月,牡丹漫山盛开,甚为壮观。诗中透露出常印佛对故地找矿经历的怀念,也包含着对援越任务的信心和希望。

到越南后,常印佛的具体任务是帮助查明老街地区的铜矿资源。老街位于越南西北部边境,横断山余脉的东部,红河西岸,隔南溪河与中国云南省河口县相望。越南黄铁矿质量不佳,铜矿资源却较为优越,越方随即要求中国全力支持铜矿勘查。中国即于1966年调集包括地质、水文、岩石、测量、物探、放射性物探、测井和钻探等各类人才在内的8名专家赴越南,他们都是经过认真选拔,业务水平很好的地质专家。[②] 常印佛担任援越老街铜矿专家

---

① 韩存志、干克美主编:《院士诗词》,上海科技教育出版社,2001年。

② 他们是普查地质专家韩凤鸣,变质岩岩石专家刘国惠,水文地质专家鲁欣,物探测井专家曾繁超,地面物探专家尹伊仁,放射性物探专家李芳实,钻探专家刘永江和地形测量专家朱桂庆。第二年又有地质专家朱恒鑫赴越。加上组长常印佛,铜矿专家组专家共10位。

组组长,工作地点为新权铜矿区。

当时新权铜矿正在勘查,尚未开采,越方负责勘查的单位是其地质总局所属的地质五团。越南地质工作亦是通过学习苏联经验,建立了比较齐全的规章制度,其技术骨干的业务水平也不低。在中国援越铜矿专家组赴越之前,新权铜矿即经普查求得了十几万吨低级别的矿产储量,且只是整个矿化带的中段富厚部分,两端尚未追索控制,显示出较好的发展前景。

援越铜矿组在该区的工作大致可分为两个阶段。大约1966年底以前为第一阶段,工作内容主要有两项:①原来的普查地段转入详查,通过加密钻孔以进一步了解矿体形态及其变化,同时向深部施钻以了解矿体延深情况,另外取大样做选矿试验,了解矿石的可选性并作出经济可行性评价;②向两端扩大普查,以发展矿床的开发利用规模和前景。其后的1967年至1968年夏为第二阶段,铜矿组对流经矿区的一条河流(自西南向东北注入红河)的西北侧矿体较集中的地段进行勘探,对河道东南侧地段扩大普查,部分进入详查,同时在新权矿床外围进行普查找矿。1968年夏,小组结束勘探,即提前完成了协议任务。

铜矿组专家的作用不仅体现在扩大的矿产储量的增加上,更体现在勘查工作各个环节的整体效能上。组内10位专家各有专攻,门类齐全,密切配合,工作高效,以认真负责的态度查明了矿体分布情况及储量,深入研究了矿山开采技术条件(采矿进程中的水文地质和工程地质条件)和矿石加工技术条件(选矿条件、冶炼条件等)。

常印佛领导的专家组还对工作区的成矿地质条件和规律做了深入研究,为此,首先把新权铜矿的矿床成因类型作为主要研究任务之一。原先一直认为此区矿床为矽卡岩类型,他们对其研究后弄清楚了它的实际成矿过程。认为它是晚太古—早元古(火山)沉积变质铜铁矿床,原岩为一套中酸性火山—沉积碎屑岩(已变质为高级角闪岩相片麻岩和变粒岩)夹基性岩(已变为角闪岩),铁矿与角闪岩共生,铜矿化扩及铁矿层以外的碎屑岩中,强烈混合岩化导致铜铁进一步富集,并出现大量含钠矿物,后期花岗岩脉贯入造成铜及稀土的叠加矿化,伴有少量石榴子石、透辉石化。[1] 指出该矿床不同于同一构造单元中云南大红山式铜铁矿,以前认为它是矽卡岩型矿床的观点是不全面的,它应该是以火山—沉积作用为主,并有后期岩浆热液作用叠加的复合型矿床。

专家组再根据这些新的认识指导勘查工作,大大地增加了储量及远景。经对西北矿段勘探后,勘探储量已达 30 余万吨,加上南东矿段远景储量可达 50 万吨,成为越南当时唯一的大型铜矿区。矿区外围沿走向 40 公里范围内已发现同一类型矿点 10 余处,其中一些矿点相当富厚,预示着整个老街铜矿带的良好前景。

野外工作比国内更为艰苦和危险,此处山丘起伏、灌木丛生,岩石和矿体裸露地表可见者极少,很不利于野外观察。为了调查测试岩石、地层、矿

图 5-1　援越地质专家在八角楼前合影(后排右二为常印佛,1965 年)

---

[1] 安徽省地质局:"中国科学院院士候选人推荐书·常印佛",1991 年。资料存于采集工程数据库。

体的走向,填制地质图件,只有顺着那里发育的河溪,追踪山于流水切割侵蚀而显出的"露头",即岩石、矿体出露地表部分。常印佛与调查人员常卷着裤脚在溪流中趟水,经常遇到水蚂蟥。

生活上也很艰苦,住的是竹篱茅舍,设备简陋。气候炎热,蚊子很多,叮扰不止。蔬菜多是玉米、竹笋,偶有荤菜。虽然越南方面对中国专家有所照顾,但条件有限,做到这样也就不错了。

援越专家组在越南工作期间,美国正扩大战争规模,对越南北方连续实施飞机轰炸。当时美国干涉军还有一种"盲目轰炸"(或称饱和轰炸)战术,即不管地面情况,在图上按网格布点,飞机飞到点位即投弹,对平民造成的伤害更大。援越专家跋涉在深山野林时还相对安全些,而常印佛驻地和邻近的村庄则都有可能随时成为轰炸的目标。由于老街新权铜矿距中越边境很近(最近处不过 10 公里),美国也顾忌误炸了中国会引起更大麻烦,所以美机"光顾"他们驻地上空的情况并不频繁,基本上没有投过炸弹,只是不时地来侦查一下。在此期间,还不时要到河内向中国驻越大使馆和越南地质总局汇报工作进展。有一次常印佛去河内,午夜时分轮渡沱江,突然美机临空,警报骤起,大家纷纷就地隐蔽。此次未投弹,可能只是路过。此后他们就改道先由老街入中国,借道云南文山州麻栗坡休息,夜间越境沿山间土公路去河内,果然安全一些。

常印佛和其他专家一起,在战争的阴影下和简陋的环境里抓紧工作,经历了诸多艰辛,克服了许多困难,但也收获了许多美好的体验。该地邻近热带季风气候区,高温多雨,干、雨季明显,年平均气温为 23～25 摄氏度。11 月至翌年 4 月为干季,气候干燥多雾。干季还可以分为热季和凉季,大致 11 月至次年 2 月为凉季,3 月至 4 月为热季。大部分地区 5 月至 10 月为雨季,雨季多有大雨和暴雨,气温高,湿度大。每至 11 月到 2 月的干凉季节,老街地区的气候都变得特别舒适,山清水秀,鸟语花香,偶尔云雾缭绕笼罩低山,宛若仙境,野外考察仿佛在画中行走。另外,老街铜矿的矿床类型与中国完全不同,常印佛到达之后先要学习当地材料,熟悉情况,勘查工作中总有新问题和新发现,需要不停地探索未知。在这个过程中增长了知识,积累了经验,开阔了眼界,对他来说也充满着乐趣。

图 5-2 援越期间留影(1968 年)

援越地质专家组在 1968 年 6 月编好了新权铜矿的勘探报告,圆满完成协议规定的援助任务。此时协议尚未到期,他们即等待上级指示,决定下一步行动。越南地质总局则安排他们到靠近河内的谅山省一处疗养地休息了一月余。据说越南以协议规定的时间未到,提请专家组留在越南继续开展其他项目的援助工作,但中国对这一新要求并不热心,即提出应先让专家们回国探亲休假,越方对此亦无法拒绝。由此,常印佛等使顺利回国,其后一直留在国内。到 1969 年 5 月,中越技术合作协议 4 年合同期满,常印佛接到正式通知:援外任务完成,原单位另安排工作。

援越地质专家在老街地区的勘查工作,总结了当地铜矿成矿规律,在扩大矿床规模和找矿远景方面取得显著进展,地质报告获得越南方面的高度认可,为越南矿产开发和经济建设贡献了力量。常印佛作为援越地质专家组的负责人,在其中做出了较大贡献,并因此于项目结束后的第二年,获得越南国会颁发的"二级劳动勋章"。

开启冬瓜山铜矿的先声

从越南回国后,到援外项目合同到期前的大约 7 个月时间里,常印佛先是休息了 2 个月,至年末,他向队"革命委员会"提出要到钻机上参加劳动。他认为,自己在野外跑得多,还没有真正到钻机上劳动过,参加这样的劳动有利于了解生产实际。他当时的身份仍然是被借调的援外专家,没有正式归队,革委会无法安排具体的技术工作,就同意了他的请求。常印佛被派到当时 321 队最好的一部钻机上劳动,这部钻机能打 1 000 米,专打深孔,这样一来,就可以减少搬家的麻烦。数月后,援外期满,常印佛正式归队,被任命为 321 队革命委员会生产组"地质负责"。当时正值"文化人革命",总工程师职称被废除,"地质负责"实际上相当于总工程师,负责全队的技术工作。他在队上又工作约 7 个月,到 1970 年初,接到地质部借调为援助阿尔巴尼亚地质专家的通知,再次离开 321 队。

在国内的这段时间里,常印佛还提议启动了对狮子山老鸦岭铜矿床的深部探索,这是后来冬瓜山铜矿被发现的先声。长江中下游地区在石炭纪地层里含有丰富的矿种,包括硫铁矿、含铜硫铁矿、铁矿、铅锌矿等等,因此石炭系成为该区找矿的重要对象。狮子山矿区西边的铜官山铜矿和东边的新桥铜矿都处在石炭系,位于两者之间的狮子山铜矿处在相对更浅的三叠纪、二叠纪层位上。该区的构造形态是:从新桥到铜官山为一个大的向斜,在中间的狮子山处地壳受挤压隆起,形成小的背斜,整体构造呈"W"形。对于这种构造,常印佛很早就萌生一个念头,认为狮子山下部也可能有石炭纪层的矿,狮子山矿床呈现多层模式,因隆起的原因,存在许多层间剥离空隙,有着绝好的成矿条件。但当时工业生产需要考虑经济效益,深部矿床因为开采成本太高,经济效益低,一般而言都不予开采。起初开采的深度为 300米,后来放宽到 500 米,对于更深处的矿,即便知道存在,也暂时放着,所以当时常印佛这个想法因为考虑到生产实际的可行性,就没有付诸实践。

当常印佛1966年从越南回国探亲时，知道321地质队在狮子山深部的二叠系新找到一层矿，即为老鸦岭铜矿。这件事使他对深处石炭系含矿的信念更加坚定。1969年春，还在钻机上劳动的常印佛向队上提议，将老鸦岭矿床上背斜轴部的一个正在施工的钻孔加深，穿过二叠纪层位继续再往深处打钻，到石炭系去探宝。钻没有打完时，常印佛便出国援助阿尔巴尼亚了。这次钻探因为钻孔发生偏斜，打进了岩浆岩，没有发现矿体。当时正值"文革"紧张的气氛中，技术人员都很谨慎，没有人敢提出在旁边另打一孔——万一还没见到矿，是有可能要惹麻烦的。事情就暂时搁置下来。1974年，老鸦岭铜矿即将勘探完毕，亟须寻找后备矿床。这时就有人提出，当年"常总"在这个地方往深处试探过，因钻打偏没见到矿，现在应该再打深孔。于是就决定在附近新打钻孔，第一孔又发生偏斜，仍然没有见到矿体，接着打第二孔，终于在老鸦岭矿床探测孔之北的地下880米深处发现了石炭系中赋存的铜(硫、铁)矿体，厚度达50米。见矿的位置叫冬瓜山，也就是今天冬瓜山矿床的由来。冬瓜山矿床被真正发现时，已经是1975年了，距第一次打钻尝试已近5年。[①]

1983年9月，冬瓜山矿床的野外施工阶段结束；1985年6月提交了《安徽铜陵狮子山矿田冬瓜山铜矿床详细普查地质报告》，随后又转入勘探，于1990年代初提交了详勘报告；1997年12月，冬瓜山铜矿工程建设项目由国家计划委员会批准立项，为国家"九五"重点项目，安徽省"861"工程项目，计划投资16.74亿元，矿山采用地下开采方式，建设规模为13 000吨/日采选生产能力，矿山服务年限为28年。工程项目于2001年1月正式开工。2004年，由于东西狮子山铜矿床行将采尽，矿山也就更名为冬瓜山铜矿，现已成为铜陵最重要的铜矿开采基地。

冬瓜山铜矿的发现，是常印佛根据经验和理论相结合寻找隐伏矿床的典型战果，同时也揭开了狮子山矿区深部找矿突破的序幕。在老鸦岭打的

[①] 随后勘探冬瓜山矿床时，在原来1969年施工的探索钻孔附近又打了一个钻孔，这次见到了矿，说明当年如果钻探施工质量有保证，则现在冬瓜山矿床将提前5年发现，不过它的名字可能就不叫冬瓜山了。

第一眼深钻孔所在地,又有个古老的名字,叫"铜井冲",史书记载"铜井冲"为古铜产地,它处在狮子山区,而狮子山本应叫这个名字。如果在老鸦岭打的钻孔发现铜矿的话,那么冬瓜山铜矿则要改名为"铜井冲"铜矿,那将是一座古老矿山得以重生,演绎一段古今传奇。

"文化大革命"

新中国成立后的一轮又一轮政治运动终于在 1966 年发展为史无前例的"无产阶级文化大革命",动荡持续了 10 年之久,给国家经济建设和人民的日常工作与生活造成了极其严重的冲击和破坏。常印佛在 321 地质队的同事,在清华的同学、老师都受到严重冲击,他的家庭也在"文革"初期受到影响。幸运的是,常印佛在"文革"的大部分时间里都在国外做援助工作,远离了这场政治风暴的中心,是"在劫难逃"的知识分子中的一个例外。

在"文革"爆发之前,不正常的政治气氛就已经有所显现。常印佛从当时官方媒体的宣传和层层传达的指示中,隐约感觉中央似乎有两个声音在讲话。他长期身处野外基层,自"大跃进"以来忙得不可开交,对于国家政治形势亦无暇深思。他像许多人一样,对形势感到一丝疑惑,却无法预料到一场漫长的政治风暴将席卷中国。幸运的是,在"文革"前一年,常印佛就随着火车越过了中国边境,来到越南。

1966 年 5 月,"文化大革命"正式开始,援越专家组虽然无法参加国内的运动,但需要按照要求学习各种指示和精神。起初,常印佛从纸面文件上了解到国内"文革"的开展情况和主导精神。他时常收到家里的来信。但在当时特殊的环境下,他读到的内容反而是一些关于"文革"的好处,来信也主要是安慰他家里一切都好,可放心做好援外工作。因此,由于信息的限制,常印佛对"文革"的最初印象是模糊的,内心甚至有些肯定和支持。然而 1967 年春节的一次回国探亲之行,改变了他对"文革"的看法。

这年春节前,常印佛从越南坐火车到衡阳,转车到上海,再坐船经泰兴至芜湖换乘火车至狮子山,一路上浏览观看,直观地感受了"文化人革命"。常印佛对在芜湖看到的一幕场景至今如在眼前。在芜湖上岸之后,他带着行李乘三轮车去火车站,行至现新芜路和北京路交叉口时,见到前面聚集了一群人在围观。走近看时,只见中间是被牵着游街的人,走在前面的是一位约四十岁的男子,身体壮实,个子不高,脸庞黝黑,紧随其后的是一个十来岁左右的小女孩,低着头缓缓前行,跟在她后面的是一个七八岁的男孩,而男孩子后面,还有一个更小的约四五岁的男孩。小男孩长得很像前面的男子,大概是不理解发生了什么,也不知道自己在做什么,就抬着头,左顾右盼,眼里充满好奇。看到这一幕,常印佛心里很不是滋味:无论大人犯了什么样的错误,也不应该搞这样的牵连,把一个不谙世事的四五岁的小孩拉去游街,这样违背基本人情道德的事,如今竟然还会发生!他不禁对这场运动的性质产生了疑惑。

来到狮子山队上后,常印佛把在芜湖的所见说与一位朋友听。这位朋友出身贫下中农,本人是工人,后经工农速成中学进入大学专科毕业,根正苗红,不怕别人挑刺,敢说真话实话,为人正派,从来不做揭发告密等苟且之事。听完常印佛的讲述,他在沉默了一会后说:"常总,看来这个运动,是个不讲理的运动。"常印佛当时对这句话并不完全认同,他认为"文革"只是道理暂时说不清楚,却不能说它是"不讲道理的"。此时他尚未摆脱政治学习时被灌输的内容,身在社会大洪流中,一时也难以认清其真面目。但这位朋友接着就睿智地告诉他,既然道理说不清,那么在这个运动中就要保持沉默,不要讲话,讲话也没用。常印佛对此则表示认可。这次谈话对常印佛来说很重要,使他明确了应对"文革"的原则——保持沉默,对任何事都不公开发表意见。后来证明,这不失为高明的应对方法。

"文革"中的派系斗争很激烈,各派都跟常印佛关系很好,极力拉拢他加入自己一派,但常印佛坚持不站队不表态,以不讲"道理"的方式来应对这场"不讲道理"的运动,成为"文革"中的"逍遥派",也就避免了成为派系斗争牺牲品的命运。常印佛也是在"文革"时期学会了抽烟。当时经常开会,大会小会有许多,开会时不讲话,别人就来散烟。常印佛闲着没事也接过来抽,后来觉得老是抽别人的烟也不好,于是自己也去买烟,散给别人抽,吸烟的习惯就在"文革"的"帮助"下养成了。沉默是金,对常印佛而言,在"文革"中得到充分验证。

相比之下,有一些援越专家回国后,因为发表了对事情的看法而受到冲击和困扰,无法正常返回越南,甚至因此还引起了外交事件。这也迫使当时中国驻越南使馆告诫回国探亲的专家,不要就事情表态,以确保平安顺利地往返。

常印佛每次回国大约一个月时间,先到家里看望母亲,过上一周,然后回到队上,有时还到野外跑跑。"文革"中虽然很乱,但地质工作还是继续的,所以有时他也会被请去解决一些地质问题。

虽然常印佛本人超然世外,但他的家庭在"文革"初期也受到了影响。汪德镛因为家庭出身成分比较高,在"文革"初期遭受冲击。常印佛援越在外,家庭就靠她一人辛苦操持,当时大女儿8岁,二女儿7岁,儿子仅3岁。她在"文革"初期承受了很大压力,不断有人贴出攻击他们的大字报,还有红卫兵明火执仗地抄家,一家人生活在恐惧中,惶惶不得终日。常印佛远在战火纷飞的越南,孩子幼小尚不懂事,而汪德镛却始终惦念不安。队领导又告诫她,不许把这边情况写信告诉常印佛,否则出了问题要她负责![1] 其实常印佛身在"同志加兄弟"的国家,又工作在中越边境的崇山峻岭中,想"出问题"都不可能。不过,这却吓阻了汪德镛,她在每一封家书中都编了一些美丽的谎言,用来安慰远方的亲人。

"文革"发动后不久,汪德镛便被罚到钻探队上劳动,每天到很晚才能回家,拖着一身的疲惫做家务,照顾好孩子们。有时好心的邻居也会偷偷给小姐妹俩塞一些吃的东西,或烧一锅稀饭端到他家来。"文革"前,由于夫妻二人都工作繁忙,他们雇用了一位保姆照顾家庭,"文革"爆发初期,保姆不能继续在常家待下去。善良的保姆提出把3岁的男孩带回乡下抚养,而两个刚能照顾自己的女儿则留在家里与母亲患难相依,艰辛可想而知。

家庭或个人的命运总会随社会形势而改变。1966年10月初,党中央转发中央军委关于军队院校进行"文化大革命"的紧急指示,宣布取消由党委领导运动的规定。在"踢开党委闹革命"的口号下,造反狂潮全面扩展到工

---

[1] 按当时环境,队上所谓"出问题",可能是怕常印佛出走他国。

农业领域。为进一步克服运动的"阻力",从10月上旬至下旬,召开了以批判"资产阶级反动路线"为主题的中央工作会议。会后,声势浩大的批判"资产阶级反动路线"的风暴在全国掀起,中央文革小组策动造反派把攻击的矛头集中转向各级党政领导机关。社会上出现"打倒刘少奇"的标语和攻击邓小平的大字报,中央和地方的许多领导干部受到批斗,机关工作普遍陷于瘫痪、半瘫痪状态,党的基层组织的活动和党员的组织生活陷于停顿,国家陷入空前的混乱之中。321队党委也被打为"资产阶级反动路线",受到造反派的批判和攻击。这种斗争转向使得常印佛家的境遇缓和许多,春节前保姆又带着小孩回到常家。

1967年,常印佛在回国探亲前几天,收到一封队上来信,内容是向他道歉和检讨,说是"误伤"了汪德镛同志,特别反省了"发动群众抄家的不可原谅的严重错误"等等。落款是321队政治处,没有盖章。常印佛当时对"文革"的印象还仅限于官方媒体和家书中描绘的情形,收到来信后略感惊愕,知道国内情形可能不妙,对于家庭受到的冲击,他虽不能知其详情,但人家已主动认错,也就释然了。① 常印佛后来知道,这是所谓资产阶级反动路线(简称"资反路线")被批倒以后,造反派夺了权,"革命"形势发生转变,原来运动的领导者,亦即"当权派"要缓和与他的矛盾,征求谅解,大概是党委和政治处的大印被收走,故无法盖章。在他回到国内后,原来队上的书记还到他家当面作了道歉。常印佛向书记表示,这是政治运动,不是个人所能左右的,能够谅解他们当时的处境。

"文革"对常家的直接冲击时间并不算长,但动乱的年代里,孩子的教育却受到了影响。"文革"开始时8岁的姐姐"毛毛"和相隔1岁的妹妹"玫玫"都在队上的学校上小学。姐妹俩成绩很好,性格也好,老师和同学们都喜欢。1976年,姐姐高中毕业下农村,后被"内招"回队工作,通过培训和自学,取得大专学历,现在合肥工作。妹妹参加了"文革"后恢复的第一届高考,考

---

① 常印佛回忆手稿,2014年10月,第57页。资料存于采集工程数据库。可惜常印佛深受革命教育,当时虽非党员,却有"党性",为防止信件落入外人之手,造成"不良影响",乃把它销毁,否则可留下一个历史见证。

上了上海交大,学习电子工程专业,现在美国新泽西州工作。唯弟弟年龄最幼,受到的影响也最小,后来考到武汉大学科技情报系,擅长计算机,现在美国加利福尼亚州工作。

姐弟三人都很聪明,但性格有些不同。母亲曾经送给毛毛和玫玫每人一串玛瑙珠穿成的手链,玫玫爱美,所以特别爱惜它,过了很长时间手链依然完好如新,而毛毛的手链过了一段时间后,却只剩下一颗珠子穿在红线圈上,但她仍然戴在小手腕上,不以为意。队上的张兆丰观察到了这个有趣的现象,于是便跟常印佛聊到这件事,他认为姐姐毛毛身上有学者的潜质,因为她不像一般小女孩那样知道爱美,而是把心思放到了学习上,大行不拘细谨,或许能像乃父一样成为科学家。但"文革"的发生,改变了千万个像她一样的青少年的人生轨迹。

和"文革"中的其他人的遭遇相比,常印佛是幸运的。仅"文革"初期,321 地质队就有一大批人遭批斗。当时有位做地质测量的青年,因为父亲随国民党撤退到台湾,便被冠以私通境外势力的罪名进行批斗,后来无法忍受折磨自杀身亡,死时年仅 30 来岁。他自杀后,队上开小组会,统一口径,说他畏罪自杀。当时 321 队上仅自杀而死的便有好几个人,由此可见斗争之残酷。

地质学界受到"文革"的冲击相当严重,常印佛曾经的恩师及领导们,在"文革"中几乎全部被关进牛棚,还有几位死于浩劫。矿床学家孟宪民在1969 年被关进了牛棚,当年春节也没让回家,于 2 月 18 日晚、农历的正月初二跳楼自杀,死后被罗列了"反党"、"反社会主义"等一大批罪名。其他被迫害至自杀的还有,原清华大学气象系主任赵九章、地质部矿床地质研究所矿产综合研究室主任谢家荣、中科院地球化学所研究员李璞(池际尚的丈夫)等人。

"文革"给中国的地质事业带来极大的破坏,地质工作陷入混乱,学术研究几乎停滞。而 1960 年代正是国际上地质学发展的黄金时代,许多重要地质发现和地质学说(如板块构造学说)都在这一时期提出来,进展之快,可谓一日千里。中国地质学水平与国际之间的差距被急剧拉大。

常印佛因"文革"爆发后长时间在越南,短暂的回国期间又做起了"逍遥派"，积极参加劳动，做一些技术指导，在相对平静中度过。1970年，他又被地质部借调到阿尔巴尼亚从事地质援助工作，再次远离了"文革"的干扰。

援助阿尔巴尼亚

中阿友好始于20世纪50年代，因为同属于社会主义阵营一边，所以在国际主义精神下，两国也是"朋友加兄弟"的关系。整个50年代，中国都给阿尔巴尼亚提供援助，但援助总额不是很多，当时援阿的主要国家是苏联。自50年代末，中国与苏联产生分歧和争论，唯有阿尔巴尼亚在意识形态上与中国立场一致，两国关系愈加紧密。在1960年6月召开的布加勒斯特会议上，以赫鲁晓夫为首的苏共同一批东欧国家共产党对中国的内政外交政策展开了猛烈的批判攻势，中国孤立无援之际，阿尔巴尼亚代表却公开站出来表态支持中国。阿此举开罪了苏联，导致后来苏联停止了对阿的经济援助，并与阿断绝外交关系。随着中苏矛盾的加剧，中阿关系迅速升温，中国代替了苏联，成为阿尔巴尼亚最大的援助国。

据新华社高级编辑、前驻阿尔巴尼亚首都地拉那分社兼驻斯科普里分社首席记者王洪起统计：自1954年至1978年，中国向阿共提供援款75笔，协议金额为100多亿人民币(其中一般物资占28％强，军事物资占43％强，成套项目占25％强，现汇占2％强)，阿成为我对外援助受援国人均数额最多的国家。中国援阿成套项目共计142个，其中已经建成的91个，基本建成和正在建设的23个，已经考察和进行设计的17个。中国为阿尔巴尼亚兴建了钢铁、化肥、制碱、制酸、玻璃、铜加工、造纸、塑料、军工等新的工业部门，增建了电力、煤炭、石油、机械、轻工、纺织、建材、通讯和广播等部门的项目，大大提高了阿的工业化水平。

几乎整个1960年代都是中阿关系的蜜月期，中国在这10年中向阿提供的援助是惊人的。尽管从60年代末开始，两国在对国际事务的认识及外交政策理念上出现分歧甚至矛盾,中国依然没有中断对阿尔巴尼亚的援助。1970 年,阿尔巴尼亚要求中国援助 32 亿元人民币,中国虽未完全答应,但最终仍决定提供 19.5 亿元人民币的长期低息贷款。另外包括一些对阿成套援建项目,其中即有对阿地质矿产领域的援建,常印佛等一批地质专家因此被地质部借调去阿尔巴尼亚支持援建技术。

常印佛之所以被选赴阿尔巴尼亚做地质援助,与他援助越南的经历是分不开的。1969 年 5、6 月间,地质部援越地质组组长李东昇完成合同任务回国。常印佛所在的老街铜矿组即是其下属的一个工作组。地质部外事局的有关人员要他从援越专家中推荐一位担任援阿尔巴尼亚地质大队技术负责人的人选。李东昇便推荐了常印佛。当地质部的借调通知转发到 321 地质队时,队上并没有立即答应放人。"文革"中 321 队造反派有 3 派,其中一派认为,常印佛已经长时间在国外工作,还没有参加"文化大革命",因而反对其再出国。这件事拖了一段时间后,地质部着急了,便与队上交涉,请他们提出常印佛的问题,先把问题解决了再派出国去。队上也提不出常印佛有什么问题,最终只好放行。

在援阿专家中,真正像常印佛这样既有丰富的实践经验又有广博的知识和理论基础的专家是不多的。与常印佛前后从大学毕业的同学,在当时多数成为工程师或技术专家,但很多都被打成"资产阶级反动学术权威",连正常的工作都无法保障,遑论出国援建。选拔援阿专家的一项重要条件,甚至是首要条件便是政治素质。"资产阶级"的专家政治上不可靠,地质部便从各地选拔在一线做地质工作的大专生或接受过培训的高中生。他们政治可靠,有着丰富的实践经验,而在知识储备和理论认识方面或存在不足。为此,地质部从部属院校科研单位中选派一批留苏的地质专业人员去给他们做翻译,对外以俄语翻译名义,对内则帮助专家们工作,但又不能暴露真实身份。

在出发前的 1970 年初,常印佛与其他援阿地质专家一起,在地质部培训了 2 个月,与援越前培训一样,主要是政治学习。到当年 4 月份,援阿地质大队开赴阿尔巴尼亚,队总部设在首都地拉那,大队长李治权,是一位水平和能力都很强的老干部,两年后奉调回国任地质部外事局副局长。援阿尔巴尼亚地质大队队长一职则由钻探专家、原驻阿尔巴尼亚北部普卡地区的专家组长王贵信接任。常印佛任大队技术负责人。当时援阿尔巴尼亚地质大队部实际上只有 3 人,其余专家和翻译均分布在各地区组或项目组。队部 3 人除李治权与常印佛外,还有曾长期在地质部对外联络司(后改称外事局)工作的徐先忠。徐为队长做翻译,同时协助处理日常事宜。关于技术业务上的事情,3 人在一起时即共同商量解决。由于常印佛自己还承担项目,在地拉那时间不多,所以实际上是李、徐二人在主持工作。国内随后又派一些人到阿尔巴尼亚,前后共计约 80 多人。

对阿地质援助工作与援越不同,它属于成套援助,赴阿的中国地质专家要负责其全国各处重要的地质勘查项目。常印佛作为援阿地质大队技术负责人,负责全区整个项目的地质技术管理和指导工作,另外还直接负责米尔迪塔铜—铬矿带中铜矿的区域成矿地质条件和分布规律的研究。援阿专家和翻译每三四人组成一支地质小组,十多个地质小组分布在不同区开展各种工作,矿种有铜、铅锌、铬铁矿(古砂矿)、金及石棉等,主要任务是找铜矿。每个小组都要按期向队长和技术负责人汇报工作进展,所以常印佛当时的工作很繁忙。他除了完成自己的项目外,还要到一些较重要的矿区去视察了解情况,和当地项目组专家研讨工作。

常印佛自己承担的是区域地质研究项目,主要是对阿尔巴尼亚米尔迪塔铜矿带成矿的区域地质条件和分布规律进行研究,而不是直接找矿勘探。根据协议,他 4 年内对该区 4 个矿田级的成矿单元开展了研究工作,由北而南顺序进行。

由于区域地质工作离不开地层,研究地层就离不开古生物化石,因此派出一位古生物专家与常印佛共同完成任务。第一年古生物专家为中国地质科学院的王迺文,第二、三、四年后长春地质学院的米家榕。俄语是双方交流的中介语言,为此也派出了不少俄语译员。第一年因王迺文是留苏归国人员,懂俄语,便只派了陆志刚来为常作翻译。陆也是留苏归国人员,俄语和地质都很好。在第一年工作结束时,阿尔巴尼亚地质总局局长皮乔库(也是留苏学地球物理的)特别指定要听听常印佛他们的工作成果。常、王、陆三人还有大队部的徐先忠一行前往。这次汇报很成功,除常印佛与王迺文的工作的确很出色外,陆志刚的翻译也十分精彩得力,获得徐、王二人的高度夸赞。回国休假期间,王、陆二人因故被留在国内,新来的古生物专家米家榕也不谙俄语,需派两位译员。第二年为唐连江(俄语专业、配合常印佛)和石准立(留苏副博士,配合米家榕);第三年为鲍涌泉(俄语专业,配合常印佛)和邓晋福(留苏研究生,配合米家榕);第四年为田树华(留苏人员,配合常印佛)和宋文清(俄语专业,配合米家榕)。常印佛和米家榕绝大部分时间都是一同活动,与翻译也都经常生活在一起,工作不限于原来的分工,随时可以交叉配合。所以石准立、邓晋福在回忆起这段经历时,都称曾给常印佛当过翻译。

图5-3　援阿部分专家合影(自左至右依次为邓晋福、米家榕、常印佛,1973年)

　　如上所述,有些翻译虽名为翻译,而实际上是不出面的“专家”,他们也有很好的地质业务水平,为援阿地质作出了重要贡献。如石准立是北大地质系1952届毕业生,毕业后在新成立的北京地质学院任教,后派赴苏联深造,师从苏联著名学者、找矿勘探学学科主要奠基人克列特尔教授,获副博士学位。他在参加常印佛项目组的工作中发挥了很好的作用,并与常结下了深厚的友谊。回国后他也在地质领域取得突出成就,成为我国找矿勘查领域先驱者行列之一。邓晋福1956年毕业于北京地质学院,也是1952年院系调整后北京地质学院招收的第一届学生。他后来去苏联列宁格勒大学读研，师从一位变质岩权威，因重症未读完回国，后跟随池际尚先生从事岩浆岩研究。他在援阿大队工作时与常印佛接触较多，以学生自居（因为他大学时的许多老师都与常印佛同届），但他思维缜密、敏捷，常有一些超前设想，对常印佛乃至整个地质大队的工作均有很大帮助。他也成为常印佛的好友。改革开放后，他曾以访问学者的身份去美国从事研究工作，后来还多次与常印佛合作了科研项目，建功卓著，其学术成就被许多人许以院士标准。

常印佛在四年里的工作区域是：第一年（1970～1971）在北部的布拉瓦，第二年（1971～1972）在其南的恰夫巴里，第三年（1972～1973）在又南的斯巴切，第四年（1973～1974）在最南端的卡其那尔。再向南地质环境变化，即未再出现铜矿带。

在阿苏关系尚未破裂时，有苏联专家在布拉瓦工作过，常印佛等要研究区域地质，就必须了解面上资料。阿地质队即拿出一张矿区外围地质图来，据介绍是一位年轻的苏联地质工作者填制的。这张图上对地层没有详细划分，把不同地层的岩石作一个地层单元的沉积岩相变关系来处理，统统装在一个大口袋里，因而看不出构造面貌。这样的资料是无法作为区域成矿分析的依据的。常印佛与王迺文及陆志刚就用几天时间到野外去踏勘，发现阿尔巴尼亚虽然地处阿尔卑斯造山带，构造复杂，变形强烈，但变质作用并不强，各岩性段间相互层序和接触关系仍可辨别，所以决定"推倒重来"，重新测剖面，跑路线。阿尔卑斯山脉经受过新构造运动，地形切割强烈，山高谷深，他们三人与阿方合作者一道，经过几个月翻山越谷的努力，终于分出了地层层序：最下为洋壳超基性岩，上覆一套基性熔岩，其上为一套厚度不大的含放射虫化石的红色硅质层，再上为一套黑色碎屑岩系，构造活动强烈，已挤压成碎片状，欧洲地质学家称之为"鳞片页岩"，最上部为一套石灰岩，富含菊石化石，与下伏岩层为断裂接触关系。上述从下部超基性岩到上覆放射虫岩和泥岩为一个完整的蛇绿岩套。经王迺文鉴定，放射虫岩时代属晚侏罗世晚期（现在也有人把它置于早白垩世早期），而上覆石灰岩则为侏罗纪。同时他们还建立了地方性地层单位名称。[①] 在地层分层的基础上重新填了图后，矿区地质构造面貌即一目了然，为进一步作区域成矿分析奠定了良好的基础。

他们的工作情况或许由阿地质队反映到了阿地质局，才有上述阿总局长要听取他们介绍情况的举动。皮乔库听了介绍后很高兴，有些激动地称赞：你们做出了样板性工作！由此一炮打响，不但为常印佛后来的工作，也为援阿地质大队开了一个好头。

常印佛第二、三年工作所在地的恰夫巴里和斯巴切同在一个构造—矿化带中，属于同一成矿单元。这一构造单元—矿化带平面上总体作近南向北走向，略微向西凸出，受一条断裂带控制，因此区域成矿地质条件的研究也侧重在构造方面，地层的研究则处于次要地位。这与第一年在布拉瓦的工作有较大差异。对于成矿构造的研究，常印佛他们着实费了一番功夫：

    一般来说，通过地层对比，可以发现或确定许多构造（断层、褶皱）的存在。但这要在组成地层岩石层序清楚、对比标志比较明显的情况下才可能做到。布拉瓦即具这种条件。而恰夫巴里、斯巴切矿带容矿地层只有一种，且为火山岩。火山岩系虽然总体上也作层状，但一般说内部结构复杂。特别当火山喷口不止一个时，喷出物在时空、成分上都不完全一致，因而对比较难。尤其是对于矿集区以下的细观尺度的研究对象而言，效果往往不理想。所以我们放弃了通过地层对比确定构造的方法，而采取了以直观构造研究为主的方法，沿控矿断裂带走向追索，了解其纵向分布和延伸，也作横向观察研究，了解其内部结构。同时进行构造分析，了解其运动学演化特点，最后归纳其控矿规律。总体上看，这条断裂带走向延长较远，断续可达 20 公里，但宽度不大，从数米到一二十米宽，其中充填交代的含铜硫化物（黄铁矿）脉厚度一般 1～2 米，局部较厚。但不是整个断裂带都含矿，而是局部富集，自此而南，已

---

① 因为阿尔巴尼亚国土面积小，以往都沿用欧洲已确定的地层单位及其名称，他们考虑到造山带岩相变化大，引用远处建立的层序，对比起来有时很困难，因而建立局部的地方性单位。

发现了四个富集地段，即恰夫巴里、图奇、恰夫马里和斯巴切，略呈等距离分布。[1]

经过努力，他们最终弄清了这一地区的控矿规律。然而，这些矿体的规模都很小，都是小型矿床，与世界上一些较具规模的含铜区带相比，简直属于"拎不上手"的一类。这样的地区在中国是不可能投入多少工作的，但对阿尔巴尼亚来说，总算是"聊胜于无"吧！对于当时这一情况，常印佛回忆：

既然自然界是如此安排的，人类主观上也没有更好的办法，（我们）只能耐下性子认认真真地进行工作，希望能在一堆砂子中淘出几粒金子来。当然这种概率是很小的，但也不是完全不可能……

在这一段工作结束后，向阿方陈述成果时，重点阐述了对这个带上成矿条件和规律的认识，当然也说了至今尚未发现可能具备成大矿的条件。但是关于下一步找矿工作的意见，我们则非常慎重。既不能劝阿方减少或中止在该区的工作，又不能违心地把它说得太好。只是建议在四个矿化富集地段中选择范围稍大一些的斯巴切再做一些工作，并且注意寻找层间裂隙控制的矿床。对于我们的认识和建议，阿方是赞同和认可的，但由于他们原来对于找矿的期望值可能过高，听到这样的结果未免有些失落或沮丧，不似第一年对布拉瓦的工作那么高的兴致。[2]

从区域地质研究 4 个项目的排序来看，阿方的意图是比较清楚的，即最重视第一年工作所在地布拉瓦，其次是恰夫巴里和斯巴切，而对第四年的工作区卡其那尔则不抱太大期望。大约在 1973 年夏、秋，常印佛来到最南的卡其那尔工作，在矿化点上及其外围 10 到 20 平方公里范围作了较详细的路线地质调查，感到实在没有找矿潜力，即向阿方提出建议，这个地区不必再做

[1] 常印佛回忆手稿，2014 年 12 月 25 日，第 180 页。资料存于采集工程数据库。
[2] 常印佛回忆手稿，2014 年 12 月 25 日，第 181 页。资料存于采集工程数据库。

工作。阿方也接受了这一意见，在冬季收队后即未再出去。常印佛等回到了地拉那，着手综合整理资料并编写报告。

1974 初，常印佛回国探亲，在过完春节后又返回阿尔巴尼亚。阿方未再安排新任务，在这一年的上半年，常印佛与阿方合作者对前后积累的成果进行了综合分析，作了系统的总结。在综合研究中，他将几年来对阿尔巴尼亚各铜矿的特征、成因和相互联系，做了较全面深入的分析，建立了矿床系统组合的概念，从而把对蛇绿岩套中的铜矿的认识水平向前提高了一大步。①这一期间，阿方还组织他们到中南部去观光考察。

值得一提的是，援阿期间，常印佛在负责技术工作的同时，还要关心队员的思想，不时给他们鼓劲打气。在工作了一年之后，他根据所了解的情况和掌握的资料，认为我国援阿地质大队所承担的矿种中(铜、铅锌、石棉、铬铁矿古砂矿等)具备了一定的成矿条件和找矿前提，但也不是太有利，找中小型矿床是可能的，但不一定都能找到大矿。他经常鼓励队员们对找矿不要失去信心，当暂时打不到矿时，仍要对找矿抱有希望。他常对队员们说："一两个孔见到矿，也不要太高兴；一两个孔未见矿，也不要太灰心。总之，工作做到家，才能下结论。"因为这些找矿项目是两国政府协议中定下的，他们是来执行协定的，必须对这些矿产地有没有工业矿床弄个水落石出，作出科学的结论和明确的回答。最怕的就是没做深入工作就认定无矿而无心恋战，所以要鼓劲打气。在邓晋福的印象中，常印佛总是对阿尔巴尼亚整个地区的成矿远景抱有坚定的信念，对工作从来都是积极乐观的。所以每当队员们遇到困难时，只要见到总工程师到来，心里总会踏实许多。②

中国援阿地质大队经过 4 年多的努力，很好地完成了援建项目任务。1974 年 7 月，常印佛等最后一批援阿地质专家回国，在更早的时候，已经有一些专家和翻译完成任务后先行撤回，最后走的这批仅十多个人。回国后第二年，常印佛获阿尔巴尼亚政府授予的"一级劳动勋章"，以此表彰他在援阿地质工作中做出的贡献。

---

① 具体内容可参见本书第八章附件一"中科院学部委员候选人推荐书"。
② 邓晋福访谈，2013 年 10 月 26 日，北京。资料存于采集工程数据库。

图 5-4　援阿专家与阿方工作人员野外合影(右四为常印佛,1973 年)

常印佛回到国内后,"文革"已经进入后期。从 1965 年初出国援助越南算起,到 1974 年夏从阿尔巴尼亚回国,除去中间在国内工作的 1 年多时间,常印佛前后长达 9 年是在国外。这种经历使他幸运地避开了"文革"的影响,相比较留在国内的同学、同事、领导而言,当他们在"文革"中遭受着没完没了的折磨,工作、生活都受到严重影响的时候,常印佛却远在海外,得以继续从事地质工作。

地质援外的近 10 年里,是常印佛从 30 多岁到 40 多岁之间的人生黄金阶段,正值壮年,精力充沛。在地质专业的学术造诣上还处于上升时期,不仅没有遭受冲击,反而进一步积累了经验,储备了地质技术,开阔了学术视野。地质学是一门区域性很强的学科,越南、阿尔巴尼亚的地质环境和成矿规律虽然与中国国内的情况完全不同,但对于积累地质知识、增长见识却大有裨益。在两国工作并非轻车熟路,国内的经验已不够用,一切都需要从头学习,了解当地的地质情况,探索新规律,总结新类型。这样也迫使常印佛不断学习,不懈探索,在业务水平上又提升一个层次。常印佛对此深有体会,他以援阿经历做了说明:

图5-5　常印佛(右四)与阿方地质队员在一起(1973年)

通过参观、考察，也吸收不少新认识和新收获。我在国内主要在东部地区工作，和阿尔巴尼亚的地质环境大不一样。阿尔巴尼亚作为一个世界著名的造山带——阿尔卑斯造山带的一部分，很多重要的典型地质现象，在国内是很难见到的。几年来，在这方面对我来说，有力地充实了自己的业务实践，填补了一片重要的认知空白。所以我常说，援外也是援内，我在越阿两国所接触到的中国青年专家，既援助了别人，也促进了自己，一般来说比在国内成长得还要快些。这一点，也是我们考虑或评估援外工作时所不应忽视的。①

援外是常印佛出国考察、学习的开始。后来他还到秘鲁、墨西哥、巴西、阿根廷、澳大利亚、美国、瑞典、日本等多国作地质考察。这些经历都对他获得国际最新学术资讯以及开阔学术视野有极大帮助，为他日后在学术研究上达到更高的层次提供了有利条件。

　　援外专家组或地质大队为受援国的地质找矿做出了巨大贡献,他们的工作不仅促进了受援国经济的发展,而且也成为中国援助外交战略的一部分。援外成果得到受援国的高度认可,常印佛作为专家组组长或地质大队技术负责人功不可没,先后获得了两国颁发的劳动勋章,其分量是沉甸甸的。援外功劳不仅得到受援国的赞许,也受到本国人民的肯定。曾参与1991年中科院学部委员评选的老地质学家、常印佛的恩师池际尚曾透露,当时参与选举的老学部委员们,很看重他参加地质援外并获得两国劳动勋章的经历和荣誉。①

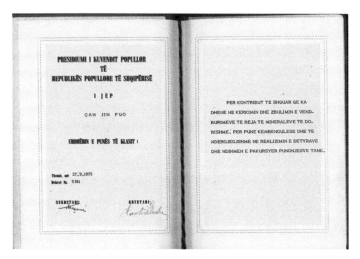

图 5-6　阿尔巴尼亚颁赠给常印佛的一级劳动勋章证书(1975 年)

① 邓晋福访谈,2013 年 10 月 26 日,北京。资料存于采集工程数据库。

第六章
从地质部到安徽省地矿局

暂留北京

常印佛在"文化大革命"的尾声中回国,1974 年初开始的声势浩大的"批林批孔"运动此时也基本结束。此时的国内环境比"文革"初期缓和不少,但许多领域秩序仍然比较混乱,大量被下放的专家、学者尚未返回岗位,机关单位很缺人,机构职能无法正常履行,地质系统也不例外。常印佛等人回到北京后,就被暂时留在了地质部,等候调遣。

"文化大革命"给国家带来了重创,在国际上被严重孤立,而国内经济则濒于崩溃,技术、生产力停滞甚至倒退,工农业生产处于严重的困境之中。面对内外交困的局面,中央也希望扭转形势,打开局面。经过努力,1971 年 10 月,中国在联合国恢复合法席位。接着又推动中美、中日邦交关系的正常化,1972 年 2 月和 9 月,美国总统尼克松和日本首相田中角荣先后访华,促进了中国外部环境的缓和。根据国际关系的新形势,周恩来适时地提出"扩大出口,换取外汇,引进技术,推进四化"的发展方针,积极开展与西方发达国家的贸易,扩大石油等能源原料产品的出口,同时引进先进的技术设备。这些举措为打开国门，营造国际交流与合作创造了条件。

在这种有利的氛围下，地质部也积极谋求对外交流，拟派地质专家到西方国家考察。常印佛很快就接到通知，被派到拉丁美洲的墨西哥和秘鲁考察地质工作。自1974年7月份起，他就与即将同行的专家一起搜集相关材料，预先了解两国的地质背景和矿产信息。在当时的条件下，搜集材料还比较困难，以至到10月初才启程。他们考察了两国斑岩铜矿地质条件及墨西哥盐丘型自然硫矿成矿条件，前后历时3个月，于1975年初返回。回国后他们又进一步搜集材料，撰写考察报告。地质部专门组织了一次全国性的汇报会，由常印佛在会上介绍考察见闻和国外先进的技术与方法，供国内同行参考。

图6-1　在墨西哥玛雅金字塔前(1974年)

1975年，中国大陆获得了第25届国际地质大会的参会权，为此，常印佛还参与了地质部大会论文筹备处的论文筹备工作。

国际地质大会是世界各国地质机构和学术团体代表组成并参与的国

际地质学术会议,于 1876 年创立,创立委员会主席为美国地质学家 J. 霍尔。第一届国际地质大会于 1878 年在巴黎召开,此后每 4 年召开一次。大会的宗旨包括:为地质科学的基础研究和应用研究的发展作贡献;为各国地质学家的学术交流提供集会场所;为地质学家的野外考察提供机会。中国在 1910 年至 1948 年间都派出代表参加大会,后因政权更替,1952年至 1972 年连续 5 届,由台湾地区派代表参加,中国大陆地学界未能与会。

说到国际地质大会,便不能不提国际地质科学联合会(International Union of Geological Sciences,缩写为 IUGS)。后者作为国际地质科学领域的非政府性的学术组织于 1961 年在巴黎成立,旨在鼓励和促进对地球和其他星球基本特性的研究,促进对地球及其他扩展领域的了解;为地质研究开展国际间以及各学科之间的合作,建立地质学专用术语及单位的标准;加强地质科学的普及工作,在最广泛的范围内开展地质学教育,以了解地质学领域人类所面临的问题。国际地质科学联合会成立后,在基础研究以及经济和工业应用、教育和发展中的环境以及社会问题等较为宽广的领域为主题,组织和举办国际合作项目、国际会议、支持研讨会、科学考察、出版刊物等方面做了大量工作。自成立之日起,它同时负责组织国际地质大会的召开。

然而,在很长一段时间内,台湾地区占据着会员席位,中国大陆提出,必须以台湾地区退出会员身份作为大陆加入它的前提。但由于地科联是非政治性的学术组织,且多年来与台湾地区学者建立起了友谊,便拒绝了中国大陆的要求。1975 年国际地科联换届,杜伦佩担任新一届大会主席,许多华人地质学家抓住这个机会做了充分的攻关活动,使国际地科联接纳中国大陆的同时,拒绝台湾地区继续以独立国家身份跻身大会。这样,中国大陆得以正式加入国际地质科学联合会,并拟派代表参加即将召开的第25 届国际地质大会。

由于是新中国成立后大陆地质学界首次在国际上亮相,国家很重视这次大会。乃决定成立第 25 届国际地质大会论文筹备处,做中国参加大会的论文筹备工作,并委托许杰(1901～1989)①总其事,孙殿卿(1910～2007)②为实际负责人。常印佛刚从拉丁美洲考察回国,又被征调到了论文筹备处。

1976 年 8 月 16 日至 25 日,国际地科联第五届理事会第二次会议和第 25 届国际地质大会在澳大利亚悉尼举行。中国地质学会组成以代理事长许杰为团长的代表团于 22 日赶赴悉尼参会。会议期间,中国代表由李廷栋做题为"中国地质构造的发展"和"中国地质概要"的报告。常印佛并没有参加这次大会,他在完成任务后仍留在北京。

不久,毛泽东逝世,在天安门广场召开追悼大会,常印佛也作为人民群众的一员来到天安门广场参加悼念活动。回想起参加开国大典的集会,已经是 20 多年前了,当年站在城楼上雄姿英发地宣布新中国成立的人物如今已经逝去,而自己也从风华正茂的青年变为经历沧桑的中年人。常印佛感觉到,随着最高领导人的逝去,一个时代行将结束,国家来到了十字路口,正面临着新的转机。

返回安徽

从 1974 年夏回国,到 1976 年秋,常印佛在忙碌中不知不觉已经在北京度过了 2 年多时间。他的身份一直是借调,也面临着新的选择和开始。很快,根据地质部安排,他重新回到安徽省地质局工作。回安徽后,他被安排

---

① 许杰,中国地层古生物学家,1925 年毕业于北京大学,曾先后任中央研究院地质研究所副研究员、研究员,云南大学教授,安徽大学校长,地质部副部长,中国科学院生物地学部副主任、中国地质科学院院长、中国地质学会副理事长,中国科学院学部委员(1955 年当选)。1958 年当选为苏联古生物学会名誉会员。主要著作有《长江下游之笔石化石》(1934)、《宜昌属及宜昌期动物群》(1948)、《柴达木下奥陶系一个新笔石层》(1959)等。

② 孙殿卿,地质学家,1935 年毕业于北京大学地质系,地质力学和中国第四纪冰川地质学的倡导者和学科带头人,1980 年当选为中国科学院学部委员。师从并长期辅佐李四光研究地质力学、第四纪冰川学和石油地质学,为这些学科的创建、丰富、充实、推广应用和发展做出了重要贡献。曾任中国地质科学院副院长,地质力学研究所所长,中国地质学会副理事长。

到321地质队，任副总工程师，反而比离队前降了一级。原来，由于他离队时间较长，安徽省地质局的主要负责人和人事工作人员有较大变更，误以为他原本就是副总工程师，于是给他"官复原职"，实际上负责的工作也与之前一样。首都北京作为全国政治、经济和文化中心，是多少人都想留下来的地方。常印佛作为地质专家，原321队的总工程师，有近10年援外的经历，又到美洲考察，留京工作2年多，无论就资历还是能力，当时如果提出留在北京工作，也不是没有可能的。一般而言，即便不留北京，回到地方也应该留在省局机关。实际上，早在1960年代初，时任安徽省地质局总工程师的严坤元就打算把他调到局里任副总工程师，后因他长时间出国援外而没有实现。而如今十多年过去，绕了一圈，又回到了铜陵，有不少人为他抱不平。但常印佛并没有其他想法，在他看来，自己一直是一位矿床学家，只要能发挥力量，在哪里都一样为祖国的矿产事业做出贡献。

回队后，人们还是习惯地喊他为"常总"。在321队工作了不到一年，至1977年9月，常印佛被调到安徽省地质矿产勘查局工作。1978年，二机部、

图6-2　"文革"结束后游览庐山（左一为常印佛，1977年）

冶金部、地质总局组织人员去澳大利亚考察,常印佛亦参加。对于这次考察过程,他留下了比较详细的记录。他们于 10 月 7 日晚在香港九龙乘波音飞机前往澳大利亚,次日晨到达悉尼机场,9 日与澳方讨论考察计划。随后的一个月时间里,即在澳方的陪同下按照计划考察,考察包括室内讨论和野外考察两种形式。现摘录其考察日记,以见一斑:

10 月 10 日

晨 8 时许,赴 BMR 参加讨论会,听取澳方介绍。

上午为地质情况介绍,由凯西先生主持,早茶前由勃朗普讲澳地质构造骨架,下半时由贝京讲澳金属成矿省。二君所讲均简明扼要,勃君曾去过中国,介绍时与中国某些情况作了对比,别有风味。惜"成矿省"未作讨论,特别是对此有著作的瓦纶女士在座,未及交谈,未免不足。

午餐即在机关小卖部进食,饭后在办公大楼花园漫步,在一立体交叉路口之通道壁上,见一组壁画,颇为别致。

下午上半时由瓦法主持,介绍矿床,下半时进行讨论,只讨论铀矿一项,了解到北澳铀矿某……①

这是室内讨论的部分。野外考察也有记录:

10 月 17 日

全天在 Mt. Isa.

上午矿山总地质师介绍情况,然后即带下坑道。

下去两个小时,看了铅锌矿体及铜矿体以及铜矿围岩——"silica dolomite"并乘车旋转而下,进入底板基底岩石……

下午看岩心库,有"全样"分析仪,地表看到纯……露头及……矿体氧化露头……②

---

① 常印佛赴澳大利亚考察记录本,1978 年。资料存于采集工程数据库。
② 常印佛赴澳大利亚考察记录本,1978 年。资料存于采集工程数据库。

澳大利亚是矿业大国，也是地质强国，有许多典型的矿床，地质研究水平也很高。在澳的考察之旅让常印佛收获甚丰。

考察之行在 11 月中旬结束。常印佛回国后被任命为安徽省地质局副总

图6-3　澳大利亚考察期间[左六为常印佛，左五为考察团团长苗树屏(时为地质部规划院院长)，1978 年]

图6-4　在澳大利亚野外(左一为于志鸿，左二为常印佛，1978 年)

工程师,总工程师是严坤元。严坤元在"文革"中基本上处于靠边状态,局技术工作名义上尚有一位副局长领导,实际工作则由地矿处长和科技处长二人分别承担。"文革"后期,他虽然"解放"了,回到原来办公室上班,但管理体制未恢复,加之其年岁渐高,也不大具体过问事务。当然,业务处有事还是向他汇报商量,尤其是科技处联系比较密切。但真正依靠他的还是省储量委员会,以致他看起来他更像储委总工程师。常印佛任副总工程师后,虽然也协助他履行了部分职责,但也未能理顺这一层次的工作关系。

安徽省地质局是一个更大的舞台。作为副总工程师,要承担相应的全局技术管理工作,任务更加繁重,要求也更高,由常印佛来担任此职,实为众望所归。

加入中国共产党

常印佛于 1979 年,即在安徽省地矿局副总工程师位置上的第二年,成为一名共产党员。他亲身经历了国民党政权的覆灭和共产党建立新政权的历史,两相比较,共产党开创的事业赢得了大多数人民的支持和拥护,给国家的复兴和富强带来了希望。中华人民共和国成立之初,共产党员是光荣而崇高的身份,1952 年从清华大学毕业的 53 名地质系学生中,仅有 1 位是党员。

到 321 地质队后,铜官山铜矿工务处的陈书记以及队长滕野翔等优秀共产党员的作风,都给常印佛留下了深刻的印象。青年常印佛对共产党的领导抱有信心,对入党却没有强烈的意愿。

"大跃进"推动了知识分子入党潮,1958 年 12 月 27 日,《人民日报》报道:"中央国家机关党组织增添新力量,三百余名优秀分子光荣入党——郭沫若、李四光、李德全、钱学森等同志开始过党的生活。"著名知识分子、科学家入党在当时起到了示范作用,也影响到了地方。队上派人和常印佛谈话,鼓励他考虑加入党组织的问题。常印佛认为,队上的会议已经很多,入党后会议更多，难免会影响正常的业务工作，便没有积极回应。

到1961年左右，常印佛已经是321队总工程师。安徽省地质局便就常印佛的入党问题向队上提出意见，认为应该发展他为党员。队上为此派出党委秘书王耀宗找常印佛"谈话"，鼓励他积极入党。常印佛对他说，觉得自己可能不够入党条件。王耀宗则坦白地说，条件够不够，由组织上考虑，不需要他自己担心，"只要交一份申请书就行"。但常印佛还是没有交入党申请书。他后来回忆说："我倒不是对共产党有什么看法，我觉得当时我个人可能有点自由主义吧，入党后，行动就有限制，所以后来一直就没有动。"在那个强调"又红又专"的时代，知识分子入党是"追求进步"的象征，甚至是为个人的进一步发展奠定基础的好机会。常印佛却在组织的再三劝导下都不为所动，幸而没有被扣上"白专"的帽子。

关于常印佛的组织身份，在当时还有一件趣闻。"文革"期间，铜陵军管委主任、解放军某师政委张翅，经常在常印佛回国探亲期间宴请他，还会由统战部出面，邀请他参加党外人士座谈会。在一次座谈会上，铜陵化工厂的一位葛姓工程师在见到常印佛后，问他："老常，你是不是少数民族？"常印佛回答不是。这位工程师显得有些困惑："不是少数民族，你怎么来参加这个会？"常印佛想了一下才弄明白他的意思——在他看来，只有党员才会被派出国工作，而参加统战会议的一般都不是党员，故而猜他是少数民族。常印佛告诉他，自己不是党员。他觉得有些无法理解："你不是党员，怎么两次都派你出国？"这则轶事也反映出，在当时特定的政治环境下，党员身份是很重要的。

"文革"结束后，邓小平等复出，实行一系列拨乱反正的政策，制定了改革开放，以经济建设为中心的基本国策。尤其是邓小平提出"科学技术是第一生产力"的论断，号召全社会要尊重知识，尊重人才。正如郭沫若所说，"科学的春天到来了。"此时地质部根据部门特点适时地提出，今后的工作以地质找矿为中心，重视地质专家和人才。常印佛感觉到国家真正搞建设的时期到来了，对共产党也增强了信心和信任。此时党组织再次派人与他谈话，认为其入党有利于更好地发挥作用，于是他便递交了申请书，并于1979年3月正式成为共产党员。此后，他还作为安徽省的党员代表参加了中国共产党第十三到十五次全国代表大会。

图 6-5　常印佛全国劳动模范证书(1979 年)

图 6-6　常印佛在中共十四大上投票(1992 年)

　　常印佛在地质战线上的多年奋斗也得到了国家的肯定。1979 年 9 月 28 日,国务院表彰工业交通、基本建设战线全国先进企业和全国劳动模范大会在北京人民大会堂举行。参会代表 340 人,国务院授予"全国先进企业"称号 118 个,授予"全国劳动模范"称号 222 个。华国锋、叶剑英、邓小平、李先念等出席大会。中共中央副主席、国务院副总理李先念讲话,党和国家领导人向先进企业和劳动模范颁奖。常印佛参加了这次大会,并被授予"全国劳动模范"称号。这是"文革"后第一次全国各行业的劳动模范表彰大会,安徽省有 5 人被授予"全国劳动模范"称号。[1] 次年,常印佛被地质部授予"地质部劳动模范"荣誉称号。1980 年 2 月,安徽省委常委会议决定,任命常印佛为地质局副局长。

提出"层控(式)矽卡岩型矿床"概念

矿床学以矿床为研究对象,其基本任务是:正确认识各类矿床的地质特征、形成条件和形成过程,查明矿床的成因;查明矿床在时间上和空间上的演化特征,认识矿床在地壳中的分布规律,以便预测在何种地质环境中,可以期望找到何种矿产和矿床类型。[2] 在相似的地质特征和成矿条件下,很有可能形成相同的矿床,所以总结矿床成因类型和成矿模式极受地质矿床学家所重视,它对指导找矿实践有着重要意义。常印佛在长江中下游长期的找矿实践和对矿床学研究的持续关注中,经过深入地总结与思考,提出了"层控(式)矽卡岩型矿床"概念。他与刘学圭合作,将对这一矿床新类型的系统论述以"关于层控式矽卡岩型矿床——以安徽省内下扬子坳陷中一些矿床为例"为题在 1980 年杭州第二届全国矿床会议上宣读,后来发表在《矿床地质》1983 年第 1 期上。这在当时是一个新观点,引起了矿床学界的关注和重视。

根据经典地质学教科书《矿床学》的传统定义,矽卡岩矿床属于接触交代矿床。接触交代矿床主要是在中酸性—中基性侵入岩类与碳酸盐类岩石(或其他钙镁质岩石)的接触带上或其附近,由于含矿汽水溶液进行交代作

---

[1] 其余 4 人分别是安徽淮北矿务局杨庄矿采煤区总支副书记兼采煤队支部书记马典周;合肥液压件厂七级车工黄龙兴;蚌埠玻璃厂工人技师、铆锻组长赵登洲;淮南发电厂锅炉分场电焊班班长、五级焊工连西干。

[2] 袁见齐、朱上庆、翟裕生:《矿床学》,地质出版社,1985 年,第 2 页。

用而形成的,其中一般都具有典型的矽卡岩矿物组合,矿石在空间上和成因上与矽卡岩也有一定的联系,故又称矽卡岩矿床。[1] 在长江中下游地区,从湖北大冶,往下到江西九江,到安徽贵池、铜陵、宣城,一直到南京东边的镇江,位于石炭系的石灰岩里,它们常作似层状—层状产出。当时据传统的岩浆成矿理论,认为是岩浆热液顺层交代成矿,这种矿分布得很广泛,因此成为当时重点找矿对象。

学界对于矽卡岩矿床成因的认识,有一个历史的变化过程。20世纪60年代以前,多数研究者基于这类矿床与侵入岩及构造的关系十分密切,且常具较强的热液蚀变等事实,都把它们视为典型的内生矿床,即主要是岩浆活动成矿,此种说法被称为"火成说"。常印佛最先了解的即是这种成矿理论,并且自1952年刚开始参加工作时就注意到了这种矿,他当时在铜官山看管钻机,在矿区同一矿体(层)远离侵入体的外侧钻孔中发现不含铜的胶黄铁矿层,从它的化学特征和化学成分来看,可能不单纯是岩浆成因。他就拿去问郭宗山,郭宗山观察后认为可能是沉积成因的非晶质黄铁矿(即胶黄铁矿)。但是该区铜矿床的分布则又确切无疑与侵入岩体密切相关,而这些都是事实,都无法否定,单纯的"火成"或"水成"都不能全面地解释矿床成因。这使常印佛不禁在心中留下了一个有关矽卡岩型矿床成因的疑问。

自1960年代以来,不少研究者依据矿体的成层性特征,某些含矿层位具有大面积的稳定性等现象,引入了同生理论和矿源层的概念。如1963年,矿床学家孟宪民到铜陵考察后,否定了过去认为铜矿床产生于岩浆岩的观点,提出铜陵铜矿是古海水中沉积生成的。他也因此成为"水成说"的代表。地质学界还为此发生了这类矿床成因的"水成"与"火成"、"同生"与"后生"观点的大争论。稍后(1964年前后),矿床学家徐克勤教授根据对铜陵新发现的新桥铜矿的研究,认为它属于当时国际上流行的与海底火山作用有关的块状硫化物型矿床(亦即海相火山—沉积矿床)。与此同时或稍晚,勘探新桥铜矿的冶勘803地质队地质工作者提出了该矿成因的"沉积+热液"的

---

[1] 袁见齐、朱上庆、翟裕生:《矿床学》,地质出版社,1985年,第104页。

看法,不过他们使用的是一个朴素的表述,但来源于实际,有坚实的事实依据。

常印佛对关于这一问题的讨论持续关注着,他对单纯的"水成"与"火成"说法持怀疑态度,但不反对"沉积+热液"的复合成矿观点,问题的核心是这两种因素中,那种因素占主导,这关系到找矿方向和靶区的确定。

到1970年代,国际上以多卷矿床学巨著《层控矿床和层状矿床》的出版为代表,又兴起了层控矿床研究的热潮。[①] 层控矿床具有外生和内生矿床的某些特点,故兼有同生和后生矿床的某些成矿标志,其成矿过程具有多阶段性和复杂性。层控矿床往往是多成因的,它是以外生成矿作用为基础,又受到内生成矿作用和变质作用等叠加改造而形成的复合成因矿床。对层控矿床的深入研究,使在典型的外生矿床与内生矿床之间找到了有机的联系。

常印佛尚在国外时,就了解到了国际上流行的对于层控矿床的研究状况。他认为这种思维方式更高一筹,打破了单纯"水成"或"火成"的界限,是认识上的一大飞跃。回国后,他便引入层控成矿概念,把长江中下游地区不同时代地层中发育的含铜、铁、金、铅锌、钨、钼、硫(硫铁矿)矿层的矽卡岩型矿床作为一个系统整体进行了研究。

以铜陵—贵池一带的矽卡岩型铜矿为例,常印佛经研究证实该区在早晚石炭世之交,全面海侵之初,局部地段沉积了黄铁矿层。根据未受热液改造的产地研究,这类黄铁矿层的铜含量不高,它对铜矿床中铜的贡献是不大的,但它和有利岩性组合在铜矿床富集中起着介质、载体、矿胚或矿源层的作用,意义很大。黄铁矿层经岩浆热液改造,形成含铜矿体,方具有更大的工业开采价值。因此他虽然赞成"沉积+热液"成矿观点,但认为这不是简单的沉积作用,应体现上述"介质"、"载体"、"矿胚"及"矿源层"等多重意义,用"层控"一词表述更准确,而"热液"一词对矽卡岩型矿床而言,更应明确是

---

① 当时国内以涂光炽为代表的地质学家,也已经开始层控矿床的研究,并在1980年代陆续出版了三卷本巨著《中国层控地球化学》。朱上庆也开始投入层控成矿的研究。

岩浆热液,为此他提出了"层控矽卡岩型矿床"概念。

　　铜陵新桥矿床是典型的层控矽卡岩型矿床,它的发现与开采过程是常印佛提出这一概念的经验来源。新桥铜(硫、铁、金、银)矿,位于铜陵市东 27 公里,东北距芜湖市 80 公里,属铜陵县新桥乡,矿区面积近 6 平方公里。1950 年代时,勘探队员来到这里,发现其地表是硫化铁风化后形成的巨大铁帽。这样的铁帽有的含铜,有的不含铜,检测残留金属含量的结果决定着勘查方向。当时有老地质学家在铁帽地表取样,检测后铜元素含量很低,故未提出进一步在此找矿的建议(当时唯一的任务是找铜矿)。1958 年"大跃进"中大炼钢铁,把铁帽也开采了,后来发现其中含有没风化完的黄铁矿。接着冶金 803 地质队去打钻,发现了原生黄铁矿体,但是仍然没有发现铜矿,所以最初新桥地区提交的是铁和黄铁矿的储量报告,是一个大型硫矿床,成为铜陵化学工业公司的矿产基地。随着黄铁矿的开采的深入,逐渐发现矿石中含铜,再往后黄铁矿就变成了铜矿,继续往下时,便见到了岩体——火成岩。这样,新桥矿藏的结构就很清楚了:在火成岩的边上,是含铜硫铁矿,并伴有矽卡岩;离岩体稍远的,是不含铜硫铁矿;到地表时,便是氧化铁。新桥的开采经验给常印佛很大启发:沉积作用形成硫铁矿,地下岩浆上来后,带来了含铜热液,叠加于其上,将其改造成含铜硫铁矿,如果硫铁矿矿层本身规模很大,侵入岩浆含铜很好的话,那么此处就有条件形成一个大铜矿床。总结来说,此类矿床属于复合成因矿床。最终,常印佛在理论与实践的紧密结合下,最终提出了"层控矽卡岩"型矿床的概念。

　　常印佛的层控矽卡岩型矿床概念在 1977 年已逐渐思考成熟,当年他就在 321 地质队上做了报告。1978 年调到安徽省地质矿产勘查局任副总工程师后,又到其他地质队做了宣传推广。1980 年,第二届全国矿床会议在杭州召开,常印佛派助手参会,并由其代为宣读了这一研究成果。"层控式矽卡岩"理论才真正为全国地质同仁所了解。地学界,尤其是地质科学院矿床所的朋友对此十分关心,常印佛接到来信,受邀把文章发表出来。经修改,文章在发表时又将层控式矽卡岩型矿床细分为以热液作用为主的、以叠加作用为主的和改造作用为主的三个亚类,从而在经典的岩浆热液矿床与沉积矿床之间构成了一个完整的过渡系列,使研究成果更加系统和完善。

层控矽卡岩型矿床也属于一般所称的"沉积—改造矿床"或"层控—叠改矿床"的范畴,但它突出了岩浆成矿作用,而与那些和岩浆成矿作用关系不大的矿床严格区分开来。从而改变了把许多成因不同、面貌迥异的矿床混装在一个大口袋里的做法。使它更贴近实际,反映了中国东部地区的成矿特色,给矽卡岩矿床赋予了新的内容,并丰富和发展了我国矿床成因理论。既利于深化成矿规律研究,更便于指导实际找矿应用。一般认为矽卡岩型铜矿床无大矿(除少数特例如铜绿山等外),而层控矽卡岩矿床的提出打破了这种认识,这类复合过渡矿床大量产出,使我国的矽卡岩型矿床上升为重要的铜矿类型。如近年危机矿山贵池铜山铜矿深部接替资源找矿中,在这一新观念的指导下,已使一个中等规模铜矿床骤升至接近大型规模。[①]铜陵—贵池一带一些矿床的发现或扩大,这一理论起了很好的指导作用,也反过来检验了这个理论。

常印佛并没有就此止步,而是将矽卡岩矿床和矽卡岩的研究丰富和发展下去。

① 首先对矽卡岩的类型作进一步研究。早在 20 世纪 60 年代,他就注意到有一种矽卡岩呈脉状贯入在其他岩石中,它与其围岩间没有交代现象,似乎有一种具有矽卡岩成分的流体存在,可直接结晶出矽卡岩,他名之为矽卡岩(成分)浆流体。至 1980 年代初,武汉地质学院林新多从另一角度也认为有矽卡岩浆存在,嗣后安徽省地科所吴言昌也提出同样认识。于是常吴合作在其项目中做进一步研究。不过这些看法都与苏联学者的解释不一致,他们可能从鲍温反应系列理论出发,认为浆体中不可能直接结晶出矽卡岩。后来中科院广州地化所赵斌也加入与吴言昌合作,通过高温高压实验,得到了实验结果的证明,取得了一个重要突破。同时野外也获得更多证据支持这一观点。除在"七五"、"八五"科研项目报告及有关专著论述了这一

---

① "此身许国无多求,乐在图书山水间——专访我国著名矿床地质学家和矿产地质勘查专家常印佛院士"。《创新中国》,2011 年 6 月,总第 21 期。

成果外,吴言昌、常印佛还以"关于岩浆矽卡岩问题"为题发表了论文。[①]

② 在此基础上,他和合作者进一步提出了矽卡岩分类的新方案,即矽卡岩的多成因观点。苏联学者将矽卡岩分为两类,即接触(反应)交代矽卡岩和贯入交代矽卡岩,其成因都与岩浆热液有关。通过这些年来工作,其中后一类至少有一部分,如上所述,已证明有浆矽卡岩存在。关于前者,实际上也包括两种不同情况,一种是产在岩体与钙镁质岩层接触带上,岩体中的硅(铝)质成分与围岩中钙镁(铁)质成分在岩浆期后热液参与下相互发生反应交代的结果。这是典型的热液反应交代(亦称双交代)的产物,通称接触交代矽卡岩。为了与下述另一种矽卡岩区分,常印佛名之为"液矽卡岩"。另一种矽卡岩产在沉积地层的钙镁质岩石与硅铝质岩相互交替互层状产出的岩层中,特别是密集互层的泥质条带石灰岩中,在热液作用下,两种岩石的不同成分互相反应交代的结果。其产物常印佛名之为"层矽卡岩"。其形成的热液,热可来自岩浆,但液体不一定必然来自岩浆,而更大可能是充满在地层中的地下水(层间水)。而组成矽卡岩的物质基本上来自沉积层中不同成分的岩石中,所以跟上述接触交代矽卡岩成因是不同的。由此,他把矽卡岩按成因分成三类——浆矽卡岩、(热)液矽卡岩和层矽卡岩,并给出一个三角图解,这三类矽卡岩分居三角形三角端点,其间分布有许多具过渡面貌各类成员,组成一个广义矽卡岩体系。从而也把矽卡岩成矿作用纳入(矽卡岩质)浆(熔)体—浆(熔)流体—热液(流体)—层间流体的系列成矿概念之中,充实和发展了矽卡岩成矿和分类的内容和范围,开拓了新的研究领域和找矿方向。

③ 随着 20 世纪 80 年代喷流沉积成矿理论的兴起,不少研究者也将

[①] 吴言昌、常印佛:"关于岩浆矽卡岩问题"。《地学前缘》,1998 年,第 4 期。

在 1980 年代初,朱上庆曾参加地质部科技司组织的"铜陵石炭系层控矿床研究"项目,负责铜官山矿床的研究。他发现铜官山石炭系中的层状矿体内,黄铁矿可以是同生沉积的,但铜却与侵入岩浆有密切关系。因为常印佛已于 1980 年在杭州第二届全国矿床会议上发表了"层控(式)矽卡岩型矿床"的论文,所以他另提出"层控—矽卡岩型"一词,其实二者内涵基本相同,只有一些细节上的区别。在后来跨省成矿区划中,常印佛征求了朱上庆的意见,改用"层控矽卡岩型"一词,以包容上述两个名词的概念。

这类层控矽卡岩矿床划归喷流沉积矿床。亦即认为这类矿床中沉积成因的部分,不是正常的海水中沉积的,而是由水下岩石圈中喷流出来的热水所携带的成矿物质堆积在海底的。在常印佛看来,这一新观点并不能动摇层控的矽卡岩成矿理论的基础,因为它只是对于层控矽卡岩型矿床中同生沉积成矿的部分又增加了一个新的解释而已。当然,和极端水成说者一样,极端喷流沉积说者也否认侵入岩浆及其矽卡岩的成矿意义。关于这一点,常印佛心里有底,所以也没有参与他们之间的争论,而最关心的是如何运用同生沉积(包括喷流沉积)理论,找出规模较大的同生黄铁矿层堆积的部位,因为如果有后来的含铜岩体的侵入,这也就意味着是大型铜矿床的可能部位。所以他积极建议安排关于石炭纪同生硫化物层形成规律和找矿预测研究项目,如获成功,不但找矿应用上可取得新突破,对各种同生成矿观点在该区的应用也是一个检验,在理论研究上也将攀上一个新台阶。

④ 基于对层控矽卡岩矿床的研究,他对复合成因矿床产生了更广泛的兴趣。他发现过去通常认为是单一成因类型的矿床,往往也具有复杂的成矿过程。他对这些矿床进行分析研究之后,认为在传统划分的内生、外生和变质三大类矿床之间,都有一系列过渡型矿床,它们常兼具两种以上成因特征,因此他建议在上述三大类之外,划分出第四大类矿床——复合矿床。这一观点在以往的科研项目中已有所表达,不过多限于项目所涉及的有关层控矽卡岩型矿床的内容,但也注意到矿床就位前的复杂过程,提出了"预富集作用"的概念。最近一次,2011 年 4 月在合肥召开的香山科学会议上,他作了题为"复合成矿与构造转换——以长江中下游成矿带为例"(因这次会议主题是长江中下游构造转换与成矿)的主题评述报告,全文发表在《岩石学报》2012 年第 10 期上。文章论述了复合成矿机制和特色,在传统的叠加成矿与改造成矿两大机制外,特别强调了预富集作用的意义。同时还对兼具内生和外生两种成因的复合矿床进行了划分,在典型的内生矿床和外生矿床两个端员之间划分出由以内生成矿为主向以外生成矿为主演化的一整套复合成矿系列。并认为复合成矿作用研究是矿床学科今后的一个发展方向,也是探索复杂成矿过程的新思路,同时也是为勘探找矿工作开拓的一个

新领域。[①]

在评价这些成果时,常印佛十分注重对前人研究历史的回顾。他认为,这一认识的获得并非一己之功,前辈地质学家有关的探索和认识都为他提供了思想资源。自己不是第一个注意到矿床复合成因的专家,很早就有人注意到这种现象,许多前辈地质矿床学家已做出经典性表述。如涂光炽先生提出多来源、多成因、多阶段成矿的观点,陈国达先生提出"多因复成矿床"的新分类,实际上都是这一领域的先驱、开拓者和奠基人。他只不过在成矿机制上补充了一些新认识(如预富集作用)和进一步划分(如内生与外生矿床间的复合成矿系列)。又如将复合矿床与传统的内生、外生、变质三大类矿床并列的提法,1979 年袁见齐、朱上庆、翟裕生等主编的《矿床学》教科书已在传统三大类之外,专门单独介绍了"叠加矿床"。常印佛则认为有些矿床并无后生成矿物质叠加,只是对原来矿质的改造,应属"改造矿床",为了能概括叠加和改造这两种成矿作用,他回到涂、陈二位先生的原意上,使用了"复合矿床"一词,并明确将其列为第四大类矿床。以期引起更广泛的关注和重视。常印佛一向不甚喜欢在学术发现上搞个人英雄主义。他认为学术的发展是历史的过程,后人总是在继承前人工作的基础上把认识向前推进,横空出世的创见是罕见的,每一位学者、每一种观点都只是学术发展链条上的一个环节而已。当然,常印佛不是说横空出世的创见不重要,更没有说它不存在,而是认为它可以开辟一个新天地或新时代,是一群里程碑中具有特殊标志性的大里程碑,只是它是"不出世"的,又是自然形成的,人们不必硬往里面挤罢了。

---

① 常印佛回忆手稿,2014 年 10 月,第 72~74 页。资料存于采集工程数据库。

第七章
掌舵省局 求真务实展宏图

主持矿产资源区划

逐步接手安徽省地质局的技术管理工作,对已经年过 50 且有着 30 年地质工作经历的常印佛而言并不构成挑战。他像饱经风浪阅历丰富的老水手,已为指引安徽省地质事业这艘巨舰在新时代里乘风破浪扬帆远航做好了准备。第一段征程,就是实施地质科研与找矿相统一的工作——成矿区划。安徽的地质工作在新时期也乘此顺利起航。

矿产资源区划,又称成矿区划,是指以成矿理论为指导,采用各种方法进行地质、物探、化探、遥感等多学科、多类别资料的分析处理,识别和提取成矿信息,在研究成矿规律的基础上,划分和标定不同级别的成矿区带,圈出远景区,提出找矿靶区和矿产勘查工作意见的地质工作。这是地质找矿的基础性工作,是拉开新一轮找矿大幕的先声。在"文化大革命"以前,郭文魁曾编制了一个全国范围的成矿规律图,编写了成矿规律总结,但是图的比例尺很小(1∶500 万)。自那以后,地质工作又积累了很多资料,较大比例尺的成矿规律图成为亟须。"文革"后地质工作转到以地质找矿为中心上来,更促进了全国范围内成矿区划工作的开展。

1978 年，地质部在全国范围内开展成矿区划工作，由部规划院负责主持。规划院部署"三步走"战略实施该项工作：第一，以各省、自治区和直辖市为单位，编制各自的成矿区划；第二，以主要成矿区带为单位，编制各区带的跨省成矿区划；第三，开展分矿种的资源总量预测工作。其中后者虽然也划归广义的成矿区划大类，但与前两项工作有着重要差别。前两者在内涵上主要是在区域地质调查研究和矿产资源勘查研究的基础上，对矿产资源的形成及其时空分布规律进行分析(亦即通常所称的区域成矿分析，属于矿床学的一个分支——区域成矿学研究范围)，其成果基本上是定性的；方法上则以地质方法结合物、化探和遥感方法为主。后者则是在前两者的基础上，进行资源总量的评估，其成果是定量的，除采用地、物、化、遥等方法的量化成果外，更多地依靠数学地质方法。按照规划院的部署，1978～1980 年，实施第一项内容——省内成矿区划；1980～1981 年，开始实施第二步——跨省成矿区划；1982 年中，开始实施第三步——资源总量预测。由于资源总量预测在我国是首次开展，因此规划院没有全面铺开，而是选择部分常见的矿种，在第一步省内成矿区划成果的基础上，先在省内进行资源量预测，在方法上也要求不同的省采用不同的数学地质方法，以积累经验，再全面推广。常印佛当时作为安徽省地矿局的副总工程师，在这一轮成矿区划中先后主持了安徽省内的成矿远景区划和铁、铜、金、石灰岩 4 个矿种的总量预测，以及长江中下游铜、铁、硫、金(多金属)成矿带四省一市的跨省成矿远景区划。

安徽省内的成矿区划和资源总量预测工作统一由地质局地质矿产处组织实施。其中省内成矿区划工作，先由各野外地质队编好各自工作地区的成矿区划，然后集中到局里编制全省成矿区划。关于资源总量预测，先在省内各队中抽调一些数学基础较好，对数学地质学有兴趣或有所涉猎者送部参加培训，回来后配合野外队开展这项工作。成矿区划在当时是一项全新的工作，开始实施时，大家的认识并不完全一致，重视程度也有差异。常印佛一开始就对它高度重视。由于有长期的野外工作经历和对地质一线工作的了解，他意识到，成矿区划为地质队的综合研究工作指明了方向。由于地质工作(特别是矿产普查工作)的流动性和不稳定性,野外一线的综合研究工作没有固定的目标和内容。因此,几乎每年年度工作总结时都有这么一句话:"野外队综合研究工作薄弱。"多年来这一直是困扰大家的软肋和难题。成矿区划工作的开展,使他敏锐地察觉到这是一个契机,可以引导队上综合研究工作走向目标明确、内容具体的正轨。因此,在部署这项工作的有各队技术负责人和工作骨干参加的会议上,他反复阐述和强调了这一观点,得到了大家的赞同。有人称之为对区划工作的精辟见解。由于思想上的重视,大多数队最终都很好地完成了任务。最终,省内的成矿区划工作圆满完成任务。

1981年始,在各省省内区划的基础上,通过有关省、区之间的协作,地质部在全国开展了30项跨省成矿区划工作(即"三步走"中的第二步)。安徽省参与了其中3个,具体分工是,桐柏(山)—大别(山)成矿带,由鄂、豫、皖三省协作,湖北省牵头做;长江中下游成矿带由鄂、赣、皖、苏、沪四省一市合作,安徽省牵头;江南(隆起)成矿带由鄂、赣、皖、浙四省合作,江西省牵头。在安徽省参与并协作的两个区划中,由安徽省地质局派出地质队——皖南有屯溪332地质队,大别山南有311地质队,大别山北有313地质队,提供安徽省部分的资料,并参与最终讨论。由安徽省牵头的区划即为"长江中下游铜铁硫金(多金属)成矿带成矿远景区划"。

长江中下游之所以能够成为跨省成矿远景区划项目之一,是因为它是重要的经济区域,有着丰富的矿产资源以及优越的找矿历史积累:

> 长江中下游地区西起华中腹地,东达东海之滨,南倚鄂赣皖浙山地,北与两淮能源基地相连,地势优越,物产丰富,人烟稠密,交通便利。沿江东下,两岸分布着武汉、黄石、九江、安庆、铜陵、芜湖、马鞍山、南京、镇江、扬州、常州、无锡、苏州、南通、上海等大中城市,工业基础雄厚,经济技术发达,构成了一条连接沿海开放城市与华中工业基地的经济走廊。在以上海为中心的经济协作区内,具有举足轻重的地位,也是我国一个重要的经济区。在社会主义四个现代化的建设中,前景灿烂。

作为环太平洋成矿带的一个组成部分,长江中下游铜铁硫金成矿带久负盛名。建国以来,在党的正确领导下,经过广大地质工作者的辛勤劳动,在区域地质调查和矿产普查勘探工作中,取得了丰硕的成果,积累了丰富的地质资料,探明了大量的铜、铁、硫、金、铅、锌、钼和非金属储量,其中铜占全国总储量的 16.75%,硫铁矿为 15.83%,铁为 6.05%,金为 14.96%,为国民经济建设提供了丰富的矿产资源,现已建设成我国重要的钢铁、有色、化工及建材基地。在今后仍将是一个重要的找矿远景区。但应该看到,经过三十多年来大规模的普查勘探工作,目前铁铜等大宗的露头矿及浅部矿的找矿工作已进行到了相当程度,主要着眼点已逐步转移到深部,找矿难度日益增大,后备基地十分紧张,而工业部门又不断提出新的更高的要求。形势是相当严峻的。因此,如何从区域成矿分析入手,研究总结成矿规律,进行总量预测和资源形势分析,加强找矿的理论指导,合理部署地质工作,提高地质工作的经济效益和社会效益,已成为当务之急。[①]

1980 年 11 月,地质部正式下达了长江中下游成矿区成矿远景区划任务。规定区划范围为:西起江汉平原;东至东海;南界沿着鄂赣边界的幕阜山,向东经江西德安、星子、安徽东至、石台、泾县、宁国、至太湖南岸,再沿苏浙和沪浙边界直抵东海;北以襄樊——广济断裂,宿松——响水口断裂南段、郯庐断裂南段为界,至明光管店沿北纬 32°40′向东至海滨。全区面积约 14 万平方公里。

为完成该项目,专门成立了领导小组和综合组。领导小组由各省市地质局的技术领导(包括总工程师或副总工程师)和业务处室及部分地质队的技术负责人参加,制定了实施方案,明确牵头局和各参加局的分工协作关系,以及跨省区划的内容要求。综合组设于牵头局,即安徽省地质局,从当时的省地质科学研究所借调了有关基础学科的力量和有关队(321、324、

[①] 安徽、湖北、江西、江苏地质矿产局,上海经济区地质中心编:《长江中下游铜铁硫金(多金属)成矿带成矿远景区划——长江中下游铜铁硫金(多金属)成矿带地质矿产特征、成矿规律及成矿预测》,1986 年 12 月。

326、327、311、313 和 332 队)的勘查技术人员,综合组长为都淘。常印佛是该项目的总负责人,而地矿处主任工程师(后改称处总工程师)刘湘培在参加了省内区划后,又全程参加了跨省区划工作,包括技术业务和组织协调等各项内容,实际上是常印佛的副手,相当于项目副负责人。[①] 项目组成员主要都是当时的技术骨干,其中有多位在之前都与常印佛相识并结下良好的业务关系,加之常印佛善于组织协调,保证了这支队伍成为精良而高效的团队。

接到任务后,常印佛首先考虑的是工作基本思路和技术路线。当时有两种工作思路:一是在现有省内成矿区划的基础上,由各省截取属于长江中下游成矿带的部分,提交给牵头单位汇总,桐柏—大别和江南的两个成矿带就是这样做的;另一种做法是把成矿区划建立在深入扎实的区域成矿分析基础上,根据各省现有的物、化、遥资料,进行统一加工和处理,必要时还应补充野外工作,把对区域成矿规律的研究深化提高一步,以更好地预测指导找矿,这实际上是把区划向科学研究靠拢。鉴于长江中下游地质研究和矿产勘查程度都较另两个成矿带高,有条件实施后一思路,并取得预期成果,常印佛即决定实行。为落实地质部下达的任务和协调工作,安徽省地质局1981 年 3 月 11 日至 13 日于安庆召开了有协作省(市)地质局(处)、有关地质队、所代表和区划人员参加的协调会。会议内容主要是结合成矿带的实际情况,研究确定了范围、目的、任务、内容、方法、协作形式和组织领导等问题。他把工作设想在这次会议上作了汇报,得到了与会代表们的认同。但是按照规划院的部署,跨省区划工作统一安排到 1983 年中以前完成,当时其指导思想似乎偏向于上述第一种"速战速决"的工作方法。[②] 而如果采用第二种工作方法,则两年时间里是无法完成的。因此他们向规划院作了汇报,

---

① 据区划报告:区划编制人员有都淘(综合组长)、陈训雄(副组长)、吴言昌、陆镜元、任润生、梁善荣、徐信、罗法银、王迎春、朱文元、濮仁夫、何大林、王建华、舒汪杰等,其中多位都是安徽省地矿局的技术骨干。协作单位及人员有湖北省地质矿产局鄂东南地质大队的倪正熙、钟国绘、魏世昆、路汉明、余元昌;江西省地质矿产局西北地质大队的田学恒、李启全、俞瑜、万忆萍;江苏省地质矿产局区划组的余斐亚、江洪良、田永初、姚黄坤;上海经济区地质中心的顾澎涛、朱荣生、黄广球。
② 实际上,安徽省参与的另外两个跨省区划项目,基本上都是以第一种工作思路开展的。

后者当时亦不主张全国工作一刀切,考虑到长江中下游地区的特点,便同意延长工作期限。

在做了充分的准备工作后,长江中下游区划工作于1981年4月正式启动。当时正是"文革"后地质工作复苏的初期,许多参与区划的人员在"十年动乱"中都长期处于半闲置状态,此时正愁有劲没处使。有了这个人项目,大家都热情高涨,人人奋勇,全力投入,在工作上任劳任怨,用心用力,不计名利,务求做好,形成了和谐团结高效的工作氛围。由于有大量基础工作要做,起初的进度是比较慢的。以该区基础地质图件的编制为例,早期规划院对跨省成矿远景区划的指导思想是以编图为主,文字作为图件的说明书(后来才改为以文字报告为主),所以一开始对图件下了很大功夫。项目组在搜集各省资料时,发现地形底图质量不一,误差很大,有人提出重编地形底图。常印佛一时拿不定主意。有人强调,如果现在不把地形底图编好,将来地质图编出来,如发现重大缺陷,再后悔也来不及了。这使常印佛下定决心从地形图编起。当时尚无MapGIS制图系统,一切都靠手工绘制,加之许多大比例尺地形图属于国防机密,得通过省军区甚至总参谋部才能拿到底图。最终费了九牛二虎之力,花了半年多时间才编制成地形底图。再加上地质编图,总共大半年多的时间才完成这样一张1∶50万地质图。

1982年中,在天津召开的全国成矿区划工作会议上,规划院除布置了省内部分矿种资源总量预测工作外,还"检阅"了各个跨省(区、市)成矿区划工作一年来进展情况。在汇报中,部分项目如江西省地质局牵头的江南成矿带,工作进展很好,已基本上勾画出最终成果的轮廓。而长江中下游才完成了全区1∶50万基础图件的编制,许多重要基础地质和成矿规律的深化研究、物化探成果的数据处理及推断解释等都尚在进行中。但这仍引起规划院的一定兴趣,认为有发展前途,一些领导口头上表示工作可以延长到1984年底。这样,他们即可以按预定方案付诸实施。

1984年底,作为该项目成果的《长江中下游铜铁硫金(多金属)成矿带成矿远景区划——长江中下游铜铁硫金(多金属)成矿带地质矿产特征、成矿

图7-1 《长江中下游铜铁硫金（多金属）或矿带成矿远景区划》

规律及成矿预测》初稿完成。1985年规划院已经撤销，由地矿部①区域地质矿产地质司与全国地质资料局于9月8日至15日在屯溪市召开评审会议，对该跨省区划成果组织了评议验收。会议由地矿部全国地质资料局张思挥局长主持，评议工作由地矿部特邀评议员及各有关省评议员组成项目评议组，根据地矿部评议标准进行，提交了《长江中下游铜铁硫金（多金属）成矿带成矿远景区划成果评议书》②。评议领导小组审核通过，决定对该成果予以验收。

评审意见认为：

本区划成果，在不太长的时间里，对本区的地质和科研有关资料进行了广泛的收集和系统的研究总结，工作量大，工作质量高，是本区最新而完整的区划成果资料。首次编制了反映长江中下游区域地质和矿产分布特征的基础图件。在四省第一轮区划的基础上，对成矿地质条件，成矿规律等做了全面而深化的研究，有新见解，是具有高水平的综合研究成果；同时还结合地区的具体条件，进行了成矿预测，对今后的地质工作部署和指导普查找矿等方面都具有重要的实战意义。

---

① 中华人民共和国地质部是1952年建部时启用的名称；1970年，改设国家计划委员会地质局，后改称国家地质总局；1979年，将国家地质总局改为地质部；1982年，再改为地质矿产部，简称地矿部；1998年，合并入新成立的国土资源部。

② 项目评议组组长、特邀评议员为地质科学院矿床所所长裴荣富，副组长、特邀评议员为地矿部全国地质资料局高级工程师孟宪铮，省评议员有李锡之、邵慧之、余元昌、李启全，地矿部矿产开发管理局总工程师苗树屏则作为特邀评议员提交了书面评议意见。

长江中下游成矿带的跨省区划项目是同批项目中提交成果最晚的几个之一，但可谓"慢工出细活"，在坚持质量第一的前提下，最终的收获也是巨大的。该项成果在 1988 年获地质部"科技成果一等奖"。

在主持该项区划工作中，常印佛获得的许多新认识在其学术发展历史中具有重要地位，因此这里有必要具体介绍该项工作的内容与成果。

关于跨省成矿区划的内容，早在抗战前，谢家荣在研究长江中下游铁矿时，即强调了铁的成矿与闪长岩类中性岩浆活动的关系。他以之与南岭地区钨锡矿和花岗岩类酸性岩浆活动的关系作对比，提出了"扬子式"和"南岭式"（谢氏最初用的是"香港式"一词，后来才改为"南岭式"）岩浆活动形成不同类矿床的概念，抓住了中国南方区域成矿规律的一个核心问题和重要特点，至今仍未失去其意义。不过这项成果毕竟还只是偏于一个矿种和一种类型，没有涉及整个长江中下游成矿带。但谢家荣的学术思想却对常印佛在地学研究中的思维方式和方法上产生了深刻影响。当他一接受这项任务，便考虑要抓住地区特色和关键问题。他认为长江中下游成矿带的最大特色就是铜铁成矿的高度富集，这不仅在中国东部，而且在整个太平洋成矿带的外带中，也是很特殊和醒目的，所以总的着眼点应放在铜、铁的区域成矿分析上。关于关键性的科学问题，由于前人很少对全区矿产作系统研究，可资依据的成果不多，基本上都要从头开始作全面分析综合。但限于人力、物力和时间要求，只能采取有所为有所不为的原则，重点放在成矿的地质构造背景、沉积环境分析、岩浆演化和成岩成矿序列的研究，最后落脚到区域成矿规律总结和成矿预测。工作中注意吸取当代科学的新进展，如基础地质领域构造方面的"地体"概念、"板内变形"概念，沉积作用方面岩相—古地理研究方面的新进展，岩浆成因类型和形成环境的分类等。矿床学领域的新进展，如层控成矿概念，火山岩和斑岩的成矿作用等。方法技术领域着重于物化探数据及遥感图像的处理，同位素地质学的应用等等。通过这些工作，取得了系列性成果，主要有：

1. 基础地质部分

（1）地层学及沉积学方面：项目综合组长都洵和任润生负责地层资料的对比研究，为区划工作奠定了可靠的地层学基础。以任润生为首完成了自震旦纪至中侏罗世的断代岩相—古地理略图,弄清了该区古地理演化概貌,进一步证实了早石炭世古铜陵岛的存在,及其与海西早期沉积成矿作用的关系。值得一提的是,当初常印佛考虑到复合成矿作用日益明朗的重要性,而本区的层控(式)矽卡岩型矿床在其中又占有一席较特殊的地位,因此就想对其中沉积成矿作用做些深入研究,包括石炭纪岩相—古地理图的编制。但顾虑到工作量大,且还有一些技术难题,便未提出来。不料在讨论项目设计时,任润生主动提出来编制各时代的岩相—古地理图,遂当即决定将其列入工作内容。他们尽心尽责出色完成了这项工作。尽管是略图,但其成果不但把石炭纪同生成矿作用的认识向前推进了一步,而且对区域地质构造演化提供了不可替代的基础背景依据,在当时30项跨省成矿远景区划中,这项工作是罕见的,是该项目成果中的一大亮点,深受专家们好评。

(2)地质构造方面:由陆镜元负责该项工作,由于这也是此次区划工作中的关键科学问题,常印佛也常参与研究和讨论。陆镜元经观察研究发现,成矿带中、北部与南部分属两个不同的基底。经过讨论,他们达成共识,提出长江中下游成矿带产在南北两个基底的结合带上,在燕山期构造—岩浆作用下,沿着它作以左行剪切作用为主的构造运动,并逐步向下切割,带动早先存在的基底断裂和盖层褶皱、断层,组成一个具有深断裂特征的复杂的带状网格构造系统,其中的基底断裂,除早年常印佛在铜陵矿集区提出的"铜陵—戴汇(隐蔽)基底断裂"外,通过此次成矿区划研究,发现许多矿集区也都存在基底断裂的控制,正是它们组成一个带状网络构造系统,控制着区内岩浆—成矿作用。这在长江中下游区域成矿分析的认识上是一个飞跃,把成矿构造背景的研究向前推进了一大步。[①]

(3)岩浆岩方面:由吴言昌负责,通过对岩浆岩的成因和演化特征的研究,将成矿带的中(亚)带(即主带、沿江地区)和北(亚带)与成矿有关的岩浆岩划为"扬子式"同熔型岩浆系列,而南(亚)带则划为"江南式"同熔型岩浆

---

① 以往对该成矿带地质构造背景很少进行整体研究,如遇到这类问题,也只是笼统地说"构造—岩浆带",这种说法非常含糊,至于到底什么是构造,它们如何控制成岩成矿,这类要害问题并未得到说明。此次研究成果对这些都做了清晰的合乎实际的回答。

系列。前者又进一步划分为两个序列——第一序列与铜、金(铁、硫、铅锌)成矿有关;第二序列与铁、硫、明矾石(铜、金、铅锌)成矿有关。后者主要与钨钼铅锌(铜、金、铁)成矿有关。这是在长江中下游成矿带第一次对全区岩浆作用及其与成矿关系所作的全面系统分析研究,为区域成矿分析奠定了良好的基础。

2. 技术方法部分

由徐信负责物化探区划工作,对全区物化探资料进行了全面搜集、处理和综合分析,编制一套全区系列性基础图件,并对地质背景作出综合推断解释,如关于全区莫霍面起伏和地幔隆起的存在,构造四级分区,长江深断裂及隐伏岩基的推断。同时结合典型矿例的分析,划分出物化探推断的Ⅳ级成矿远景区,并对其找矿前景作了较深入的探讨,划分了远景级别。

物化探成果此前从未有按成矿区带综合编图。徐信发现,若按方法技术工种编全区综合图件,工作量太大,完全集中在牵头省份恐难以完成。因此在第一次协调会议上,五省市都同意专门设立物化探区划工作,并得到地质部物化探局的支持,同意在该项目下设一个物化探区划子项目,组成了物化探区划领导小组。五省分工协作,完成了1∶50万基础性图件6张,以及1∶50万研究性图件和目的性图件各1张,基础性表册4种,物化探成矿远景区划报告1册。

这些成果为全区成矿区划和找矿预测工作提供了有力的支持,所反映的一些深部信息,也为基础地质的深化研究提供了帮助。

3. 矿床学部分

综合组副组长陈训雄负责全区矿床部分资料的汇总、整理、分析和建档,常印佛、刘湘培则参与了区域成矿规律的分析研究。关于矿床分类,对于区内最重要的类型——矽卡岩型矿床,按照常印佛在铜陵提出的方案进一步划分为接触式、层控式、裂隙式和角砾岩筒式等4个亚类。同时还在传统的内生、外生、变质三大类矿床之外,另增列了"沉积—改造型矿床"一独立大类,并进一步划分为迁移式和叠改式2个亚类,这样能更深入反映实际。关于成矿规律的研究,重点放在苏皖赣沿江地区及鄂东南一带,亦即上述南北两个基底结合带位置所在,也是成矿带中矿化最集中发育的地带,故亦称

"主带"。关于主带的整体成矿规律,上述《区划报告》中归纳为四点三模式。"四点"为"一断裂(上述带状网络构造系统)、二序列(上述"扬子式"同熔型岩浆系列中的第一、第二两个序列)、三环境(沿主带分布的隆起、凹陷和隆凹过渡带三个地质构造环境)和四层位(指晚石炭世—中二叠世和晚二叠世—中三叠世的两个海盆中的海侵和海退阶段各有一个容矿层位,共计四个有利成矿层位)。"三模式"即指隆起区的铜陵式,凹陷区的宁芜式和隆凹过渡区的大冶式等三个成矿模式。除此之外,他们还注意到了两个"特殊"的成矿规律:①"T"型矿化分带规律;①②铜—金配对规律。② 这些对指导长江中下游地区找矿都有重要意义。

当然,这项区划工作也存在不足。例如,由于当时还没有全国统一的成矿带边界标准划分方法,这次成矿区划范围的边界并不是严格意义上的成矿带边界。上海地区即不属于长江中下游成矿带,所以当时特别强调了"跨省"字样。又如,由于地质特点和一些条件限制,此次主要详细研究了成矿带的主带,即"中(亚)带",而对于以江南式岩浆系列为特征的"南(亚)带"则未作深入分析,从整体上看,未免稍显不足。这一问题以及更次一级的问题,在随后"七五"和"八五"两轮国家科技攻关项目相关课题(亦由常印佛负责)研究中,得到修正和补充。关于南(亚)带,在"九五"期间还有省内项目作专题研究。在组织形式上,牵头单位未将此项工作挂靠到科研所或某个基层单位,而直接由局向各队借调人员组成临时区划组承担。区划成员长期在外,困难很多,尽管主观上进了很大努力来克服,但客观现实还是不能回避的,中间因此几度易人。特别是工作没有完成之前技术骨干陆续调离,也造成了工作的衔接问题。这些都写在后来的区划报告中作为可资借鉴的教训。

主持长江中下游跨省成矿区划项目,对常印佛而言是一笔宝贵的财富。

① "T"字一横一竖代表两组断层,沿着它们发育着岩浆岩和铜铁金等矿化,而这两组断层之外的广阔空间则分布着成矿温度稍低的铅、锌、银(金)矿化。
② 在同一矿集区甚至同一矿田中,铜和金既可共生在一起,也可相互分离富集,此时铜常与略偏酸性的石英闪长岩、花岗闪长岩等相关,而金则多与中性略偏基性的闪长岩、辉石闪长岩有关,此种"若即若离"的现象是反映同源成岩成矿系列演化规律的样本,也是就铜找金、就金找铜的指导思想的依据。

无论是在研究课题还是在组织领导上,他都积累了丰富的经验,取得了很好的成果,也为之后主持一系列国家重大科研项目做好了准备。

提起这次区划的成果,常印佛一再强调,"这是集体劳动和智慧的结晶,不能归功于某一两个人或三五个人,绝非空话。"他认为,包括解放前的零星调查和解放后的大规模勘查研究,先后在本区工作过的各类地勘、院校和科研机构的地质技术人员何止千人,加上各种施工、实验和管理方面的广义"地质人",为数可达万人之多。正是他们发扬了筚路蓝褛中创业和饥馑匮乏中发展的艰苦奋斗精神,才辛勤积累了大量地质资料、数据和成果,为此次跨省成矿区划提供了厚实的基础。他同时指出,刚结束的各省内成矿区划,以及为了协编跨省区划而提供的材料,又将研究基础提高了一步。而那些参与了此次区划的人员,正如上文所说,他们充分发挥各自的积极性和创造性,任劳任怨,以极大的热情投入工作,相互之间在专业问题上可以争得面红耳赤,互不相让,而在个人关系上却一直友好相处。有些新的看法和认识,都来源于相互研讨和交流时的思想碰撞。所以多年以后许多人在见面时还都深情怀念这段难忘的记忆。

在区划中的科研历程

主持区划工作也是常印佛本人在地质科学研究上取得重要学术创新和发展的时期。在这次成矿远景区划的研究任务中,他主抓并亲自参与了他认为的核心环节——矿床学的研究。

一般认为,矿床学的内容主要有三大类工作:第一是从矿床本身入手,研究矿床的规模、产状、形态、物质组成及成因等等,通常看作是"狭义的"矿床学;第二是研究矿产形成和产出的全球性或区域性的地质背景、控制因素和时空分布规律,通常称之为区域成矿分析或成矿学;第三是寻找和勘探矿床,亦即矿产勘查或找矿勘探。常印佛的科技活动涉及上述矿床学的三大类内容。

关于此次按成矿区带进行的跨省成矿区划工作,他把它定位在"区域成矿分析"这一分支学科上。认为其内容应该是在区域基础地质(包括地层、沉积岩、岩浆岩和构造)、矿床成因及其分类(亦即狭义的矿床学)和找矿信息(包括地、物、化、遥甚至群众报矿所提供的各类找矿信息)的研究基础上,对成矿带的区域地质构造背景、控矿因素及成矿规律作全面系统的综合、分析和总结,最后落脚到成矿预测、远景评价和今后工作意见及建议上。当时地质部规划院将成矿区划定位为一项"纯粹的"综合研究性质,不附有野外实际调查研究的实物工作量。而长江中下游地区前人在基础地质、矿产地质、物化探及找矿勘探方面已提供了良好的研究背景,可以通过此次区域成矿分析在成矿学领域向前推进一大步,从而开辟一个良好的开端。为此,常印佛在完成局总工程师各项职责的同时,尽量挤出时间来参与这项成矿区划工作。除出差在外地,他几乎每天都要到综合组坐一会,以了解情况,和大家交换意见,特别是与刘湘培以及各组负责人进行深入讨论,并利用业余时间对各省(市)材料进行分析研究。

关于常印佛参与本次成矿区划若干学术问题的认识和处理过程大致如下:

(1) 由于中国(特别是东部广大地区)地质演化历史的复杂性和特殊性,所以关于长江中下游成矿带中新生代大地构造发展阶段的划分及归属问题,一直有不同的观点。经常印佛和陆镜元、刘湘培及其他专家共同研讨,

图7-2　在大别山响洪甸水库上野外读图(右一为常印佛)

确定接受陆镜元的建议，采用朱夏当时的新观点——"板内变形阶段"。因为它能较完美地解释长江中下游在燕山期主成矿期间的大地构造背景和成岩成矿规律等实际情况，而且留有较大的发展和深化余地。

（2）成矿带的构造格架好比大型生命体的骨架，而岩石和矿床则是附着于其上的血肉，没有或不了解这副骨架，则这个生命体只是一堆血肉，"立"不起来，更无从得知其运动机制。而这副"骨架"的主干，又是脊梁骨。所以研究成矿带的构造格架，首先要找到这根脊梁骨。对于长江中下游，人所共知沿江地区有一系列岩浆岩分布，断断续续作"似带状"，既然有岩浆活动，必然有通道，故称之为"构造—岩浆岩带"。这是一个含糊的名词，关于这是一条什么性质的构造，一直未有明确的认识，不过他毕竟承认有一条纵贯全区的带状控岩控矿构造的存在。认识若长期停留在这一水平上显然是不够的，因此对于这一构造的性质，即为此次研究的重中之重。

陆镜元提出下扬子江凹陷两侧震旦系变形差异时，常印佛即考虑当时国际上新出现的"地体"概念，认为它们可能属于不同的地体。接着，陆镜元、都洵等通过沿江一带董岭群和埠城群两个老变质基底的研究，认为它们与南部的"江南式"基底明显不同，而成矿带的主带（即"中"亚带）[①]即位于二者之间的结合带位，而偏向于董岭—埠城这一侧。于是常印佛与陆镜元、刘湘培和都洵等人共同研讨后，确认长江中下游成矿带即受这一基底结合带控制。在跨省成矿区划的一次内部研讨会上，他们提出这一观点，得到湖北省地矿局胡惠民总工程师的完全支持。

湖北省在开展这一轮成矿区划工作期间发现，鄂东南地区（亦即长江中下游成矿带已知最西端的重要矿集区，也是湖北省最重要的矿集区）地球物理场显示约在大冶—金山店一线，其南北两侧地球物理场特征各接近南北两个不同的基底，但没有对此作深究。胡惠民在听了安徽省地质局的介绍

---

① 长江中下游成矿带在安徽境内可以分为 3 个亚带。"北"亚带位于滁县—庐江以西，"中"亚带沿江两岸展布，"南"亚带则位于东至北部—贵池南部—青阳—泾县—宣城一带。其中"北"亚带只见于安徽，向西未延伸，向东没于苏北平原中；"中"亚带向西、向东均延至长江南侧，它是本成矿带的主体，又称"主带"或"主亚带"。

后,激动地对常印佛说,两省若加强交流与合作,像长江中下游成矿带成矿地质构造背景这样的重大地质构造问题,也许早两年就有眉目了!可见,随着地质资料的积累和地质科技的发展,破解这一问题的条件已经成熟,常印佛等人抓住此次区划的机会,经过艰苦的研究,终于踢出了这"临门一脚",揭开了长江中下游地区的关键秘密。

但问题并没有到此结束,因为这里的基底几乎都深隐伏于盖层之下,沿基底结合带发生的构造活动并没有穿透盖层直达目前的地表,所以在地表看不出有一条像刀切一样的断层的存在(如斜穿安徽中部的郯庐断裂带那样)。这也是许多年来关于长江深断裂带是否存在的问题上众说纷纭、莫衷一是的原因。至少它不是一条符合教科书定义的断层。所以用了"断裂带"一词,内涵比较宽些,由一系列破裂面,无论其是否连续或出露地表,只要它们是在同一构造作用下形成,并作带状展布,都可叫作断裂带。但对于成矿带而言,主要问题之一是:它是如何控矿的?对此,常印佛选了三类典型地质环境——隆起区(铜陵、九瑞)、凹陷区(宁芜、庐枞)及隆凹过渡区(大冶以西、安庆以东),进行细致分析。结果发现大部分矿集区(无论隆凹)成矿都受基底隐伏断裂控制。他由此作出判断:当燕山期板内变形期间,沿着上述基底结合带发生强烈构造活动的同时,也带动了两侧先存的基底断裂复活,岩浆及成矿物质沿着它们上升,进入盖层后,又受控于盖层内的断裂和褶皱等构造,从而堆积成矿床。所以,如前所述,在三维空间上形成了多层次的网络状构造。

这样,成矿带的构造格架(即"骨架")得以建立。不但有了脊梁,还有了肋、胫、股、肱等配套"附件"。成岩成矿的活动机制也从而得到较全面的理解。

(3)关于矿床成因和分类的研究,前文中已有交代。隆起区主要还是按照常印佛以往提出的观点进行的,而凹陷区则根据陈毓川、李文达等关于宁芜铁矿的研究成果。值得一提的是,此次成矿区划中,把具复合成因的沉积—改造型矿床作为一个独立类型提出来,这在本区综合性成果中还是第一次。

(4)关于成矿规律的研究,通过多次集体研讨,最后归纳出一个"总"规律和几个独立的规律。一条"总"规律即上文中已提到的:长江中下游成矿带的内生成矿系列的控矿因素组合为"一断裂、二序列、三环境、四层位"。这是一条概括性很强的表达方式,它的形成是经大家反复推敲的结果。这种表述最先是刘湘培提出来的。他最初的提法是"一断裂、二序列、三层位、四模式",当时遭到了吴言昌的激烈反对。吴认为,科研成果应该一是一、二是二,不能硬凑合数字编成顺口溜,虽然挺上口,但不符合科学的准确性原则。常印佛的态度介于刘湘培与吴言昌之间。原则上他完全支持吴的意见,但不反对如果实际情况允许,而不是硬凑数字,也可以提出一种有利于记忆和传播的生动的表达方式。因此他提议研讨一下刘的建议。大家对其中一、二两点没有分歧,都采纳了,而对于"三层位"所指的石炭纪、二叠纪、三叠纪三个时代的沉积地层,以及"四模式"所指区内的铜陵式铜(金)矿、宁芜式铁(硫)矿、大冶式铁铜矿和苏州式铅锌铜(铁)矿,则有不同看法。

常印佛认为,对长江中下游而言,还有一个重要的控矿因素,即上文所说的地质环境。其中隆起区主要产出第一序列岩浆活动和铜金矿化,如铜陵、九瑞;凹陷区主要产出第二序列岩浆活动和铁硫矿化,如宁芜、庐枞;隆凹过渡区岩浆活动也具有过渡特征,如大冶和安庆产出铜、铁矿化。这是长江中下游成矿带的一个突出明显的特色,是其他成矿区带所少见的,因此建议应该归纳进来。而"三层位"都以一个纪为时间单位,所沉积地层厚度相当大,都有几百米甚至千几百米,而真正控制矿床富集的岩层不过其中的若干段,若笼统地说三个纪,难以表明其真正控矿因素所在。因此常印佛提出一个新的方案,鉴于中二叠世晚期,长江中下游曾一度上升为陆相环境,从石炭纪到三叠纪期间,实际上有两度海域环境,而每个海域环境的开始(即海侵)和结束(即海退)时期的沉积岩层,才是主要控矿层位之所在,所以实际的控矿层位应该是四个。至于"四模式",他认为成矿规律和成矿模式是两个概念,成矿规律是成矿控制因素的综合,而成矿模式则是成矿作用过程的概括,在报告提纲中已经专门有一章讨论成矿模式,便不必再将其纳入成矿规律一章中。因此他提出把刘湘培的建议文字改为"一断裂、二序列、三环境、四层位",这也就是跨省成矿区划报告定稿中的最后正式文字。

另外,几个独立的规律则包括上文中已提到的"T"型矿化分带规律和铜金配对规律。

由于以上所有研究工作是长江中下游成矿带第一次全面、系统而深入的区域成矿分析,在全国 30 片跨省成矿区划中也显得比较突出,从而获得了地质部科技一等奖。

鉴往知来:提出深部找矿理念

常印佛曾对找矿勘探工作的特征有着精彩的阐述:

> 找矿勘探是一项探索性很强的工作,许多矿都不是在研究得一清二楚之后找到的,而是边找矿边研究,找矿的过程也就是调查研究的过程。这就要求地质工作者在地质情况尚朦胧不清时能作出比较接近实际的判断,制定合理的探索方案,选择有效的方法手段,随着调查研究的深入,不断修正认识,调整部署,在少走弯路的情况下实现预期目标。因此,前人曾多次说过,找矿勘探工作不但是科学,而且是一门艺术,它就体现在理念的产生和运作的经验上。①

这里充分强调了找矿的探索性,以及技术和方法在具体找矿实践中的应用。但常印佛还注重从战略的层面总结思考找矿工作,在全局上指导找矿部署,并由此提出了深部找矿理念。

在找矿勘探学的讨论中,对找矿历史做总结反思的不乏其人。多数学者是着眼于地质科技的发展对找矿理念及找矿方式带来的影响与变化,并把找矿工作划分为若干阶段,如露头找矿、方法找矿、理论找矿、信息找矿等等。这当然也对于指导找矿实践有着重要意义。但是常印佛认为这些都是战术层面的总结,缺少在总体上对每一阶段的找矿目标与任务的明确认识,

---

① 常印佛:《中国铜都铜陵史话·序》,安徽人民出版社,2013 年。

应该有战略的思考。进入 1980 年代以后,全国找矿工作来到一个新阶段,在东部工作程度较高地区,地表和浅层找矿难度已经很大了,下一步工作如何开展,需要新的思路。这也促使常印佛根据现状和多年的找矿经验,开始考虑从找矿战略层面上提出具有全局性的找矿指导理念。

1985 年 7 月 14 日,地矿部第七次全国固体矿产普查工作会议在太原召开。时任副部长温家宝在会上作了题为"开展新的一轮固体矿产普查工作"的报告。他回顾了三十多年来普查工作的成绩,总结了具有普遍意义的基本经验,并提出了开展新的一轮普查工作(即在新世纪到来之前的地质普查工作)的战略目标及"七五"(1986~1990)期间普查工作的任务和部署。[①] 常印佛代表安徽省地矿系统参加了这次会议,并紧扣会议主题,宣读了论文"安徽安庆—铜陵一带铜矿普查工作的发展和展望"。该文以安徽安庆—铜陵一带建国以来找矿的历史经验与找矿现状为例,总结了找矿阶段,并提出下一阶段的工作方向。

他将新中国成立以来的找矿工作划分为三个阶段。第一阶段是新中国成立初期的 1950 年代,当时矿产地质资料匮乏,只能从已知的少数矿产地起步,逐渐向外围推广。除一些小矿外,当时安徽主要有 4 个矿:淮南煤矿、马鞍山铁矿、铜官山铜矿、庐江明矾矿。找矿工作主要是围绕煤、铜、铁 3 个点发动起来。当时 321 地质队队长郭文魁具备战略眼光,开展由点到面的找矿,在勘探铜官山铜矿时,也在周围开展地质填图,做面上的矿产普查工作,先是从青阳到贵池、铜陵、繁昌,再到江北地区。在完成铜官山勘探工作的同时,相继找到了区内狮子山和凤凰山铜矿床及一批铜矿点,开拓了铜陵地区找矿前景和方向。国内其他重点矿区也大致与此同步。总结这一阶段的工作特征即为"点上起步,由点到面"。从找矿技术层面上讲,这一阶段以地质路线法露头找矿为主,成矿理论(规律)的指导和物探方法的应用也收到很好的效果。

1960 年代以后,找矿工作进入第二阶段。此时大部分地区都开展了区域地质调查,加上大跃进时期大规模的群众找矿运动,有足够多的矿产信息

---

① 温家宝:"开展新的一轮固体矿产普查工作"。《中国地质》,1985 年,第 10 期。

可以做比较,供选择。因此,便形成此阶段"区域展开,重点突破"的工作特征,这也正是后来地矿部总结归纳提出的口号。这一阶段里,本着面中求点,点面结合的思维,逐步推行了包括区调、区划、科研、物化遥和探矿工程等五大技术工作在内的"五统一"技术路线。所以,在技术层面上属于方法找矿、理论找矿和部分信息找矿阶段,但露头找矿仍然起着很大的作用。铜陵地区的许多重大找矿发现、储量增长、勘探报告、科研成果和新方法、新技术的试验推广,都是在这一阶段完成的。在铜陵地区开展的 1∶5 万普查——测量试点工作也是在这样一种背景下实施的,取得了积极成果。地质部在苏州召开专门会议向全国推广 1∶5 万铜陵幅的经验。全国在这一阶段也取得了非常丰硕的找矿成果。

到了 1980 年代,面上的资料已经搜集了很多,尤其在东部一些地区面上找矿工作也快做到了极限,找矿部署面临着新的突破需要。下一步应该如何开展工作,以适应经济的迅速发展对矿产资源提出的新要求,成为当务之急。随着勘查技术的进步和工业开采能力的增强,已能够往深处探测,过去开采经济效益低的深部矿藏现在已经具备开采条件。常印佛根据综合形势建议,将全国的找矿工作推进到第三个阶段,即往深处找矿。这一思想体现在此次发言的第三部分,也是最重要的部分——"今后设想"中。常印佛结合铜陵地区实际,提出了今后找矿工作的设想:

(1) 开展新的一轮普查:其基本特点是有新的战略目标、新的起点高度、新的内容要求和新的组织措施。它和第一轮普查工作中不同时期的反复工作有着质的区别。同时也毋须"全部"矿种都经过一轮普查后才能开始,只要区域基础工作和主要矿产工作已做到相当详细程度,具有良好的地质、经济前景,且主客观条件(如技术装备等)基本具备时即可展开。

(2) 把"点面结合"推向新阶段:本区在贯彻"点面结合"方针中经历了"由点到面,面中求点"和"区域展开,重点突破"两个阶段,现在应及时进入"总体勘查,纵深发展"的新阶段。"总体勘查"在近期内包括综合找矿、综合评价和综合勘探的总和,以及相应的基础性调查工作,最终将对区域矿产资源远景作出全面评价。本区工作初期是单一的铜矿勘查,随后转入以铜为主的综合勘查,迄今已发现有色、黑色、非金属和能源矿产30余种,对主要区段的成矿地质背景和找矿线索已有了基本了解,具备了开展总体勘查的条件。"纵深发展"主要指工作程度较高的矿种(本区为铜),今后找矿重点是系统而有步骤地向掩盖区和深部发展。本区积累了一定的找盲矿的经验,并通过地质条件及成矿理论分析,初步指出了可能扩大找矿的途径,因此本区向纵深发展的前提亦已具备。同时也具有可能的经济效益。

(3) 合理调整矿产普查结构:出发点是根据资源形势分析及资源远景预测,确定轻重缓急的次序,以达到既能尽早发挥和提高普查成果的经济、社会效益,又有必要的长远储备的目的,从而构成较合理的层次结构。当前第一类重点为铜、金、富硫及部分建材原料矿产,其次为锰、铅锌银,以及部分化工、建材原料,同时还要加强其中一些矿产的工艺评价:如黏土类矿产、碳酸锰矿及高砷金矿等。在矿床类型的选择上,适当兼顾到各种地质环境,如在火山岩、变质岩及红层中选择少数建材、化工矿产类型作为重点对象,以利于带动这些地区地质矿产研究程度的提高和找矿上的新突破。

(4) 开展立体地质制图的试验:为了更好地实现"纵深发展"的目标,在进行隐伏矿体找矿的同时,有必要开展立体地质制图的试验,这是系统而有步骤地进行深部找矿的一项重要措施,也是今后提高区域地质矿产研究程度的一项主要内容。在查明测区三维空间内地质结构和充分捕捉找矿信息的基础上,提出铜及有关矿产的深部预测评价,并选择靶区探索,同时从方法上进行总结。初步考虑,铜陵以层控式矽卡岩型铜矿为主,目的层明确,岩浆岩及盖层构造亦常具层状结构,估计通过地面和井中物化探并结合少量深部控制钻孔、稀网度的制图钻可望能解决问题,还可兼顾其他类型多金属矿的了解。一般深钻控制到五通石英岩即可,条件有利地段可个别控制到志留系以下的有利容矿层位。在工作中还可投入一些新技术新方法试验,至于疏松沉积物和红层地段,主要属于深部地质填图的范畴,拟在适当时机选择构造破坏较弱地段进行。在整个立体制图过程中,同时进行系列的专题研究。①

第一条建议提出通过启动新一轮普查,开启找矿新阶段。第二和第四条中,首次提出了"纵深发展"的思路和"立体填图"的方式,在实施上更多地依靠新技术。这是铜陵地区下一阶段的战略部署,也是引领全国找矿迈入第三阶段的先声。这些设想得到了主持会议的温家宝和张宏仁两位副部长的赞同。后来,常印佛将"纵深发展"明确为"深部找矿",用"立体填图,深部找矿"8 个字凝练地总结了他的找矿新思路。值得一提的是,设想的第三点鲜明地突出了地质找矿与经济、社会效益之间的紧密联系,以务实的精神体现了矿产地质工作的特色,也体现了常印佛思想的一个特征——来源于实际和实践,又最终落脚于实际和实践。

地质部主管全国找矿工作的地矿司司长陈毓川也参加了这次会议,并对常印佛提出的见解十分赞许。在陈的策划下,准备在全国选择安徽铜陵和湖北大冶两个地区开展立体填图的试点。铜陵和大冶都是找矿比较成熟的地区,经过多年的地表找矿,表层的矿都找得差不多了,也积累了大量资料,有条件往深处找。但此事因后来国家矿产战略的整体转向而遭遇挫折。太原会议后,这方面的实际工作推进得比较缓慢,主要因为国家削减了对地勘工作的投入,对此支持得不够。1987 年 10 月,地质部在北戴河召开会议,请来国家计委参会。地矿司安排常印佛参加,在会上汇报铜陵地区的情况,获得原则上的认可。他们回去后向上级汇报,1988 年勉强通过,1989 年开始实施试点。但此时全国地质找矿工作已经开始进入萧条期,国家政策和经费都对开展试点不利。试点规模不断缩小,最终结果是在铜陵狮子山周围 100 多平方公里的地方做一些工作,比预想中的规模大打折扣。大冶的试点也遭遇了同样的命运。但铜陵试点后来仍然写了报告,这项工作也最终不了了之。

尽管如此,铜陵还是根据此次立体填图提供的不完整信息找到了铜陵

---

① 常印佛、刘学圭:"安徽安庆—铜陵—带铜矿普查工作的发展和展望"。《中国地质》,1986 年,第 3 期。因为这是代表着常印佛找矿战略思考的经典文献,故不惜较大篇幅引用。

焦冲中型金矿床,在当时即显示出了这一找矿理念的巨大潜力。

中国的深部找矿理念在当时国际上是走在前列的,可惜因遇上地质萧条期而受阻在萌芽之中。"东方不亮西方亮",当铜陵、大冶的试点范围因缺少支持而不断缩小并停止时,国际上一些矿产资源发达国家却迅猛地开展起来。1990年代初,澳大利亚和加拿大先后都实行深度找矿,尤以澳大利亚为最。至90年代中后期,澳大利亚提出"玻璃地球计划",依靠以信息技术为核心的一系列新技术,利用地理信息系统、模拟技术、可视化、数据融合和转化技术等,综合处理各种成矿和找矿信息,使地球陆地表层1 000米"像玻璃一样透明"。此类工作的开展极大地推动了西方国家找矿事业的发展。

中国的地质找矿发展到现在,证明了"深部找矿,立体填图"战略的远瞻性。现在中国中、东部大部分地区都进入了找矿第三阶段,西部基本上处于第二阶段。但向第三阶段过渡也是必经之路,有条件的地方事实上也已经开展第三阶段的工作。近年来,常印佛通过对西部地区考察,发现陕西、甘肃,特别是新疆、西藏、云南等地都有巨大的找矿潜力,认为这些地区"将来搞到第三阶段,还有很大提升空间"。进入21世纪后,找矿工作迎来生机,铜陵再次被选为1∶5万立体填图试点,重启了上个世纪未竟的设想,目前试点初步获得了理想的效果。

长江中下游铁铜等隐伏矿床预测研究

1986年伴随着国家"七五"计划的开始实施,科技部启动了最早的一批科技攻关系列项目。经地矿部向科技部建议,中国东部隐伏矿床研究被列为攻关项目,长江中下游地区自然是重点研究区域。

如上所述,长江中下游地区经过多年的勘探开采,其地质工作和矿业开发程度都已经比较高,进一步的找矿工作主要是找寻隐伏矿床,难度很大。寻找隐伏矿床更需要运用科学的地质理论和先进的技术方法,需要多学科多工种的协同作战,因此"长江中下游铁铜等隐伏矿床预测研究"被列为"七五"国家重点科技攻关项目下的二级课题,隶属于第 55 项"中国东部隐伏矿床预测研究"。①

根据原国家科委和地矿部的规定,该课题研究任务和内容是:以区内次级成矿单元(区段)为基本研究对象,选择鄂东南、赣西北、安庆、贵池、铜陵、宁镇和苏州西部及庐枞、溧水中生代火山岩盆地等区段以及邻近的赣东北地区为重点,通过成矿条件及典型矿床研究,进一步查明成矿环境、控矿因素及成矿规律,划分成矿系列或组合,总结矿床形成、分布规律和成矿模式;在此基础上进行全区成矿分析,综合找矿信息研究成果,有效地进行成矿预测,提出找矿靶区;在最有远景和有条件地区进行大比例尺立体地质制图预测及三维立体矿床统计预测。与此同时,开展苏、皖、赣、鄂沿江地区推覆构造研究及有关铁铜等隐伏矿床预测。在成矿带上进行区域成矿环境和成矿条件研究、区域矿床类型对比、建立成矿系列及区域成矿模式,预测新类型矿床和开辟新的找矿远景区。

根据攻关任务要求,课题预期达到的技术指标有:

①　提出一批有地质依据的找矿靶区;

②　发现一批铜、金等矿产地,为沿江地区经济发展提供更多的后备资源基地;

③　对本区铜、铁、金、铅锌及硫铁矿的成矿理论、成矿系列、成矿模式有新认识,进一步丰富我国区域成矿学理论,并在环太平洋成矿带中具有自己的特色;

④　通过验证和实践,进一步完善矿床预测理论和方法;

⑤　各项研究成果可供国内外其他成矿带借鉴,也可为地质科学发展提供必要的基础资料。②

该课题以解决生产中的重大问题为目的,应以生产单位为主,科技司便

---

①　据常印佛回忆,"七五"科技攻关项目原来有一串很长很复杂的名字。当时这类科技攻关是个重大项目,被看得很重,须要经人大常委会批准。人大常委会审议时,认为题目太冗长,建议精炼表达,最终定为"中国东部隐伏矿床预测研究"。

②　安徽省地质矿产局、中国地质大学(北京):"七五"国家重点科技攻关项目研究成果报告,编号75－55－02,《长江中下游铁铜等隐伏矿床预测研究》,1990 年 11 月。原件存于全国地质资料馆。

找到常印佛,由他与中国地质大学教授、矿床学家翟裕生共同担任项目负责人。安徽省地矿局与中国地质大学(北京)为该课题负责单位,参加单位有:湖北省地矿局鄂东南地质大队、物探队、江西省地矿局赣西北大队,安徽省地矿局321队、326队、324队、地质科学研究所,江苏省地矿局三队、四队、区调队、物化探队、省中心实验室及地研所,有色华东地质勘查局及其所属810队、814队、地研所,南京地矿所、南京大学地球科学系,合肥工业大学地质系,中国地质大学(北京、武汉)、江西省地勘局研究所及地矿部第一物探大队等29个单位参加。212人直接参与该攻关研究课题,其中高级技术人员占38%。多家地勘单位、院所早就与安徽地矿局建立了紧密联系,使得此次合作更为顺利。总之,参与攻关的团队是一支精诚团结,经验丰富、能征善战之师,体现了多学科协同作战,生产、科研、教学单位联合攻关的组织形式。

表7-1　"长江中下游铁铜等隐伏矿床预测研究"主要研究人员名单[①]

序号	姓名	年龄	文化程度	所学专业	职称职务	工作单位	对成果的创造性贡献
1	常印佛	58	大学	地质	教授级高工、总工	安徽省地矿局	项目负责人,技术决策指导,课题报告编写人之一
2	翟裕生	59	大学	地质	教授	中国地质大学(北京)	项目负责人,01专题负责,技术指导,课题报告编写人之一
3	唐永成	55	大专	地质	教授级高工、处长	安徽省地矿局	课题组织实施,技术决策与管理,课题报告编写人之一
4	余元昌	51	大学	地质	教授级高工	湖北鄂东南地质大队	专题负责人
5	黄恩邦	57	大学	地质	队总工、高工	江西地矿局赣西北地质大队	专题负责人
6	黄许陈	51	大学	地质	高工	安徽地矿局321地质队	专题负责人
7	黄华盛	52	大学	地质	副教授	中国地质大学(北京)	专题负责人
8	莫吉勋	55	大专	地质	队总工、高工	江苏省地矿局第三地质队	专题负责人

---

① 图表引自该项目结项报告,年龄一栏的信息应该是统计于正式结项之前。

（续表）

序号	姓名	年龄	文化程度	所学专业	职称职务	工作单位	对成果的创造性贡献
9	黄世全	55	大学	地质	高工	江西地勘局研究所	专题负责人
10	任启江	52	研究生	矿床	副教授	南京大学地球科学系	专题负责人
11	周云生	51	大学	地质	队总工、高工	安徽地矿局326地质队	专题负责人
12	薛虎	52	大学	构造地质	副研、室主任	南京地质矿产研究所	专题负责人
13	叶水泉	49	研究生	地球化学	高工、研究所总工	华东地勘局研究所	专题负责人
14	张俭	57	大学	勘探	高工、队副总工	江苏地矿局第四地质大队	专题负责人
15	李紫金	54	研究生	勘探、数学地质	副教授	中国地质大学（武汉）	专题负责人
16	姚书振	43	大学	矿产勘查	讲师、系副主任	中国地质大学（武汉）	01专题主要研究人员

　　1986 年 4 月，课题经原国家科委批准通过，7 月正式签订课题下属的各个专题研究合同，10 个专题分别由不同单位负责。① 同年 9 月至次年 3 月，编写并审查通过了 12 项专题研究设计书。1987 年 4 月至 1989 年 10 月，两年半的时间里全面开展研究工作。1989 年 11 月至 1990 年 6 月，做了综合整理分析，编写了专题研究报告。1990 年 10 月至 12 月，在专题研究报告的基础上编写了课题报告。在工作中，工作人员坚持生产（勘查）、教学、科研相结合，地质、物化探和遥感相结合、野外考察、实验室工作与开发利用原有资料相结合；理论探索与生产验证相结合的方针，努力工作，顽强探索，最终按时全面完成了研究计划任务，共编写了 14 份专题研究报告和 23 份子专题研究成果报告。由于课题是以区

图 7-3　常印佛在实验室内

――――――――――

① 其后部分专题拆开，增加了专题研究个数。

内次级成矿单元(区段)为基本研究对象,故以各专题报告为主,课题报告性质,简明扼要,由常印佛,翟裕生,唐永成三人分担,翟裕生执笔完成。

1990年12月18日,地质矿产部组织的鉴定委员会对"长江中下游铁铜等隐伏矿床预测研究"做评审鉴定。鉴定委员名单如下:

表7-2 "长江中下游铁铜等隐伏矿床预测研究"鉴定委员名单

序号	鉴定会职务	姓名	工作单位	所学专业	现从事专业	职称职务
1	组长	涂光炽	中国科学院	地球化学	矿床地球化学	研究员、学部委员
2	评委	郭文魁	地质所	地质	地质	研究员、学部委员
3	评委	宋叔和	矿床所	矿床地质	矿床地质	研究员、学部委员
4	评委	周长龄	有色地质局	矿床勘查	矿床勘查	教授级高级工程师
5	评委	余鸿彰	地矿部高咨中心	矿床地质	矿床勘查	教授级高工
6	评委	冯钟燕	北京大学	矿床学	矿床学	教授
7	评委	黄崇轲	地矿部	矿床勘查	矿床勘查	教授级高工
8	评委	梅友松	有色北京研究院	矿床地质	区域矿产	教授级高工

鉴定委员会认为该课题圆满完成攻关计划任务,达到预期目标,在前人工作的基础上,通过深入系统研究,取得的重要成果有:系统论述了区域及各重要成矿区段内铁、铜、金等矿床的成矿环境,以及构造、地层、岩浆岩和流体性质等对成矿的控制作用;在深入研究成矿规律基础上,建立了区域成矿系列和各类成矿模式,确立了长江中下游成矿带在环太平洋矿带中的地位和特色;系统总结了本区隐伏矿床预测理论、方法和经验;汇总了在各区段采用多种方法进行成矿预测的成果,提供了一批有地质依据的找矿靶区,并对部分优选的靶区进行钻探查证,取得了很好的地质找矿效果。该课题获得了远景储量和资源量效益、成矿理论和预测方法效益以及人才培养效益。

"鉴定意见"在详细陈述了课题组提交的课题研究报告和12份专题研究报告取得的9项主要研究成果后,对课题成果做了总体评价:

综上所述,该项成果报告内容丰富充实,论述系统深入,全面反映了长江中下游攻关研究成果,从成矿环境、成矿物质来源、控矿因素、成矿规律、成矿作用和成矿模式,以及隐伏矿理论和方法等方面均作了全面系统的阐述,并有独创的见解,使长江中下游成矿带研究提高到新的水平,不仅有应用价值,而且进一步丰富我国区域成矿学及环太平洋成矿带成矿理论。总体看,该项成果已达到国际先进水平。①

同时,项目管理方认为该课题设置的配套性、科学性与合理性很强,经费使用合理,系统化、科学化管理工作有成效,课题计划任务已全面甚至超额完成,通过验收。

在"七五"国家科技攻关课题结题次年,即1991年,常印佛第一本真正意义上的学术专著《长江中下游铜铁成矿带》由地质出版社出版。该书是上述"六五"期间,常印佛主持的"长江中下游长江中下游铜铁硫金(多金属)成矿带成矿远景区划"报告的凝练。因该区划报告被地质部评为"具有高水平的综合研究成果",受到地质界的广泛兴趣和重视,各方认为有公开出版的必要。常印佛便与刘湘培、吴言昌一起,对原稿重新改写,使其适应专著的形式,删去了无关章节。在做此项工作的同时,常印佛正主持"七五"攻关课题,所以"七五"阶段最新的发现与成果在书中也得到一些反映。与原区划报告相比,该书着重加强了有关区域成矿分析和成矿规律的深化研究,并增加了一些地质及深部地球物理资料,充实了原报告中的某些薄弱环节,在学术性和理论性方面都有很大提升。

图7-4 《长江中下游地区成矿带》

该书出版后,引起我国矿床学界的重视,被许多人认为是我国区域成矿学特别是长江中下游作为一个陆内成矿带成矿分析领域的经典之作。一些学校也将其作为有关研究生的教学参考用书,更是在该区从事勘查

① 科学技术成果鉴定书,编号(1990)地技鉴字227号。现存全国地质资料馆。

和研究人员的重要参考和依据,被多次引用。

关怀青年　奖掖后进

《贞观政要》有言:"为政之要,唯在得人"。实际上,不独为政,任何事情都离不开人才。亲身经历过早期地质人才稀缺情景的常印佛,更能体会到聚拢人才和培养人才尤其是培养年轻后备军的重要性。早年进到 321 队刚参加地质工作时,常印佛就体会到了老一辈地质学家对年轻人才的重视和用心栽培。当他成为 321 队总工程师后,也同样关怀年轻人的成长。任安徽省地矿局总工程师后,他接触到更多的青年地质人才,也特别注重为年轻人提供条件,创造机会。受他指导和影响的年轻人很多,包括吴明安、何义权等等,而最典型的便是现任中国地质科学院副院长董树文研究员。

董树文,1975 年毕业于合肥工业大学地质系,毕业后被分配到 327 地质队,刚到队便听说了常印佛在安徽找矿的事迹,对他产生敬仰之情。1978年,董树文考上中国地质科学院研究生,硕士期间研究主题是安徽省沙溪铜矿矿田构造,他找来常印佛发表过的文章仔细研读,最先从论文中认识了常印佛。硕士毕业后,他被分到安徽省的地质科学研究所。

当时正值改革开放之初,科学界重新复苏生机,在"文革"中饱受摧残的地质学者又迎来了学术上的春天。学者们在"十年动荡"中耽误了时间,所以都倍加珍惜来之不易的机会,积极写论文、参加各种论坛交流,弥补逝去的光阴。因此,各种学术展示和交流的平台多数被老科学家占据,而年轻学者却缺少机会,难以崭露头角。

1985 年,朝气蓬勃且勇于进取的董树文想在安徽省发起一次青年地质工作者学术讨论会,旨在给年轻的地质工作者提供表达、交流与锻炼的机会。这一想法得到了常印佛的首肯和地矿局的支持,因此他更加积极地组织这次论坛。论坛拟举行一个以"假如我是总工程师"为主题的研讨会,让年轻的地质工作者畅想,如果自己是总工程师,应该怎么做。当时有许多人认为,年轻人讨论这个话题太狂妄,竟然把自己跟总工程师比。但常印佛对此坚决支持,认为这个讨论会主题非常好,不想当将军的士兵不是好士兵。论坛期间,常印佛和年近八旬的严坤元还亲自出席了研讨会,对青年地质工作者的发言做了点评,并认为这次论坛具有非同凡响的意义。常印佛和严坤元的参与极大地鼓舞了董树文和其他青年,他们很兴奋,感觉得到了巨大的支持。①

　　这次在安徽省举办的青年论坛具有里程碑的意义,它开启了青年地质工作者学术讨论会在全国范围内的举办。1987 年 11 月,首届全国青年地质工作者学术研讨会在北京召开,来自全国 25 个省市、12 个部门的 250 名青年地质工作者参加了会议。大会评选了优秀论文,还以全体代表的名义发出了《向全国青年地质工作者倡议书》。在举办安徽省青年论坛之后,董树文又致力于在安徽省地质学会下成立青年工作委员会,这也得到常印佛的大力支持。此后,青年委员会的模式也迅速在全国推广。1988 年,中国地质学会下青年工作委员会(简称"青工委")成立,旨在组织、推动青年地质工作者各项学术活动的开展,引领我国青年走向世界、展示风采,培养和造就一批优秀的青年地质工作者。董树文任首届青工委学术部部长,第二届主任委员。全国青年地质工作者从此有了自己的舞台和组织,而这一切则滥觞于安徽。

　　通过成功地举办这次青年论坛,董树文的开拓精神和组织能力受到大家关注。不久,安徽省地质科学研究所领导班子换届,地质局多位干部推荐董树文担任所领导,地质部考评领导小组也认为他合适,于是安徽省地矿局经过研究,宣布由他出任安徽省地质科学研究所副所长。这一安排让董树文措手不及,因为他当时正准备考地质科学院的博士,还想在学术上继续深造。他不愿出任副所长,在犹豫后终于递交了辞职申请。这让局里许多人感到不解甚至不满,使他陷入困恼。为此,他敲响了常印佛办公室的门,二人作了一次长谈。他发现,总工程师对他的决定表示非常理解,观点也与他十分相近,感觉真是幸逢知己。董树文再一次得到了常印佛的支持,坚定了

---

① 董树文访谈,2013 年 11 月 6 日,北京。资料存于采集工程数据库。

攻读博士的决心。

1985 年,董树文考到中国地质科学院读博士研究生,1988 年获得博士学位,随后又重回安徽地质科学研究所,开始做长江中下游成矿带中基底的研究。常印佛此时便对他说,研究长江中下游需要改变思路:必须跳出长江中下游——长江中下游的问题不是在同一层次上能够解决的,应在更大范围内,以更广的视野来考察它。董树文在常印佛的指导下,先做了大别山的研究,后来又做了郯庐断裂带研究。两个研究前后做了 6 年。这使他能够在更大的背景中和更高的层次上认识长江中下游地区的地质特征与规律。

在当时条件下,年轻人拿项目还是比较困难的,而在常印佛的支持下,董树文做的大别山与郯庐都有项目支持。他的项目甚至比省地质科学所的领导还要多,以至于引起了一些误解。1988 年,地矿部第一次与德国开展技术合作,当时安徽省地矿局便推荐了董树文作为代表到德国做短期的进修和交流。

常印佛在 1980 年代为董树文制定的清晰的学术发展规划,后者的研究方向直到现在都还没有改变。如今,董树文已成为中国地质科学院副院长、国家深部探测专项首席科学家、中国地质学会常务理事、中国地学国际合作带头人,而他仍然把工作的重点放在长江中下游,放在中国的南方和东部。谈到自己从安徽到地科院的成长经历,董树文满怀深情地说:"常总给了我很大的支持,我对常总最难忘的就是,他是我的一位恩师,我成长的轨迹里始终伴随着他的指导和教诲。他对年轻人的无私提携,我就是一个很好的例子。"①

常印佛在安徽省地矿局的朋友和同事们对他注重培养人才的用心都深有体会:

> 常院士对地质科技人才的培养,倾注了极大的热情。尤其是对青年地质科技人才的关心和培养,更是无微不至。他在多种场合下讲到,青年人是安徽地质科技的未来,培养好青年人才,不仅仅是业务技术问题,而且是地质矿产事业战略问题。他的一言一行,影响了许许多多的

① 董树文访谈录,2013 年 11 月 6 日,录音现保存于采集工程资料馆藏基地。

年轻人。我省多数地勘单位的技术干部,尤其是青年地质科技工作者或多或少受到他的教诲和指导,普遍感到受益匪浅。现在不少青年同志已经在各单位担任重要技术领导职务。①

打赢一个战役,需要一个好的将领,每临战阵都能够身先士卒冲锋陷阵;而要打赢一场战争,则需要一个好的统帅,他要慧眼选拔英才并给他们提供合适的机会,让他们去成长和展示,方能争取全局的胜利。常印佛在他所奋斗的地质战线上,不仅能够找矿、科研亲自攻坚,还能够聚集和培养一批优秀的地质人才,共同开拓和成就事业,正是兼备将帅之能。

两度"辞官"

前已交代,1978 年 10 月常印佛在澳大利亚考察期间,被任命为安徽省地质局副总工程师,年后赴局履新,在总工程师严坤元的手下工作。1980 年春,常印佛被任命为安徽省地质局副局长,除协助局里事务外,则主抓了成矿区划工作。1982 年,国家实行"文革"后第一次全国政府机构改革,提出干部"四化"的要求,其中有年轻化和知识化两项。当安徽省地质局实行机构改革时,地质部派出了以政治部主任田哨为组长的工作组来主持。当时在局里还就局长人选做了一次民意测验,常印佛得票最多。田哨便找常印佛谈话,传达了部里的精神,要常印佛担任局长,组织"班子"。常印佛当即陈述意见,认为自己不适于当行政领导,愿意接替严坤元先生的工作,担任局总工程师。田哨接受了这个意见,经地质部同意后,被任命为安徽省地质局总工程师(后注:副局级),即不再担任副局长。

在常印佛看来,自己是一位矿床学家,接近地质一线有利于做出更多的

---

① 唐永成、储国正、柏林:"求实创新,敬业奉献——贺常印佛院士七十寿辰"。《安徽地质》,2001 年,
第 2 期。

实际工作,发挥更大的作用。如担任局长,势必承担更多的行政管理工作,增加应酬,分散精力。所以,从工作的实际效益出发,他还是选择总工程师一职,并一直任至 1993 年退居二线任局咨询组长。

图 7-5 孙大光部长组织的第一批考察人员合影(自左至右依次为张涛、常印佛、程裕淇、孙人光、朱训、张仲竹、孙隆椿,20 世纪 80 年代初)

1980 年代初,时任地质部部长孙大光为了即将到来的机构改革作干部准备,2 年间先后组织了 3 次视察活动,每次都去几个省份,并带上一批由各省选来的青年干部(一般都是副局长级),边视察各省地质,边考察这些年轻干部的表现。常印佛当时即被选在第一批之列,与孙大光及程裕淇、朱训、张仲竹、孙隆春、汤中立、张涛等人去考察了新疆、甘肃和青海等地。参与了这 3 次考察活动的成员,有许多都获得擢拔和升职。如朱训在考察后不久即提为地质部副部长,后又在孙大光离休后担任部长;孙隆春不久即调任部计划司司长;后两批中,温家宝调地质部任政策研究室主任,并有多位提为地质部副部长。许多人认为,孙大光部长这次不完全依赖组织人事部门的推荐,亲自在考察省局工作的实际中考核干部,收到了良好的效果。所选干部绝大多数都是合格而且称职的。然而,常印佛却留在岗位上没有变动。[①] 事后传闻,

---

① 参加了第一批考察的汤中立也没有"升官",他在 1995 年被评为中国工程院院士。

孙大光在不同场合下说过,有的人适合搞技术工作,就让他在技术上得到发展的机会。不管这句话是否对常印佛而言,事实上他都在专业的道路上昂首阔步,且"愈走愈远"。

1980年代后期,常印佛又有一次更大的"辞官"举动。1987年上半年,地质部在湖北召开会议,常印佛和地质部地矿司副司长周维屏都参加了。在一次闲谈时,周维屏似乎不经意地对常印佛说,你在省里工作多年,积累了丰富经验,也做出许多理论和实际成果,可以调到部里发挥更大作用。常印佛听出了弦外之音,但事出突然,同时周也是以朋友身份交谈,并没有代表组织,因此他一时也不知如何作答。他只好含糊地说,地矿部和地矿司召开的会议上,自己都发表了意见和建议,以后还会继续这样做。这年秋,地矿部已做出调常印佛去部工作的决定,但文件尚未发出。恰好地矿部副部长方樟顺来到安徽,他和汪德镛与安徽省地矿局副总工程师盛中立是同班同学。一天由汪德镛和盛中立的夫人濮本琳掌勺,在常印佛家招待了方樟顺,席间方透露了调常到部里任职的消息。常印佛因有事未参加这次招待,但不久果然接到地矿部调令,任命他担任地矿司司长。

当时地矿部多数人热情鼓励常印佛赴任,他们是出于多方面的考虑。一般看来,北京的条件当然比合肥要好,担任司长离中央更近,且又是"升官",而地矿司司长负责全国范围内的地质找矿工作,可以统领全国地质队伍的千军万马,气吞山河。总之,比在地方上做总工程师优越且光鲜得多。但常印佛保持了冷静。他认为,自己当时已经57岁了,要当好司长,需要先了解全国各处的地质工作情况,等到了解后,也到了退休年龄,留在安徽则能继续发挥作用。从这个角度考虑,他更倾向于留在安徽。为此,还找到了多年的好朋友、原湖北省地矿局局长、时为地矿部政治部主任的孙隆春,向他请求建议。常印佛把自己的想法告诉了他,他也很坦诚地说,作为地矿部党组成员,自己有义务执行党组决定劝常印佛任职,而作为朋友,则觉得去了意义不大。他认为地矿部有好几个副部长,部下有许多其他司,部外还有其他相关机关,司长要把各方都配合好、协调好、"伺候好",这些都得费心思考虑,而在局里任总工程师,工作方面就相对简单许多,也更自由。这样一来,更坚定了常印佛留在合肥的决心。于是他直接向朱训部长汇报了自己的想法。朱训随即以常印佛已经习惯于南方生活为由,通知人事司取消调遣。据事后消息,当时为了解决常印佛家属的北京户口,朱训部长专门找了人事部部长,经人事部出面,才解决问题,调令才得以发出。

如上所述,常印佛一直认为自己是一位矿床学家,无意于仕途,对于行政职位的升降,亦不在意。他真正看重的是在实际工作中更好地发挥专业作用。两次辞官都已是在其知天命之年以后,他对自己的人生定位和追求更加清晰,做出这样的选择亦不难理解。

推动全省地矿工作

在担任安徽省地质局副局长、总工程师期间,常印佛为推动安徽地质工作的恢复与发展做了大量的工作。

地质工作在"文革"中受到很大冲击,生产力与生产秩序遭到不同程度的破坏,因此在1980年代初所面临的首要任务就是拨乱反正,恢复生产秩序。常印佛一走上总工岗位,即全身心投入到拨乱反正的重大任务中来。当时全局上下对恢复地质工作的看法高度一致,为了促使地质工作尽快走上正轨,常印佛主抓了规章制度和工作质量。"文革"后,地质部即着手陆续清理地质工作规章制度,修订新编了一套规章制度。其中有些已纳入相应的行业标准系列,尤其是在地质部改称地矿部后,又增编了规章制度,并于1986年报请人大通过了《矿产资源法》。这些制度省局都要贯彻实施。

常印佛主要负责地质找矿方面规章制度的实施,为此召开了不同层次的会议,要求各队结合自身情况制定具体的实施细则或条例,并把这些工作当作每次下队时重点检查的内容。对于地质工作的质量,常印佛更是一贯重视。"大跃进"之初,他在321队力挽地质工作质量下滑之事前文已叙,"文革"后的这次抓质量活动,则有着更有利的条件。其中最重要的就是原来的一线技术骨干还在,正是年富力强出成果的时候,他们一般都熟悉原有的规章制度和质量要求,并有在野外一线工作多年的经验,基础条件好。另外,地质部乃至整个国家都很重视质量工作。常印佛主抓了从野外施工到室内研究全过程的质量管理,并由此体会到,质量管理是一项经常性、长期性工作,必须坚持不懈,稍一放松,立刻下滑,而它对质量管理人员而言,又是一项枯燥的且容易得罪人的工作,如果没有严密的规章制度和各级领导部门的支持,是难以坚持下去的。这一认识又反过来促使他更加重视规章制度的制定、完善和实施。

生产力的发展离不开人才的培养。1980 年代正是新一代大学生陆续毕业之际,常印佛在任总工期间特别重视对他们的培养和使用,前文对此已有所提及。事实上,除董树文外,还有不少年轻人如储国正、杜建国、戴圣潜等现都成为局和队上的技术负责人或技术骨干。他对青年才俊十分爱惜,努力为他们创造成长的机会,而本位观又很淡薄,不惜向外单位输送人才。如20 世纪末,国土资源部设置了大区地调中心,华东(南京)地调中心的负责人和常印佛商量,常即向他推荐了地质、水文、物探等几个学科(工种)的骨干名单,其中有些从安徽省局调去,现已成为南京地调中心的骨干力量。

常印佛在履行总工职务期间,除统一部署推进全省区调工作外,在科技方面主抓了基础地质研究、新技术方法的应用两方面的工作。

在基础地质研究上,侧重于区域地质,单学科如地层学、岩石学的研究则结合区域或矿产地质项目进行。在区域地质方面,安徽省按大地构造分区从北而南,依次出现华北地台、秦岭—大别造山带和扬子地台三大一级构造单元。其中扬子地台又分为两个二级构造单元:下扬子坳陷和江南隆起。此外,还有晚期叠加在华北地台和大别造山带交界地带之上的合肥盆地与叠加于下扬子坳陷和江南隆起交界地带之上的宣郎广盆地。即出露地表的共有 6 个构造单元。其中与矿产有关的主要为前四者,后两个中新生代盆地除有少量油气显示和一些非金属矿外,矿产资源相对贫乏,但如果盆底有早期形成的矿床存在,且被更晚的断层上推至浅表时,仍不失为找矿对象。所以常印佛认为这 6 个单元都应作进一步深入的区域地质研究,但他分了3 类:

①　下扬子坳陷安徽段铜、铁、金、铅锌、硫铁矿等矿产资源丰富,为长江

中下游成矿的重要组成部分,也是国家找矿的重点区带。华北地台上的煤炭资源丰富,两淮成煤区也是国家找煤重点,且有相当可观的铁、金资源。这两个地区以往投入了大量地质勘查工作,研究程度较高,存在的地质问题也相对较深入,解决的难度也相对较大,更重要的是当前仍然是国家找矿(煤)的重点,直接带动了区域成矿规律的研究向纵深发展。因此,常印佛确定这两个单元的区域地质研究与矿产勘查密切结合,以生产促科研、以任务带学科。他本人则直接投身到下扬子坳陷的区域地质研究中,如前述"六五"期间的跨省成矿区划和"七五"、"八五"的两轮国家科技攻关课题,基本上覆盖了他任职局总工的全部历程。而华北地台的安徽部分,铁矿勘查工作,由省地质局承担,但煤矿勘查工作则由煤炭部门负责,结合的难度较大,恰好省地科所地质专家韩树菜女士先前在地质部从事煤田勘查与技术管理工作,在煤田地质领域有很高造诣,故请她担纲两淮区域地质和成煤规律的研究。

② 大别造山带矿产地相对较少,以往不是找矿重点,投入也较少,研究程度相对较低,但该区域地质方面的内容很丰富,是一类造山带的典型区。同时,虽然矿产已发现者较少,但仍具备成矿地质条件,邻省已有重要发现,本省也有些线索,故仍需继续工作,不能轻言放弃。不过区域地质研究已不能指望由找矿来带动,必须专门组织。"六五"期间,省地科所构造地质学家徐树桐率先进入大别山,稍后区调队在大别造山带也发现了高压变质带的兰片岩,引起了长春地质学院张树业教授和美国斯坦福大学刘忠光教授的兴趣,都来考察,进行合作研究,后来又加入了美国和日本的地质学者。同时徐树桐也与德国和土耳其等国学者进行合作。不久,徐树桐和刘忠光在大别山榴辉岩中发现了柯石英,接着张树业和徐树桐又在其中发现了金刚石,确证了超高压变质带的存在,并且拥有当时世界上面积最大的超高压变质岩露头,一时轰动了国际地质界,先后有 8 个国家的地质学家来此考察或合作研究,被戏称为"八国联军"。[①] 这使得大别—苏鲁超高压变质带成为我

---

① 与1900年侵华的"八国联军"相比,除奥匈帝国换成土耳其外,其余七国(英、法、德、意、美、日、俄)一个也不少。

图7-6　常印佛在野外工作

国在世界地质学科上放出的一个异彩。由于大别造山带位安徽省内南北两大地台的结合带上，相当于安徽地质结构的脊梁，地位非常重要，上述进展也大大提高了安徽省的地质研究程度。

当大别山区研究高潮行将过去之际，常印佛即考虑将皖南山区的江南隆起区域地质研究提上议事日程。江南隆起的地质结构总体上不如大别山造山带复杂，但许多独有的地质问题难度也很大。加之本区矿产以钨、钼(金、铅锌、锡、锑等)为主，不属于国家的重点找矿区带，以往投入不多，地质研究程度也不高，和大别山一样，靠矿产勘查来带动区域地质研究是不行的，必须专门组织实施。进入"七五"以后，大别山超高压变质带研究已逐渐退热，转入以造山带细节长期深入的常态化研究为主。此时常印佛即找徐树桐商量，恰好后者也关注到皖南地质，并有向皖南进军的浓厚兴趣和打算，两人一拍即合。常印佛则请徐树桐担纲，徐即率其部分团队进驻皖南。通过几年工作，取得不少进展，确定皖南最南端的变质火山岩系系古岛弧环境产物，从而为在皖浙赣毗邻地区的江南隆起东段南侧存在一个海沟—岛弧—弧后盆体系提供了证据。与此同时，省内外院校科研单位也来此进行了一些专题研究，对一些基础学科特别是在晚元古代花岗岩的研究中取得了有意义的进展。同时在该区工作的地勘单位也做了大量工作，获得不少成果，特别是332队总工程师马荣生通过三十余年野外实践和深入分析，积累了很多重要认识，对推动该地区区域地质研究具有重要作用。此外，国际上著名的华人地质学家许靖华教授也曾来考察，提出一个颇有挑战性的观点，虽然未被证实，但在区内学术思潮上掀起一个热点。所有这些都大大提高了区域地质研究程度和认识水平，以及对区域地质问题思考的广度和深度。

③ 对于两个盆地，先从合肥盆地下手，因为石油部门在这里探寻油气资源，断续投入一些物探工作和钻井，亦即有一些深部资料，而且它对弄清楚华北地台与大别造山带的关系也有着重要意义。在韩树棻完成了两淮地区的研究之后，常印佛即请她再向南继续扩展，担任此项工作。由于该盆地中固体矿产仅石盐和石膏具有较大规模和经济价值，但又都不是重点急需资源，故以往投入较少，资料不多，工作及研究程度均较低，开展难度较大。通过"七五"后期及"八五"初期几年的努力，终于完成了任务，对盆地的形成和演化及其整体构造格局，作出了较全面的分析，并在地层对比和构造分析方面，有新的发现和发展。

至于另一盆地——位于江南的宣郎广盆地，它西起于青阳县城东，向东北张开，直延至江苏境内，其特点是盆地内有几条山岭，它们是被断层从盆底推上来的，同时也把原来产在盆底的矿床上推到浅表，因而可能被勘查出来供开发利用（如宣城麻姑山铜矿和荞麦山铜矿）。所以对它进行区域地质研究，对于寻找隐伏矿床和了解下扬子坳陷与江南隆起之间的关系均有重要意义。但当时地矿局已实在无力再组织一个精干的科研团队了，到常印佛1993年离开局总工岗位时，一直未能实现，使他深以为憾。

在新技术新方法应用方面，这一期间，地质部关于地质找矿工作的技术路线提出了"五统一"的指导思想和方针，即区调、区划、科研、物化遥、探矿工程5个方面统一部署和安排。常印佛完全拥护这一举措，实际上他也有类似看法。"五统一"中，在前文已述的区调、区划及科研等方面，常印佛都努力贯彻技术和方法的统一部署，取得了良好效果，兹不赘述。这里再补允一些他在致力于新技术、新方法的试验、推广和应用方面的工作。

除1980年代中期率先提出立体填图的建议并在铜陵地区开展试点外，常印佛还推动了省内物探工作的进展。当时地质系统在安徽省有两支物、化探队伍，一支是省地质局自己的物化探队，一支是部直属的第一物化探大队（简称"一物"，队部在蚌埠，归部物化探局领导，面向全国）。此外地质部还有航空物探大队，可根据各省需要提供服务。煤炭、冶金部门在皖的地勘单位中也有物探队。根据这一情况，安徽省地质局的原则是立足于局属队伍,同时利用区位优势,要求"一物"多在省内工作。对此,常印佛的态度和部署是:新的技术方法试验推广主要靠"一物",鉴于它是地质部直属的"拳头"力量,投入较多,拥有先进的设备和较强的技术力量,其主要任务之一即试验推广新技术和新方法,因此,可以让他们认为条件合适时尽可能在省内优先试验、推广;至于省局所属物化探队,不具备购置许多国外先进设备的条件,可以在现有基础上吸收和推广已成熟的新技术和新方法。实践证明,两方面都取得了成功。其中"一物"在重磁方面采取多种方法综合应用,提高了推断解释的精度和水平,特别是电法,购置了不少新仪器,试验许多新方法,其中一些已取得了实际效果。局属物化探队作出了显著成绩,比较突出的如该队青年总工程师曹奋扬,利用在中国地质大学读研的机会,学习和应用了一些新的数据处理方法,对安徽沿江地区多年来积累的资料作出新的解释,有许多新的认识,对地质研究和找矿均很有价值。

在化探方面也有新进展。这一期间,我国勘查地球化学专家谢学锦提出在全国进行化探扫面的建议,为地质部领导所采纳,在各省市区推行。他的建议基本内容是:按照一定比例尺和一定网度,在大小河流水体中取沉积物样品,即"水系沉积物测量",分析其中 39 种化学元素,反映各级水体流域内地表化学元素分布状况,为找矿和其他应用领域服务,也发展了地球化学这一门学科。对于所采集的样品,分析精度都要求达到定量及近似定量水平。这在当时世界上是该领域内独一无二的大型科技工程。常印佛非常感兴趣,全力拥护和支持,把样品采集工作安排给局物化探队承担,分析测试由局中心实验室负责,按规定要求保质保量完成了任务。这次扫描发现了大量化探异常,不但促进了地质找矿工作,对相关领域也有重要意义。80 年代后期,地质矿产部测试所李家熙所长申请了一个项目"地球化学成果在农业及生命科学上的应用",得到当时中国农业科学院院长卢良恕和卫生部陈敏章部长的支持,即选择安徽作为重点试验区之一,主要研究地球化学对卫生健康的影响。李家熙盛情邀请常印佛参加这一项目。常印佛接受邀请并委托原第一水文大队孙海山总工程师负责这一课题,发现了不少值得进一步研究的事实和现象,取得了有意义的进展。与此同时,针对安徽省在应用此项成果进行找矿中存在的问题,常印佛委派物化探队化探专家周全兴去有关省份取经,借他山之石,提高自己的应用水平。

在钻探技术方面,由于当时深部找矿已逐渐引起更多人的关注,因而与之有关的技术问题也应提前做好准备,其中即包括钻探。深部钻探可能遇到的技术问题很多,其中之一即为钻进中的偏斜问题。当年铜陵冬瓜山深部探测的第一孔即因孔斜过大,偏离主目标而进入岩体中导致探测失败,致使它的发现推迟了5年。至1980年代中期,地矿部著名的钻探专家刘广志立项专攻"定向钻进"。刘广志是早年常印佛在321队铜官山时期的老队友,后来亦当选为工程院院士,他这次试验地点选择在铜陵冬瓜山。安徽省地矿局和321队也派了许多技术人员和工人配合协助。经过一段时间的努力,取得了圆满成功,不但可以保证钻孔的方向和角度不偏斜,还可从一个孔中打出多个分支孔(不同方向和倾斜角),即"一孔多支",可以大大节省深部钻探工作量,从而为深部找矿在钻探技术方面提供了有力支撑。

以上所述的主要几项技术进步中,立体填图和水系沉积物化探扫面在当时可达到国际先进或领先;而物探和钻探部分,大体上相当于国际先进或国内领先。这些技术进步推动了安徽地质找矿中生产力的革新,对全省地质工作的发展壮大起到重要作用。

由于职位和角色的转变,常印佛在以上区域地质研究和技术方法的创新研究及应用中,都不再是亲自参与其中,没有做出具体的学术成果。他作为局总工程师,更多地是从技术管理的角度,从地质找矿工作可持续发展的战略层面考虑,本着"抓住根本,夯实基础,认定目标,解决需要"的理念,①以

---

① 在1960年代早期,地质部在《中国地质》杂志上开展了一场关于地质勘探工作性质问题的讨论。讨论中主要有三种观点,一种认为地质勘探是一项调查研究工作,属认识活动,旨在通过发现事实,探明规律进行找矿;另一种观点认为是生产性质,属经济活动,应讲究效益;还有一种观点认为两者兼而有之,不能偏重其一。集中讨论在1964年告一段落,之后多年亦有断续的论述。常印佛没有参加这次讨论,但他有自己的看法,他认为:从自然属性来看,说它是一项调查研究工作是可以的,这应该是它的"第一属性",而作为一项经济活动,则又是它的社会属性,可称之为"第二属性"。据此认识,在结合工作实际的基础上,它提出了正文中的十六字理念用以指导地勘工作——不狠抓基础,加强观察研究,可导致工作失败;不盯紧目标,满足国家需要,亦可导致成果失效。实际上,他即是抱着这样一种态度,走上局总工岗位的。关于这场讨论的背景、过程及其意义,另有专文讨论。

开放、合作的精神作出统一部署,对这些工作给予倾力支持,并促使项目的实施和完成,履行了他所能尽到的职责。

地质部门的地质工作涵盖三大部分:基础地质、矿产地质和广义的环境地质(包括工程地质和水文地质)。其中常印佛在担任局总工期间对基础地质部分,包括地质调查、基础地质问题的研究等方面所做的工作,前面已经有较详细的叙述,广义的环境地质方面的工作由张可迁副总工程师全面负责。在矿产地质方面,由于找矿一直是地质局工作的重点,因此常印佛也倾注了较多心血,在任局总工期间,主抓了顶层设计、工作部署、项目安排和技术管理,推进了全省找矿工作的发展。

图7-7 常印佛在庐江地区野外考察(1985年)

图7-8 常印佛在野外考察肥东磷矿(1989年)

安徽省主要矿产资源大体分布区带见下表:①

---

① 有些矿种如铀、油气等未列入表中,因为根据分工,煤、铀、油气三个矿种安徽省地质局均不承担地质工作,铀、油气以往基本上没有参与,煤炭在1964年以前地质、煤炭两个部门均作勘查,淮北闸河煤田即系地质325队发现的,后来地质部门才退出,虽然在"文革"后地质局又一度做了一些工作,旋即撤出。此外,尚有一个相对独立的金刚石远景区,主要在华北地台上。图表采自常印佛回忆手稿,2014年10月,资料存于采集工程数据库。

表7-3 安徽省主要矿产资源大体分布区带表

构造区域	成 矿 区 带	所驻综合勘查地质队
华北地台	1. 两淮成煤区	
	2. 萧(县)—宿(州)铁(铜金)成矿带	325
	3. 五河—蚌埠金、铁、铅锌、非金属成矿带	312
	4. 霍邱铁成矿区	337
合肥盆地	5. 定远(东兴)石盐、石膏成矿区	
大别造山带	6. 北淮阳钼、铅锌、金(稀有金属)成矿带	313
	7. 大别山—张八岭磷、铁、金、金红石、凹凸棒石黏土成矿带	311(大别山段) 312(张八岭段)
扬子地台	8. 长江中下游铜、铁、金、硫、铅锌(银)成矿带	321、322、324、326、327
	9. 江南(隆起)钨、钼、金、铅锌(锑、锡、萤石)成矿带	332
浙西地块	10. 白际山金、铅锌(钼、钨、锑)成矿带	332

以上10个成矿区带中,当时工作重点放在1、2、4、8区带,其次在3、6、9区带也驻有专门的地质队伍,7、10区带也有少量勘查项目,第5区自东兴盐发现并勘查后即没有再进行更多工作。长江中下游成矿带为省地质局工作重中之重,这从队伍的分布上即可以看出。因此,常印佛首先抓这一成矿带的矿产地质工作。除前文已详述的他直接参与了有关该带的跨省成矿区划和两轮科技攻关研究外,作为局技术主管,他考虑更多的是如何拓宽找矿领域,开阔找矿思路和扩大找矿远景。所以在工作部署上,除对一些重点矿区要保证如期完成勘探或评价的任务外,还安排了相当的工作量对一些新的发现和线索进行探索,产生了一些效果。如324队早先在贵池马石发现小斑岩体中有斑岩铜矿型矿化,引起重视。接着在贵池马头、青阳洪家岭、南陵丫山等地都有类似发现,从而构成了狭窄的"小斑岩带"。除铜外,还有钼矿化和金矿化,虽然至今仅找到中、小型的金矿和钼矿,铜矿尚无重大突破,但它的发现无疑开阔了长江中下游安徽段找矿的思路。又如,1980年代中期327队在庐江发现了龙桥铁矿,后来确定它产在中三叠世层位,从而把大冶、安庆、当涂、南京等地同一层位上的铁矿串联起来,拓宽了找矿思路和远景,其后又在同一层位中发现了许多矿床。

常印佛还对除第5成矿带之外的其他区带作了比较,通盘考虑,认为2、4主要都在浮土覆盖区,以物探磁法导向,寻找新的隐伏矿床。但第2成矿带的南部出现偏酸性岩体和铜金富集,因而在工作部署上适当向南部加强。

6、7区带以往工作程度低,远景不明朗,但6带向西延入河南省,河南陆续发现不少矿床(主要是钼矿);7带西延入湖北,矿产地也不多。因此三省地质局协议于1980年代中期组织了一次"民间的"(即未通过地质部)协作攻关活动,每年召开一次三省联席会议,交流各省在大别山区找矿进展情况,商讨联合协作"攻关"大计。有一次在河南信阳河南地质局第三地质大队召开会议,队上很热情,会议结束当晚还组织了一次联欢晚会,并决定将各省交流材料编印出来,要常印佛题几句话。他于是即兴填词一首记录了当时的实况:

> 鸡公山下浉河畔,主人多情,客人多情,良宵一刻值千金。
> 一年一度传消息,你也进军,我也进军,为攻大别结同心。

这一轮"攻关"取得了较好进展,主要是在大别造山带的北侧亚带(对应秦岭造山带的北秦岭带),即"北淮阳成矿带",河南与安徽都找到了一些矿床,安徽找到了中型铅锌矿和金矿,河南进展最大,找到了大型钼矿。向南即为大别山腹地和南侧亚带,安徽与湖北均未取得突破。[①]

在安排大别山工作的同时,常印佛也一直关注着皖南山区的找矿工作。但自二十世纪五六十年代以来,主管部门一直强调要找煤铁铜,而这些正是皖南山区的弱项。所以皖南的地质找矿工作一直没有大规模的开展,只是小规模进行,工作程度和研究程度都不高。但皖南的找矿信息还不少,且有特色,与沿江及两淮完全不同,主要是钨、钼、铅锌和金等。特别是钨,矿点和异常很多且分布广,类型也较丰富。因为中国不缺钨,而且一个时期以来

---

① 此后,地质找矿工作整体进入萧条期,这一轮民间联合"攻关"也就此休止,不过零星的地质工作还在进行。进入21世纪后,地质工作逐渐还阳复苏,首先是河南在邻近安徽省界处发现了两个大型钼矿床,安徽受此启发,经313队艰苦努力,终于发现了隐伏在几百米地下的金寨沙坪沟巨型钼矿床。而此距当年"攻关"已20年,常印佛也早已离开总工岗位。由此可知找矿探索的长期性和艰巨性。

是限采限勘的矿种,所以皖南钨矿地质工作一直无法立项。为了要把皖南找矿工作推上去,常印佛一方面到现场去踏看了一批矿点,做到心中有底,另一方面加强与地质部有关单位沟通情况。后来得知地质部对钨矿地质工作的限制有所松动,他即与332队总工程师马荣生商量,经反复研究,选择施工条件较好一些的绩溪际下钨矿先进行详查评价。通过工作证明是一个中小型钨矿,储量虽不大,但类型很好,并在其附近又找到一个新产地——巧川,也有一定规模。总之,成果表明皖南找钨具有更大的前景,也有了一个良好的开端。重点抓钨的同时,还开展了金和铅锌的找矿评价,也取得不少进展,并发现了"似卡林型"金矿。①

此外,任总工期间,常印佛还一如既往地重视开展对外合作。一方面是走出国门,一方面是开展与国内科研机构合作,尤其注重"产学研"的密切结合。1982年4月,罗马尼亚国务秘书、地矿部副部长马里安·勒杜斯库一行三人到铜陵进行地质考察,常印佛即负责陪同,了解国外信息。1987年8月至9月,常印佛则率领地矿部综合地质考察代表团赴瑞典进行综合考察和商谈项目,双方初步达成了两个项目的合作协议。他始终认为生产部门、高等院校和科研院所各自优势应该互补、取长补短,尤其是实施重要的地质科研项目和决策重大的战略性问题,三者的结合显得尤为重要。在其任职期间,安徽省地矿局主动开展对外合作与交流,自1980年代以来,长期和中国地质大学、南京大学、中国科技大学、合肥工业大学、中国地质科学院、中国科学院有关研究所等单位及与法国、美国、意大利、澳大利亚、加拿大等国家合作,共同承担地质科研项目,进行学术交流、野外考察、座谈研讨等,建立了良好的协作关系。实践证明,"产学研"结合对发展地矿事业,尤其是对做好地质勘查和科学研究起到了积极推动作用。②

----

① 地质大萧条时期皖南地质工作进展不大。进入21世纪,随着投入增大,工作力度也得到加强,皖南找钨工作获得迅猛发展。已评价几个大型矿床及一批中型矿床,其分布从山区北缘到腹地,从东端到西段,展现了更大潜力。在金、铅锌找矿中也取得很好成效,特别是铅锌有了重大突破。虽然这都是后来的事情,但它的确实现了当年常印佛要把皖南山区地质找矿工作推上去的愿望。

② 唐永成、储国正、柏林:"求实创新,敬业奉献——贺常印佛院士七十寿辰"。《安徽地质》,2001年,第2期。

图 7 - 9 　在瑞典考察 (1987 年)

图 7 - 10 　常印佛在巴西考察 (右二为常印佛 , 1987 年)

图 7 - 11 　常印佛在日本纪伊半岛考察 (1992 年)

改革开放后,国家奖励制度逐渐完善起来,安徽省在此期间的地质成果受到了国家的嘉奖。1986 年,安徽省因冬瓜山铜矿床的发现,获得地质矿产部成果奖一等奖,常印佛为获奖人之一。

1980 年代后期,地质部把"文革"后在长江中下游取得的所有地质成果放到一起,申请"国家科技成果一等奖"。国家奖励办认为这些成果很有意义,或为造声势扩大影响起见,建议颁予特等奖。按照当时规定,特等奖必须是几个部门联合工作的成果。为此,地矿部就把有色系统的云南个旧和广西大厂两个锡矿的新发现成果也放进来,捆绑为"长江中下游铜铁硫金银资源重大发现与个旧—大厂锡矿成矿条件、找矿方法及远景"进行申报,并最终获 1987 年度的"国家科技进步特等奖"。由于申报成果的"集成性",这个奖项没有首席科学家或第一获奖人,常印佛因对长江中下游找矿成果有重要贡献,①作为主要获奖人之一列名。1988 年,常印佛主持的全国首轮跨省区划项目"长江中下游铜铁硫金(多金属)成矿带成矿区划"再获地矿部"科技成果奖一等奖",并且是第一获奖人。两次奖励都有不菲的奖金,但他都放弃了奖金的分配。同年 7 月,常印佛经国家人事部批准为国家级"有突出贡献的中青年科学、技术、管理专家"。在 80 年代,常印佛收获了较多的荣誉和奖励,他对每一个奖项都很珍惜。他觉得每一项劳动成果只要是自己花费精力去完成的就都应该珍惜,国家颁给奖项也是要鞭策自己继续努力向前。

---

① 主要成果是冬瓜山铜矿床的发现。

第八章
当选院士与主持项目

中科院学部委员

中国科学院自 1949 年成立后,成为国家最高学术研究与管理机关,荟萃了当时最优秀的科学家。1955 年学部成立,产生第一批学部委员,1957 年又新增选了一批委员。"文革"中,学部被迫停止活动,学部委员也再未增选。1979 年,中科院学部恢复活动,并于 1980 年新增选了 283 位学部委员。新当选的学部委员都是国内科学精英和学术权威,代表着他们所在领域的最高水平。然而自此之后的十年内,亦没有再增选学部委员之举。1990 年,中科院与国家科学技术委员会向国务院请示新增选学部委员,国务院于当年 11 月 16 日批示:增选学部委员工作,今后每两年进行一次,逐步使增选工作制度化、规范化。

接到批示后,中科院随即着手学部委员的增选工作,将任务分派到各学部。地矿部随即召集该部系统的学部委员开会,商量评选原则并推荐候选人。学部委员们商议,重点从地矿部所属高校系统和地质科学院系统及部机关中遴选推荐对象。他们从这两部分中推荐了多数候选人。但仅限于高校和科研系统是不够的,地方上也必须兼顾,各省地矿系统中也不乏优秀人选。经讨论,最终决定从地方上推荐两人作为学部委员候选人,其中之一即为安徽省地矿局总工程师常印佛。

随后,地矿部下达正式文件,通知各地质单位推荐自己的候选人。安徽省地矿局局长看到文件后,当即决定推荐常印佛,遂安排政治部的一个年轻工作人员赵建波写推荐材料。赵建波即按照申报劳动模范的格式写好后寄到了地质部。

另一方面,地矿部在召开学部委员会议的同时,成立了一个临时性的办事机构,附属于人事司,由部副总工程师许宝文分管,并从地科院抽调一名刚毕业的硕士刘彦波专司其事。一天许宝文去了解报名情况,刘彦波便逐一汇报申报人的姓名。读到常印佛的名字时,许插话说:"这个人还是有点东西的。"这引起了刘彦波的注意,在许走后即认真看了常印佛的材料,觉得内容和写法均不符合申报学部委员的要求,乃向许宝文汇报。许要他通知安徽局重新写一份。他便草拟了一个详细的提纲,打电话到安徽局,逐句口授给赵建波。赵建波对照提纲要求,觉得自己完成不了这项任务,即向政治部主任反映。政治部主任让赵建波直接去找常印佛,并说这部分内容只有请其本人自己亲自写才行。常直到赵建波为此事找他时,才知道自己被推荐了。

常印佛先看了一下原来上报的材料,觉得赵建波写得相当不错,事实比较准确,观点比较清晰,目标也很明确,如果作为申报劳模或先进工作者用,肯定是一份合格的好材料。但用以申报中科院学部委员,则内容的学术部分就显得不足了。他便参照了刘彦波的提纲要求,对材料作了较大的修订和补充后,再次交到了地矿部。

刘彦波接到材料后,仔细看了一遍,认为还是有值得修改的地方。他把赵建波叫到北京,让其在推荐材料的每一节前写一段概括性的话,把下文的重点提炼出来,这样更显一目了然。这个要求对赵建波又是一个挑战。正在他不知如何是好之际,恰好常印佛来到地矿部参加会议,两人在北京山水宾馆相遇。赵建波见到常后十分高兴,向他报告了刘彦波的建议,请他亲自修改。常印佛觉得刘的建议很好,并按要求给每节前加上了一段文字。这份学部委员申报材料,也是常印佛第一次给自己的工作与学术研究做了一个比较完整的回顾与总结(参见附件一)。

地学部汇集了所有地学部候选人推荐材料后,就召集学部委员,分配介绍任务——每一个递交材料的人都要有学部委员作介绍。常印佛的推荐材料上写的专业是地质矿床,被分到地质组。中国地质大学(北京)王鸿祯(1916~2010)教授为地质组长,负责分发材料。但在场的学部委员没有做矿床学研究的,一时竟找不到合适的介绍人。此时地质力学所所长孙殿卿(1910~2007)接过材料,答应一定找到合适的介绍人。孙殿卿是1975年国际地质大会论文筹备处主任,常印佛曾在他的领导下工作了一年多时间。他很欣赏常印佛,一度想把他留下来工作。他要找的这位介绍人,正是前文已多次提到的我国著名矿床学家,也是常印佛在矿床学研究上的领路人郭文魁。孙殿卿回来找到了郭文魁,把材料交给他时,还特地叮嘱一句:"老郭,你可要介绍好了!"

郭文魁拿到材料后,几乎没有修改,便写入他的"介绍材料"纸页中了。[1]1991年11月,经地学部讨论后投票,常印佛顺利当选为学部委员。郭文魁后来告诉他,当他做完介绍时,一位老学部委员发言说,科学院学部委员多数都是做理论研究的,现在地学部正需要这样既有理论贡献又有实践能力的科学家。郭文魁听他这么一说,心理就踏实了。因为这位先生在学界有较高的声望,他带头表示赞许,对其他人也会产生一些积极的影响。

此次中科院学部委员选举,推荐名单中共有1 079名有效候选人。分别经过300余位学部委员和43个部委、直属机构,26个省、自治区、直辖市的169个研究单位、181所高等院校以及近100个一级学会的推荐和初选。最后经过原有学部委员采用差额无记名投票的方式选举出210名新学部委员,其中地学部新增35名。[2] 这是"文革"结束,中国科学院恢复学部活动后第二次增选学部委员。也正是自这次起,中国科学院学部委员增选走上了制度化、规范化的道路。

---

① 按照中科院学部委员评选规定,候选人的介绍材料都要留下纸质文件,并由介绍人签名,以备查考。
② 《人民日报》,1992年1月4日头版。具体委员名单见附表。

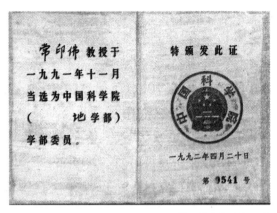

图 8-1 常印佛学部委员证书

1992 年 4 月 27 日人民日报对新增选学部委员逐一做了介绍。对常印佛的介绍是：

　　常印佛　地学部委员。矿床地质学家。1931 年 7 月生。江苏泰兴人。1952 年清华大学地质系毕业。现任安徽省地质矿产局高级工程师（教授级）。他发现了铜陵近东西向断裂带，并在此基础上，通过对长江中下游成矿带的深入研究，总结了区域成矿规律，提出了一个有关陆内成矿带的构造背景、地质环境、成矿特征和富集规律的系统理论，丰富了陆内成矿理论。他提出的"层控（式）矽卡岩型"矿床的建议和分类，指导了找寻矽卡岩型铜矿的实践。此项成果与其他有关成果一起获 1987 年国家科技进步特等奖。他将安徽沿江地区的勘查工作划分为三个阶段，并提出了第二轮普查的建议，现已立项研究，并获一批成果。①

　　此项介绍精炼地概括了常印佛在区域成矿学、矿床学和找矿勘探学领域的学术贡献。这正是其长时间致力的探索方向。三个领域由一条线始终如一地贯穿——即找矿。

---

① 文中所谓"提出了第二轮普查的建议"稍欠准确。实际上，常印佛提出的是开展"立体填图，深部找矿"的建议，它应算是对开展第二轮普查具体方法的建议。

　　与其他当选院士相比，常印佛理论著述实不为多。他当时公开发表的学术论文不足 10 篇，学术专著也仅 1 部。如果仅看其著作数量，他决不能算多产的学者。像许多一线总工一样，他注重实际却不太在意论文的发表，因此他的每一篇论文都是长期实践、研究与总结后的成果，极具分量。由于地质工作的实践特征，他常常在写成论文发表之前，一些思想和认识就已经成熟，或已被用来指导着实践，再经过补充、修正和升华，最后才写成文章。他从来不急急忙忙地写文章，有些重要文章甚至是在再三催促下才写出来发表的。他的专著《长江中下游铜铁成矿带》以"六五"期间所做的研究工作为基础，经历漫长的打磨，中经补充"七五"期间的最新发现，直到最后出版，前后长达 10 年时间，真可谓十年磨一剑，也使此书终成经典。作为一名长年奋战在地质一线的总工程师，他还有数不清的研究成果体现在一本本矿床勘探报告和项目研究报告中。那一座座崛起的矿山和一步步走向深入和繁荣的地质勘探工作最能代表他的成果，而公开发表在纸面上的又不过是其中一部分而已。

　　常印佛当选学部委员时 60 岁，从事地质工作也近 40 年。在这漫长的岁月中，他一方面为满足国家的需要而工作，另一方面也自由地探索在自己的领域。他选择研究的问题、攻关的对象都是来自实践需要，是其探索兴趣与工作需求的完美结合。在当时的环境下，他不需要花费大量的心思写申请书去争取项目，也没有背负沉重的考核压力去完成指标，更没有必须要发多少篇文章的硬性要求。他唯一需要克服的困难就是研究对象本身。他是在相对自由的环境中做轻松自由的探索的。他对待工作与科研态度严谨，心理从容而沉静，没有急躁与浮躁，实事求是，扎扎实实，不必为急于出成果让自己疲于奔命甚至弄虚作假。这固然与他的性格与作风习惯有关，也同样离不开当时相对宽松的学术氛围与工作环境，它容许科学家较自由地从事探索性的工作。

　　常印佛没有许多文章和著作而在当时却能够当选为科学院学部委员，这在今天是不常见的，甚至是不可能的。这也反映了当时评选院士的标准并不以文章数量多少为重，而是看实实在在的成果，体现了当时人才评价体系的价值标准取向。我国早期的院士评价标准和社会在某些方面为科学家提供的相对自由的学术环境,以及由此而产生的良好学风,对今天诸多科技政策的制定及有利的科研环境和人才成长环境的营造,不无借鉴意义。

附件一:中科院学部委员候选人推荐书——常印佛(摘录)

在科学技术方面的主要成就与贡献:

常印佛同志在近四十年的业务实践中,先后主持了多项大型勘查、科研和援外项目,表现了深厚的学术素养和专业造诣,取得了重大成就。早期发现了铜陵近东西向基底断裂带及其与成矿的关系。提出了当时具先进性和新颖性的隐蔽基底断裂控岩控矿的观点;经过二十年的找矿实践检验和深化研究,这一观点得到证实和发展,于八十年代前期进而提出长江断裂带系追踪两组基底断裂而成的大型聚矿构造,并对它的大地构造环境和形成演变过程进行了详细分析,从理论上对一个典型的陆内成矿带——长江中下游成矿带作了系统总结,在环太平洋板内变形(活化)期的区域成矿分析中具有中国自己的特色。同时根据这一期构造——岩浆活动对先存同生矿化的叠改作用,于八十年代初提出了"层控(式)矽卡岩型"矿床概念,更好地反映了这类复合成因矿床的主导成矿特征,丰富了广义矽卡岩成矿理论,在我国陆内成矿带中具有典型意义。应用上述陆内成矿理论指导,取得了多项找矿突破,并在普查理论方法方面有新的发展,为矿产资源开发和推进地质事业作出了重要贡狱,兹分述如下:

一、在区域成矿分析和成矿规律研究方面,从对铜陵地区的区域成矿作用及其规律的剖析入手,进而对长江中下游成矿带作了深入分析,提出了一个关于典型的陆内成矿带的构造背景、地质环境、成矿特征和富集规律的系统的理论认识。

1963～1965年间,根据对铜官山、狮子山及凤凰山等三个铜矿田的勘查研究及对当时为数不多的区域地质地球物理资料的分析,发现区内存在一组近东西向的"隐蔽"基底断裂带,它控制了整个铜陵地区(相当于目前所划的四级成矿单元)的岩浆一成矿活动。为区内最主要的也是基本的控矿构造;它和其他不同方向的深度较浅的构造交汇"结点",构成岩浆活动中心,控制了矿田的形成;盖层构造则制约着矿床(体)的富集;由此产生了三级控矿规律。岩浆活动中心附近主要发育 Cu－Fe 及 Cu 矿化,作"点""段"散布,其外圈则以 Pb、Zn 组合为主,成"片"相连,构成了"网眼状"分带现象。同时综合三个矿田中岩体的规模、产状及相应矿化特征,提出了岩浆岩成矿的垂向三层结构:即下部大岩株伴随接触交代矿床(凤凰山);中层为岩漏斗体,接触带矿体及外接触带似层状矿体并存,当时称之为"剪刀式"矿床(铜官山);浅部为岩墙—岩枝系,以多层状矿体为特征(狮子山)。这些认识以"某区内生矿化作用的几个问题"一文发表在《中国地质》1965 年第 12 期,作者常印佛、刘学圭、王乙长。[其中近东西基底断裂及其控矿意义的认识,早在1963 年由他编写的《铜陵狮子山铜矿区东西狮子山矿床地质勘探报告》(内部铅印本)的有关章节中提出;近南北向断裂由刘、王二人提出;其余反映了常的观点。]上述认识,特别是隐蔽基底断裂控岩控矿的论点,在当时还只有为数不多的学者提出过,而把它应用到一个较小地区(四级成矿单元)作具体分析,更属少见,因而具有一定的新颖性和创造性。不过,由于当时资料水平有限,有些看法带有一定的推测性,还不能普遍为大家所接受。但在1966 年老鸦岭中型铜矿的发现中,这些认识经受了一次检验,起到了指导作用。(当时常已在国外,由合作者们参与普查选区论证),随后又为进一步广泛深入的地质工作所肯定,时至今日,它已为在铜陵地区从事勘查和研究的大多数地质地球物理工作者所承认,并且在中国东部其他一些地区(如赣西北、豫西等)也相继得出类似的规律(实际上国外很多地区也有此情况),说明它有一定的普遍意义。此后,在 1976 年郭文魁、常印佛、黄崇轲的论文"中国主要类型铜矿成矿与分布的几个问题"中进一步提出近东西向及北北东西两组构造及其形成的网络和结点是东部成矿域内生铜矿的主要控矿构造(见《地质学报》,1978,第 2 期)。1981～1985 年间由他主持的长江中下游成矿带跨省成矿区划,第一次对这一著名的成矿带从区域成矿背景到富集规律,从典型矿床分析建模到找矿预测,进行了全面的总结,深化和发展了早期的构造—岩浆带控矿的理论,对这个具有其特色的典型的陆内成矿带作了较深入的剖析,形成了系统的理论认识。以他为主,和合作者们(主要有刘湘培、都洵、吴言昌、任润生、陆镜元等)提出了长江深断裂带是伴有一整套成岩成矿系列和组合配套发育的大型聚矿构造,并对这一断裂的性质和演化特征作了深入分析。该断裂带南北两侧的基底具有不同性质和发展历史,南侧为较典型的"江南式"基底,北侧具有与之不同的地壳构造(根据HQ13地学断面陈沪生的论文),特别是灯影组以前的震旦系悉经强变形和弱变质,故另名之为"江北式"基底,它究系大别基底的一部分,抑或系另一个残余地体,尚待进一步研究。两者之上为同一地台盖层("一盖两底")。在两个基底的结合地带,各时代盖层中都有一条岩相或厚度变异线。中生代板内变形阶段,沿着这一基底结合带发育成一条追踪先存的近东西向和北北东西两组基底断裂带而成的锯齿状断裂带,即长江断裂带。由于该区所处的环境——秦岭大别造山带前陆,并受到古太平洋板块向亚洲大陆俯冲的影响,使该断裂带经历了挤压→剪切(走滑)→引张的演变过程。前期(中侏罗以前)碰撞造山及其后的挤压作用导致前陆地区地壳缩短、隆起和海退,在基底结合部位形成一狭长的陆盆沉陷带及一系列近东西向隆起。中期(J_3—K_1)在华北板块和古太平洋板块相对作用下,区内以走滑作用占优势,开始时(J_3)隆起区东西向基底断裂复活并发生富钾岩浆侵入,形成区内主要的铜金矿床。随后(K_1)走滑作用进一步加强,沿着北北东—北东向基底断裂出现一系列"阶状"张裂凹陷,随着断裂下切加深,沟通富钠岩浆上升喷出于凹陷中并侵入到凹陷与隆起间的过渡带内,形成了沿江串珠状火山盆地,此时断裂已具深断裂性质,并与近东西向断裂基本上首尾相连,加上侧旁断裂及层滑(拆离)构造,组成一个统一的网络状构造—岩浆岩体系,所谓长江深断裂带即在此时最终形成。盆地及其外缘以铁矿和黄铁矿为特色,过渡带近隆起区一侧有时出现铁铜共生组合。后期(自K_1晚期以后)来自太平洋方向的作用明显占优势,以"红盆"发育所代表的引张作用为特色,但作为本区以铜铁为主的成矿期已告结束。在区内铜铁等矿床富集中,容矿地层的岩性组合及同生膏(盐)层和硫化物矿胚层也扮演了重要角色,使许多矿床受到一定的层位制约,甚至具有层状或多层状面貌。由此归纳长江中下游以内生作用为主的成矿系列的基本成矿规律和控矿因素为:一断裂(长江深断裂带为主干的构造网络系统);二序列(扬子式同熔岩浆系列中的富钾成铜序列与富钠成铁序列);三环境(隆起、凹陷及其间的过渡带);四层位[C_1-C_2 间海侵序列的沉积组合和硫化物矿胚层及石膏层，P_1-P_2 间海退组合，P_2-T_1 海侵组合及硫化物矿胚层，T_2-T_3 海退组合及膏（盐）层]。同时通过对沉积—改造（层控）成矿系列的研究，发现它们也多打上了燕山期构造—岩浆作用的烙印，并可与内生成矿系列纳入到一个统一的时空分布格局中去，认为这是板内变形期成矿作用的一个基本特点。

结合上述成矿模式：铜陵—九瑞模式（隆起区）、大冶模式（过渡带）和宁芜模式（凹陷区）；以及"T"或"п"型矿化综合分带模型（字母中的纵横线条分别代表近东西向的铜金带及北北东向的铁带，线条以外的空间表示以层控成矿系列为主的铅锌带）。在铜金带中，铜金通常伴生成综合矿床，但在几种条件下也可相对分离，各自富集，出现空间上形影相随的铜矿床与金矿床，即铜—金配对规律，可以互为找矿指示标志。此外还对区内主要类型铁、铜、硫、金及多金属矿床按富集因素组合进行了分类，指出了最重要的富集类型及其找矿预测方向。以上这些成果最后形成专题报告《长江中下游铜、铁、硫、金（多金属）成矿带成矿远景区划》一册，主要执笔人常印佛、刘湘培、都洵、吴言昌，1987 年内部铅印本（全文 70 万字）。在此前有其《摘要》（书写复印本），由都洵、刘湘培执笔。在此之后，应地质出版社之约，删去原《区划》中机密内容，经压缩、补充、改写成公开出版的专著《长江中下游铜铁成矿带》约 60 万字，由常印佛、刘湘培、吴言昌合写……由于该项成果大大提高了长江中下游成矿带的研究程度，在丰富板内成矿理论和指导找矿实践方面均有重要意义，获得了 1988 年地矿部科技成果一等奖（主要得奖人：常印佛、刘湘培、都洵、吴言昌）。

二、在矿床研究方面，他和先后在长江中下游工作过的许多学者、专家及广大地质工作者共同为发展矽卡岩铜矿的理论和实践作出了贡献，使之成为我国的重要铜矿类型，构成中国矿床学的一个特色。

在前人思想的启发下，他较早地注意到似层状矽卡岩矿体问题。在实践上，他根据狮子山矿田勘查成果，总结了矿体作多层分布的规律，预测深部 C_1-C_2 层位有隐伏矿床，并进行了钻探查证，虽因当时条件限制未达目的，但对后来冬瓜山大型隐伏矿床的发现起着先导作用。在理论上，他在矽卡岩成矿作用的研究中引入广义的层控成矿概念，于八十年代初提出了"层控(式)矽卡岩型"矿床的建议,其立论依据是许多矽卡岩矿床,特别是一些顺层分布的矿床,其成矿物质常常是多源的,成矿作用也往往是复合的,但矿体最后富集定位定型则都与岩浆作用有关,因而在经典的矽卡岩成矿作用与狭义的层控成矿作用之间可以划分出一组过渡型或复合型矿床,有些研究者也曾使用过"层控型"、"层控—叠改型"、"(火山)沉积—改造型"或"沉积+热液"等命名,但都不能反映它的最主要的特征—岩浆作用所扮演的角色及与矽卡岩化作用的关系,而且易与其他一些差别很大的沉积—改造矿床相混同。因此提出了新的类型划分,其基本观点是:在侵入体热力作用所及的范围内,由含矿热流体所形成的矿床,不管它距离岩体的远近和矿质的来源如何,只要目前面貌的矿石堆积都伴有显著的矽卡岩化,并服从一般矽卡岩成矿作用的顺序者(亦即不同来源物质都纳入统一的矽卡岩成矿热液系统者),都属于矽卡岩型矿床范畴,其中不依附于岩体接触带的沿层展布的矿床,即称之为"层控(式)矽卡岩型矿床"。基于区内丰富的实际材料,又根据矿质来源的差异和成矿作用的主次,将这类矿床进一步细分为:①以内生作用为主的;②以叠加作用为主的及③以改造作用为主的三个亚类。其中①亚类与经典的矽卡岩矿床相过渡,而③亚类则与一些沉积型或沉积—改造型矿床间无截然界线,主要视岩浆作用影响的大小而定归属。现已查明,经典的矽卡岩型铜矿床一般规模确实不很大(除少数特例如铜绿山等外),主要是这类复合过渡矿床大量产出,才使我国的矽卡岩型矿床上升为重要的铜矿类型,这可能是其他主要铜矿类型不太发育的含铜地区的一个特色;因而在陆内成矿带中,无论斑岩铜矿发育与否,这种复合过渡类型铜矿都应特别引起重视。[常印佛、刘学圭:"关于层控式矽卡岩型矿床"第二届矿床会议论文,1980;《矿床地质》,1983,第一期。常印佛、刘湘培等:《长江中下游铜铁硫金(多金属)成矿带成矿远景区划》,1987,内部报告。常印佛、刘湘培、吴言昌:"铜陵层控(式)矽卡岩型铜矿的成矿模式及其找矿意义"(详细摘要),1989第四届全国矿床会议论文。]因为这类矿床的铜储量在矽卡岩型矿床中占有举足轻重的地位,而这一新的分类方案又能反映其主导成矿特征,因而有利于理论认识的深入和实际找矿的应用,已引起国内不少矿床学者的重视。(参考信息:由于常印佛同志在发展广义矽卡岩型矿床成矿理论方面的工作,和在发现冬瓜山铜矿中所起的作用,他和鄂东、赣西北、铜陵、个旧及大厂的同志共同获得1987年国家科学技术进步奖特等奖,在安徽的六位主要得奖者中,前二名为直接发现矿床时的主持人,常印佛同志作为早期提出深部隐伏矿找矿预测并进行探索的先导者列居安徽省得奖者中的第三位。)

在担任援越地质组老街铜矿组负责人期间,负责指导黄连山变质带中的新权铜矿床勘探及外围普查,对前人所称的矽卡岩型铜矿进行研究后,认为是晚太古—早元古(火山)沉积变质铜铁矿床,原岩为一套中酸性火山—沉积碎屑岩(已变质为高级角闪岩相片麻岩和变粒岩)夹基性岩(已变为角闪岩),铁矿与角闪岩共生,铜矿化扩及铁矿层以外的碎屑岩中,强烈混合岩化导致铜铁进一步富集,并出现大量含钠矿物,后期花岗岩脉贯入造成铜及稀土的叠加矿化,伴有少量石榴子石、透辉石化。该矿床不同于同一构造单元中云南大红山式铜铁矿,但绝不是矽卡岩型矿床(据1988年考察巴西萨洛博铜矿时,发现二者颇多共同点。)。根据这些认识指导勘查工作,大大地增加了储量及远景(原来新权只有14万吨铜普查储量,经对其西北矿段勘探后,勘探储量已增至30余万吨,加上南东矿段详查储量可达50万吨。矿区外围沿走向40公里范围内已发现同一类型矿点10余处,其中一些矿点相当富厚,预示着整个老街铜矿带的良好前景)。为此越南国会授予常印佛同志二级劳动勋章。后来在阿尔巴尼亚工作期间,直接承担米尔迪塔铜—铬矿带中铜矿的区域成矿地质条件和分布规律的研究,将蛇绿岩套中的铜矿化划分为一组不同的矿化类型,主要有枕状辉绿岩顶部近放射虫岩沉积盖层的海底火山—沉积型矿化,枕状细碧岩层与角斑岩之间的层间交代型矿化,细碧角斑岩建造中的裂隙充填硫化物矿化,各种岩石中的含铜石英脉,斜长花岗岩中的细脉浸染型铜矿化,辉长—辉长辉绿岩中的含铜钒钛磁铁矿化及铜镍矿化,以及超基性岩与基性熔岩接触带上裂隙型铜—磁黄铁矿化,它们构成了相互关联的系统组合(当时还没有"成矿系列"这一术语),而有工业价值者仅前四类,规模较大的只有前二类,同时还查明了含矿岩系的层序和构造,提出了它们的找矿方向,取得了实效,深受阿方重视,被誉为"样板"性工作,阿人民议会授予一级劳动勋章。因当时援外纪律规定,以上工作成果对外对内都未留下系统的文字材料。

三、在找矿勘探方面,总结了安徽(主要是沿江地区)的工作,也参考了其他地区的经验,将固体矿产勘查工作的历史演变划分为三个发展阶段。第一阶段的特点是"由点到面,面中求点"。工作对象以露头矿为主,工作基础是空白—半空白区少数已知矿产地(包括群众报矿点),工作内容—已知产地评价,并在已知矿区外围开展路线普查以寻找新产地;方法—主要为地质法,配合少量重砂物(化)探;效果—满足国家大规模建设开始时的急需,也为以后发展积累资料和认识;这一阶段在东部大约延续至大跃进的全民找矿运动而完成其历史使命。第二阶段特点是"区域展开,重点突破"对象是露头矿和隐伏矿并重;工作基础—已掌握了一批典型矿床的成矿规律和成矿区域地质背景,一些地区已经或正在进行 1:20 万区调,以及部分区域性物化探工作;工作内容—选择含矿远景地区逐步开展系统的地质—找矿工作(包括 1:5 万区调),推广以成矿模式和找矿模型为核心的成矿预测工作,方法—强调综合方法,并随着找矿理论和技术的进步而制定各个时期有效的方法组合,效果—扩大了老区远景,开拓了一大批新区,大幅度增长了储量,大大地提高了我国地质矿产研究程度,满足了社会经济发展需要;这一阶段开始于大跃进以前的系统区调工作,目前在全国范围内正方兴未艾。设想中的第三阶段的特点应该是"全面(综合)勘查,纵深(立体)发展"。对象—以隐伏矿、难识别矿和新矿种为主;工作基础—已进行了新一轮的 1:5 万或更大比例尺的综合地质、地球物理和地球化学调查,典型矿床和区域成矿规律的详细研究,工作内容—研究地下地质结构和构造,寻找深埋矿床,同时查明可能存在的难识别矿,探索有开发价值的新型矿源;方法—应用先进地质理论指导,采取综合方法手段,优化方法组合,重点开展地下物探和测深,配合钻探进行立体地质制图,建立三维找矿模型,开展深部隐伏矿床预测;预期效果—克服找矿难度大的困难,有效地发现一批深埋矿床和新资源。由于这项工作需投入大量资金和技术,只能在国民经济意义最大,研究程度最高的地段进行试点,如长江中下游的某些地段即可率先进入,为此他提出了固体矿产第二轮普查的建议,得到地矿部有关方面的重视[常印佛、刘学圭:"安徽安庆—铜陵—带铜矿普查工作的发展和展望",1985,地矿部固体矿产普查会议（太原）论文]。在上述三个阶段中，他都做了大量具体工作，早期参加了铜官山铜矿勘探及外围普查，主编了1955年的铜官山"最终"报告，参与发现了贵池铜山铜矿及黄山岭铅锌矿两个中型矿床。后来参加中苏技术合作项目"扬子江中下游铜矿普查"，主持了铜陵狮子山、凤凰山两个铜矿田的普查勘探项目，组织实施了1∶5万铜陵幅地质矿产调查工作（这是我国第一批1∶5万区调的试点项目之一），主编了东西狮子山铜矿床勘探报告，在此期间应用了前述地质研究成果和综合找矿方法，发现新的铜矿床，大幅度地增长了铜陵地区铜储量，满足了铜官山冶炼厂扩建的急需，并打开了区内找铜的局面。"七五"期间，主要致力于上述第三阶段的试点工作，主持了国家科技攻关项目"东部隐伏矿床预测"的二级课题"长江中下游铜铁等隐伏矿床预测"（编号75-55-02，与翟裕生共同负责），组织指导了国家计委04项目"高频地震在金属矿床上的应用"试验研究和地矿部（也是国家计委）的重点勘查项目"铜陵地区1∶5万立体填图及大比例尺成矿预测"，都取得了良好进展，其中75-55-02课题中各个专题已取得了一批实际找矿成果，整个课题经国家计委组织验收被评为国际先进水平（常印佛、翟裕生、唐永成：《长江中下游铁铜等隐伏矿床预测研究》，1990，内部铅印本）其余两项正在进行中。此外，在普查勘探中还进行了一些专题性研究总结（如《铜官山铜矿勘探方法研究》，1959，内部铅印本；"铜陵铜矿的普查工作"，1984，第三届矿床会议论文，等）。由于他在矿产勘查中的实际成就，为我国矿产资源开发和地质勘查事业的发展作出了重大贡献，特别是保证了铜陵有色冶金基地发展的需要，产生了重要的社会经济效益，1979年被国务院授予全国劳动模范称号。1980年出席了地矿系统评功授奖大会，被评为全国地质系统劳动模范。在此后，因预测隐伏矿床成功，成为1987年国家级科技进步特等奖和1988年地矿部科技成果一等奖的主要获奖者之一，并于1988年先后被安徽省人民政府授予省级"有突出贡献的中青年科学、技术、管理专家"、国家人事部授予国家级"有突出贡献的中青年科学、技术、管理专家"称号。

附件二：1991 年新增选地学部委员名单(35 名)①

姓名	当选时年龄	专　　业	单　　位
马在田	61 岁	地球物理	同济大学
马宗晋	58 岁	地质构造地震预报地球动力学	国家地震局地质研究所
叶大年	52 岁	矿物学	中国科学院地质研究所
朱显谟	76 岁	土壤学、土地资源开发与整治	中国科学院、水利部西北水土保持研究所
刘宝珺	60 岁	地质学	地质矿产部成都地质矿产研究所
安芷生	50 岁	第四纪地质	中国科学院西安黄土与第四纪地质研究室
许厚泽	57 岁	大地测量学与固体地球物理学	中国科学院测量与地球物理研究所
孙　枢	58 岁	沉积学、沉积大地构造	国家自然科学基金委、中科院地质研究所
孙大中	59 岁	前寒武纪地质、岩石地球化学	地质矿产部天津地质研究所
孙鸿烈	59 岁	土壤地理、土地资源	国家计委、中科院自然资源综合考察委员会
杨　起	72 岁	煤田地质	中国地质大学
李　钧	61 岁	电离层物理与电波传播	中国科学院武汉物理研究所
李吉均	58 岁	自然地理学、冰川与第四纪	兰州大学
李德仁	52 岁	航测与遥感	武汉测绘科技大学
李德生	69 岁	石油地质	中国石油天然气总公司
苏纪兰	56 岁	物理海洋	国家海洋局第二海洋研究所
肖序常	62 岁	构造地质	地质矿产部地质研究所
吴传钧	73 岁	人文地理、经济地理	国家计委、中国科学院地理研究所
汪品先	55 岁	海洋地质、微体古生物	同济大学
沈其韩	69 岁	前寒武纪地质及变质岩	中国地质科学院
张弥曼	55 岁	古脊椎动物学	中国科学院古脊椎动物与古人类研究所
陈庆宣	75 岁	地质力学、构造地质	地质矿产部地质力学研究所
陈运泰	51 岁	地球物理学	国家地震局地球物理研究所
陈俊勇	58 岁	大地测量学	国家测绘局
陈梦熊	74 岁	水文地质	地质矿产部科技高级咨询中心
欧阳自远	56 岁	天体化学与地球化学	中国科学院地球化学研究所
周秀骥	59 岁	大气物理与遥感	国家气象局气象科学研究院
赵其国	61 岁	土壤地理	中国科学院南京土壤研究所

---

① 根据《人民日报》1992 年 1 月 4 日中科院新当选学部委员名单整理。

姓名	当选时年龄	专　　业	单　　位
赵柏林	53 岁	大气科学	北京大学
袁道先	58 岁	水文地质、工程地质、岩溶学	地质矿产部岩溶地质研究所
徐冠华	50 岁	林业、遥感	中国林业科学研究院
盛金章	70 岁	古生物学及地层学	中国科学院南京地质古生物研究所
黄荣辉	49 岁	气象学	中国科学院大气物理研究所
常印佛	60 岁	地质学	安徽省地质矿产局
傅家谟	58 岁	有机地球化学与沉积学	中国科学院地球化学研究所广州分部

工程院建院院士

近百年来，人类在核能技术、信息技术、生物技术、新材料技术、空间技术等技术领域飞速发展，通过科学技术在各领域工程上的成功应用，实现了社会生产力的大幅提高和经济的高速增长。此种背景下，各国纷纷采取措施，强化工程技术的地位和作用，以进一步提高综合国力和国际竞争力。而建立以工程师为主体的国家工程院(或称工程与技术科学院)就是有效举措。自 1919 年瑞典率先成立皇家工程学院后，丹麦(1937)、美国(1964)、英国(1976)、澳大利亚(1976)、法国(1982)、加拿大(1987)、日本(1987)等二三十个国家相继成立了工程科学院，并在 1978 年由几个主要国家发起成立了工程科学院的国际组织——工程与技术科学院理事会(Council of Academy of Engineering and Technological Scienee，简称 CAETS)。[①] 简言之，各国建立工程院的主要原因就是促进工程技术应用，提高本国经济实力和综合竞争力。

从二十世纪八九十年代开始，中国迎来了包括工程技术在内的良好发展时期，科技队伍不断壮大。而另一方面，科研成果转化为现实生产力的环

[①] 莫扬："千呼万唤应运而生——中国工程院建院史话"。《工程研究：跨学科视野中的工程》，2004 年 10 月。

节却相当薄弱,无法适应经济和社会发展的需要。这种状况制约着中国经济的发展。对此,科技界、产业界逐渐形成共识,呼吁采取切实措施,强化工程技术在国家事务中的地位和作用,以适应即将开展的大规模建设事业的需要。另外,"文革"后,中国科学院恢复学部活动,并于1980年开展了学部委员增选,但入选委员需要满足"在科学领域有系统的、创造性的成就和重大贡献"的条件。许多在工程技术领域做出重大发明和贡献的工程师、技术专家被挡在门外,造成了科学奖励制度的缺憾。

因此,自20世纪80年代开始,一些深悉国际国内情况,有远见的老科学家就开始呼吁中国也要成立自己的工程院,发展工程科技,提高工程师地位,并进行国际交流。此后,又有多位科学家为此积极奔走呼吁,致力于推动工程院的建立。1992年4月,国家领导人召集部分学部委员座谈,物理学家王大珩在座谈会上当面向国家领导人陈述了建立工程院的必要。常印佛受涂光炽安排,也参加了这次座谈会。他清楚地记得王大珩发言时动情地说:"我们有很多生产企业的人水平很高,做出了重大贡献。这次我们选的210多个学部委员中,只有几个是生产单位的总工程师,还有大量的都没有进来,把这些生产技术的专家们放在外面,我心里很不安"。[1]

这次座谈会不久,来自大学、科学院和产业部门的6位学部委员——张光斗(清华大学)、王大珩(中科院空间科学与应用研究中心)、师昌绪(中科院科学技术部主任、国家自然基金委特邀顾问)、张维(清华大学)、侯祥麟(石油天然气总公司)、罗沛霖(电子工业部)提出了书面形式的"关于早日建立中国工程与技术科学院的建议"。建议简明阐述了国内外发展情况和建立工程院的必要性,并对工程院的性质、主要任务等做了设想。"建议"提出:"我们建议从速建立中国的工程与技术科学院,以促进经济建设和国防建设的发展";"这个院的中心任务应是为国家、为政府的重大工程技术和技术科学成果作鉴定";"为了完成这样的中心任务,其成员应是经过挑选的属于国家水平的工程科技人才和对工程技术发展有重大贡献者。当然这也是给当选人员在工程科技方面的最高荣誉";"我们建议立即责成中国科学院

---

[1] 常印佛访谈,2012年10月23日,合肥。资料存于采集工程数据库。

承担筹办的具体工作。以中科院技术科学部以及其他学部的部分委员为基础，吸收科学院学部以外的、在工程技术方面有高度发明的人员组成筹备委员会"；"工程与技术科学院应当是虚体"。[①]

经过多位学部委员的持续努力，建立工程院的建议终于得到了中央的肯定与支持。中国科学院也开始了工程院筹备工作。为选出建院院士，国家成立了工程院院士遴选委员会，由国务委员、国家科委主任宋健担任主任委员。工程院院士遴选委员会经讨论决定，首批工程院院士除从各单位系统报上来的人中遴选外，还从中国科学院中直接遴选 30 位有工程背景的学部委员作为工程院院士（见附件三、四）。中国科学院地学部有 3 人被选为首批工程院院士，一位是水文地质专家张宗祜，一位是遥感专家李德仁，另一位便是常印佛。

1994 年 6 月 3 日至 8 日，中国工程院成立大会在北京举行，它成为全国工程技术界最高荣誉性、咨询性学术机构。大会公布了 96 名当选院士名单，他们因此拥有了中国工程技术方面的最高学术称号和终身荣誉。

大学毕业后，常印佛一来到铜陵，就肩负着找矿任务。从一名普通的地质队员到 321 队总工程师，在此期间，他参与或主持了一大批矿床的普查勘探工作，他提出的层控矽卡岩矿床类型、对长江中下游地区成矿规律做的研究与总结都使找矿取得累累战果。援外期间他在越南和阿尔巴尼亚出色地完成了任务，获得两国颁发勋章。在安徽省地质局担任副总工程师和副局长、总工程师期间，使全省地质工作蓬勃发展，并且主持了全国跨省区划和长江中下游成矿带隐伏矿床预测研究等科研项目，为地质找矿提供了理论指导。在几十年间，他配合国家建设需要，以找矿为工作中心，将地下宝藏源源不断地发现出来，满足了社会经济发展对资源的需求，他在地质工程技术领域取得的成就是有目共睹的，被遴选为工程院建院院士是对他多年来在社会生产领域做出的贡献的肯定，也让他成为荣膺两院院士桂冠的科学家。

[①] 莫扬："千呼万唤应运而生——中国工程院建院史话"。《工程研究：跨学科视野中的工程》，2004 年 10 月。

中国科学院关于中国科学院院士拟聘为中国工程院
院士的建议名单的函①

中国工程院筹备领导小组：

根据党中央、国务院批准的关于筹建中国工程院的原则和要求，受中国工程院筹备领导小组的委托，在各学部认真酝酿、协商的基础上，中国科学院学部主席团于二月二十八日举行会议，经过郑重讨论，现提出30名工程技术背景比较强，并具有一定代表性的中国科学院院士拟聘为中国工程院第一批院士的建议名单（见附件），请予讨论认定。

30名中国科学院院士建议名单中，工作在产业部门的有20人，占到三分之二，符合规定；年龄在65岁以下的14人，比要求的占二分之一的比例少了一人。考虑到工程技术界的代表性和国内外影响，以及各学部和主席团已经作了很大努力，现名单中65岁以下的年龄比例略有突破的情况，望能理解，并允其通过。

附件：30名中国科学院院士拟聘中国工程院第一批院士建议名单。

中国科学院学部主席团（代章）

一九九四年三月一日

附件四：

1994年直接从科学院中遴选出来的30位首批工程院院士名单②

姓名	出生年月	专业方向	当选中国科学院院士年份	备　注
钱学森	1911年12月	应用力学、航天技术和系统工程学家	1957年	2009年去世
侯祥麟	1912年4月	石油化工专家	1955年	中国工程院建院倡议人之一，2008年去世

---

① 中国工程院办公厅：《中国工程院年鉴》(1994～1997)，高等教育出版社，第53页。原文附件从略，见下表详细信息。

② 根据两院院士名单整理，备注栏信息更新日期为2014年11月21日。

姓名	出生年月	专业方向	当选中国科学院院士年份	备　注
张光斗	1912 年 5 月	水利水电工程专家	1955 年	中国工程院建院倡议人之一,2013 年去世
李国豪	1913 年 4 月	桥梁力学专家	1955 年	2005 年去世
张　维	1913 年 5 月	固体力学家	1955 年	中国工程院建院倡议人之一,2001 年去世
罗沛霖	1913 年 12 月	电子学与信息学家	1980 年	中国工程院建院倡议人之一,2011 年去世
王大珩	1915 年 2 月	应用光学专家	1955 年	中国工程院建院倡议人之一,2011 年去世
严东生	1918 年 2 月	无机材料与材料科学专家	1980 年	
陆元九	1920 年 1 月	自动控制、陀螺及惯性导航技术专家	1980 年	
师昌绪	1920 年 11 月	金属学及材料科学专家	1980 年	中国工程院建院倡议人之一,2014 年去世
赵仁恺	1923 年 2 月	核反应堆工程专家	1991 年	2010 年去世
闵恩泽	1924 年 8 月	石油化工催化剂专家	1980 年	
郑哲敏	1924 年 10 月	应用力学家	1980 年	
朱光亚	1924 年 12 月	核物理学家	1980 年	2011 年去世
张宗祜	1926 年 2 月	水文地质与工程地质专家	1980 年	2014 年去世
潘家铮	1927 年 11 月	水工结构和水电建设专家	1980 年	2012 年去世
沈志云	1929 年 5 月	机车车辆专家	1991 年	
顾诵芬	1930 年 2 月	飞机空气动力学家	1991 年	
周干峙	1930 年 6 月	建筑与城市规划设计	1991 年	2014 年去世
石元春	1931 年 2 月	土壤学专家	1991 年	
常印佛	1931 年 7 月	矿床地质学家	1991 年	
宋　健	1931 年 12 月	控制论、系统工程和航空航天技术专家	1991 年	
王　越	1932 年 4 月	通信与信息系统专家	1991 年	
闵桂荣	1933 年 6 月	空间技术专家	1991 年	
陈俊亮	1933 年 10 月	通信与电子系统专家	1991 年	
王淀佐	1934 年 3 月	矿物加工与冶金专家	1991 年	
刘永坦	1936 年 12 月	电子工程专家	1991 年	
王　选	1937 年 2 月	计算机专家	1991 年	2006 年去世
李德仁	1939 年 12 月	测绘遥感专家	1991 年	
路甬祥	1942 年 4 月	流体传动与控制专家	1991 年	

主持"八五"科技攻关项目

"七五"期间科技部启动的第一轮科技攻关项目收到良好效果,如常印佛主持的"长江中下游铁铜等隐伏矿床预测研究"积累了珍贵资料,研究成果对隐伏矿床的找矿工作有很好的指导作用。有鉴于此,从1991年开始("八五"计划开始实施年),科技部接着启动了第二轮国家科技攻关计划,把前一阶段取得的研究成果推向深入。于是,地质矿产部、中国有色金属工业总公司、中国科学院联合组织了"紧缺矿产勘查与评价研究"攻关项目,项目领导小组成员有张炳熹、张良弼等人。在长江中下游地区开展的"鄂赣皖苏沿江及邻区铜金多金属等矿产勘查与评价研究"是该项目下的一个二级课题,负责单位即为安徽省地矿局,负责人为常印佛、翟裕生和唐永成(兼课题办公室主任)。该课题中关于湖北、江苏、江西三省地区的专题研究由各省协助完成,提供资料和数据。安徽部分的两个专题为"安徽沿江地区铜金多金属成矿预测研究"和"安徽沿江重要成矿区铜及有关矿产勘查研究"。① 两者为"点"与"面"的关系,其中前一专题为该课题的主体部分,常印佛在主抓整个课题的同时还与唐永成一起直接负责了该专题。参与该专题攻关的人员还有邢凤鸣、吴言昌、储国正、徐祥、王永敏、齐文凯、郑传衍、曹奋扬、黄德志等人。专题下又分三个二级专题:①安徽沿江地区岩浆作用及构造—成岩—成矿模式研究;②矽卡岩成矿机制及新类型矿床预测研究;③安徽沿江地区多源地学信息成矿预测研究。

此次攻关课题是在前面多年研究的基础上进行的。尤其是"六五"、"七五"期间在长江中下游地区投入了大量的资金、科技力量做了系统的研究工作,取得了丰硕的研究和勘查成果,积累了大量资料,但同时也提出了许多

---

① 按研究层次:项目＞课题＞专题。

新问题。此时寻找隐伏矿床的任务更加紧迫,技术难度也更大,一些重要的地质问题,如地壳结构、基底性质和组成、成岩成矿作用、矿带和矿田的空间定位、具有特色的矽卡岩型矿床机制等等,都需要作进一步深入研究。因此,这些问题也成为这次技术攻关的主要内容。

有了"六五"和"七五"的勘查和研究经验,该课题从一开始便注重坚持理论探索与野外观察和地质实验结合;现有研究资料和开发利用前人成果资料结合;地质资料与物化探、遥感资料结合等综合研究方法。为了取得新突破,研究中还非常注重应用现代地质学新理论,提倡和发扬"求异思维",实行"科研—预测—找矿"一体化。安徽部分的专题工作于 1991 年 3 月开始,先后经过编制专题设置可行性论证报告和研究工作设计、开展野外调研和地质实验、室内资料综合整理及专题研究报告编写四个工作阶段。在常印佛与唐永成的主持下,经过专题组全体人员努力,1995 年 7 月完成专题研究报告。该专题完成的主要工作和成果有以下几个方面:

(1) 收集和研究区内有关区调、地质勘查、物化遥感等地质报告和研究成果资料,开展了深部结构及构造信息、基底特征以及成矿区域构造背景的研究,首次应用造山带理论编制了 1∶100 万安徽省沿江地区构造格架图。

(2) 开展了岩浆岩带基本特征、岩浆岩成因及其地球化学场、成岩成矿系列及成岩成矿实验,完成了《安徽沿江地区岩浆作用及构造—成岩—成矿模式》研究报告。在跨省成矿区划和"七五"科技攻关课题基础上,对区段内岩浆作用进一步深入细致的研究,在岩浆岩物质来源、系列划分、演化特征和构造背景等方面均提出了一系列新的认识,并形成了区内(特别是铜陵地区)主要成岩机制为较典型的 AFC 混合的结论。特别是根据大量所作出的 End-Isr 图解,对于显示区内岩浆岩特征及相互间的变异情况一目了然,被长江中下游的地质工作者认为具有经典意义。

(3) 开展了矽卡岩成因类型及不同成因类型矽卡岩基本特征研究,提出了矽卡岩的分类方案:①浆矽卡岩(岩浆演化后期形成的具有矽卡岩成分的浆流体,通常呈贯入脉的面貌出现);②液矽卡岩(岩浆期后热液在岩体接触带及其内外侧形成的交代矽卡岩);③层矽卡岩(岩浆热力影响范围内热流体沿着钙镁质沉积层和硅铝质沉积层之间进行反应交代形成的矽卡岩)。深入探索了岩浆矽卡岩特征、成矿机制及广义矽卡岩矿床体系,进行了成岩成矿实验,完成了《矽卡岩成矿机制及新类型矿床预测》研究报告(此处相关研究已在前文中有系统介绍,具体请参看本书第六章末节内容)。

(4) 开展了区域地球物理和地球化学场特征及遥感地质研究,编制了1:20 万安徽省沿江地区区域重力、航磁、化探、遥感基础系列图件,深化完善了一批典型矿田(床)地质—物化探—勘查模型,应用地学信息进行了找矿预测,完成了《多源地学信息找矿预测报告》。[①]

(5) 通过对航磁数据进行处理,发现在中、下地壳界面为三个鼎立的岩浆活动中心;至上、中地壳界面附近,磁异常作北东向条带分布,并有 NW - NWW -近东西向构造的影响,已初显网格状特征;再上至上地壳内,除网格构造更明显外,还显示几个环状异常带。它们反映了由深部到浅部控岩构造的特征,间接反映了地壳垂向结构的变化。

这些成果完成了研究任务、达到了预期目的。由于长江中下游成矿带中安徽面积最大,出露也最完整(鄂、赣、苏均未见北亚带出露),所以本专题实质上是对成矿带中一个典型区段的深入详细的剖析。所取得的成果也使成矿带在"六五"、"七五"成果的基础上向深化和细化的方向推进了一大步。此次研究探索了深部结构和构造信息、基底特征,这实际上初步体现了常印佛在 1985 年太原会议上提出的深部找矿的理念,开始把找矿引向深层。把对矽卡岩的研究又推进一步,这些是对前期研究的总结和深化。该项研究的一个突出特色就是将安徽沿江成矿带与大别造山带、华北陆块与扬子陆块碰撞造山及其随后的古太平洋板块作用,以及浅部与深部成矿机制等联系起来,加以统一考察研究,取得了良好的认识效果,也预示着今后的研究将推向更高的理论层次。[②]

---

① 安徽省地质矿产局:《安徽沿江地区铜金多金属成矿预测研究》,1995 年,第 3 页。现存安徽省地质资料馆。

② 唐永成等:《安徽沿江地区铜金多金属矿床地质》,地质出版社,1998 年。

图8-2　《安徽沿江地区铜金多金属矿床地质》

研究报告于1995年7月提交,同年10月经地质矿产部组织专家评审鉴定。1996年9月被国家科委、国家计委和财政部评定为国家"八五"科技攻关重大成果,并给予了表彰和奖励。报告提交后,在唐永成的主持下,编写完成了《安徽沿江地区铜金多金属矿床地质》,由地质出版社于1998年出版。常印佛审阅了书稿,并对部分章节进行了修改。在书稿付梓前,唐永成等主张把常印佛列为第一作者。常印佛认为,自己虽然是该专题的负责人,虽然某些认识是由他提出的,却并没有直接参与本书的编写,挂名是不合适的,坚决"不能干这种事",双方相持不下。后来有人提议,书名和作者都采用竖排,把常印佛单列一行放在最左。从右边读是最前,从左边读是最后,巧妙地解决了署名问题(见图8-2)。编写组认为,署名上已经向常印佛"让步",在书的前言介绍中绝不能再让步,于是坚持在前言中写道:"全书撰写工作是在常印佛指导下进行的。"①

2000年,该专题成果获"安徽省科学进步一等奖"。当时规定团体奖获奖人名额不得超过10人,而为物化探研究作出重要贡献、现已英年早逝的曹奋扬名列第十一位,于是常印佛便主动提出放弃自己的获奖人名额,最终使曹奋扬得以作为获奖人之一。为此,安徽省科技主管部门还开了一个特例,即常印佛仍作为获奖人,但不列名次,只发获奖证书。

"七五"、"八五"两轮科技攻关项目是改革开放后科技部布置的第一批攻关项目,它与国家需求紧密结合。这些工作同样是既做了科学上的探索,又满足了工业生产的需要。

---

① 唐永成等:《安徽沿江地区铜金多金属矿床地质》,地质出版社,1998年。

更上一层楼：放眼东部成矿域

从 1990 年代中期开始,在此前跨省区划及科技部两轮科技攻关成果的基础上,常印佛的研究视野从安徽、长江中下游放眼至更广阔的东部成矿区域。从 1996 年开始的"九五"和"十五"期间,他又先后参与了地矿部和国土资源部的重大科技项目,把学术研究推向更新的前沿。

图 8-3　20 世纪 90 年代初在日本参加会议时合影(自左至右:常印佛、邵厥年、程裕淇、李廷栋,1992 年)

"九五"期间,常印佛与邓晋福提出应对大别造山带开展进一步研究,而此时恰好程裕淇也在筹划这一研究问题。于是,地矿部设立了"九五"重大科技项目"大别造山带形成与演化及有关成矿作用"(编号:9501102),由程裕淇牵头,并和常印佛、许志琴三人共同负责。项目中的第三个课题"大别山造山过程中的岩浆作用与成矿作用"(编号:9501102 - 03)即是采纳常、邓二人的建议而设立。其负责人是常印佛,负责单位为安徽省地矿局,参加单位有中国地质科学院、中国地质大学(北京)、南京大学、中国科技大学和合肥工业大学,主要参与者有邓晋福、吴宗絮、董树文、杜建国、陈江峰、戴圣潜、徐晓春、顾连兴、孙先如等。项目起讫时间是从 1997 年 3 月到 2001 年 6 月。

关于常印佛负责的课题,由于研究区(桐柏山、大别山和张八岭三段)已知矿床不多,以北缘的北淮阳成矿带较为集中,而其余地段很少有像样的矿床,勘查工作程度也低,总体上的区域成矿分析研究程度也低,因此需要多抓基础地质问题研究。对整个地区成矿作用的认识有赖于对成矿地质条件的分析。鉴于全工作区都有金矿产出,其余矿种分布则比较局限,因此他们把金作为区域贯通性成矿元素和研究重点对象。通过它在不同地质背景下的成矿现象,分析对比,总结区域成矿规律,而对其他矿种的关注则相对少些。

该项课题取得的成果主要有以下几点:

(1) 区域和深部地质背景:①印支期和燕山期是两次造山深部事件,燕山期陆壳加厚之后有底侵岩浆活动,导致大规模岩浆作用;②构建了大别山的热结构和俯冲板片的密度结构;③提出了陆—陆碰撞效应,认为构造应力加静岩压力造成超高压变质带,对单纯用静岩压力推算深度提出了质疑;④提出了超高压板片形成和折返机制的新概念——浮沉子效应;⑤同位素示踪表明大别基底可东延至宁镇一带,可与华北对比,而与扬子基底有很大差别。

(2) 中生代岩浆作用:①根据实验岩石学原理和造山带热结构所反映的地温状态,对大别山本部缺失印支期碰撞后花岗岩类的可能原因从理论上作出了解释;②确定区内燕山中期岩浆岩是地幔底侵岩浆与双倍陆壳下部重熔岩浆产物,具有双峰式组合特点,二者构成一个从挤压到伸展的造山旋回,从而为燕山期造山观点提供一个重要佐证;③同位素年代学确定造山带东端(山东荣成)有印支期碰撞后碱性杂岩和花岗岩存在,而北大别的部分基性—超基性岩属中生代侵入体。

(3) 成矿作用:①通过典型矿床研究,确定河南桐柏老湾金矿为一与侵入岩浆热液有关的构造蚀变型金矿床,时代最新,年龄 94.1Ma,而成矿时代最老的为湖北大悟白云金矿(180 Ma),属混合岩化热液型金矿床,②首次发现高压—超高压变质岩中含金的铁钛氧化物矿物的存在及其随流体作用发生转变、迁移的过程，对进一步研究金的找矿方向和发现新的矿床类型都有启发意义；③提出大别山印支和燕山两期各有一相对独立而又有联系的流体系统，印支期流体沿主排泄道——俯冲带，由下而上具三层结构；而燕山期流体则具有"流体域"特点，在造山带前陆，本部和后陆中各自形成体系，本部的核心部分流体贫乏区有着向两侧富集区流动的趋势；④建立了造山带（金）成矿作用演化模式，提出找矿重点应在北淮阳带和随县—张八岭带。

在完成上述课题后，常印佛与邓晋福考虑到大别—台湾走廊域横穿大别、江南、武夷3个隆起区和下扬子、浙赣、永梅3个坳陷区，隆起区与坳陷区相间排列，坳陷中以产铜矿为特征，而江南和武夷两个隆起区则产钨、钼、锡和铅锌，即因此提出应对其进行比较分析，以利于全面认识陆内成矿作用。此时正值世纪之交，国土资源部地质调查局正在酝酿组织实施"中国成矿体系与区域成矿评价"大项目。该项目由陈毓川主持，有常印佛、汤中立、裴荣富、任纪舜、翟裕生、滕吉文、张本仁等200多位专家共同参与，是一项关于矿产资源调查评价工作的全国性、综合性研究项目。常印佛与邓晋福以上述设想为基础而申请的"大别—台湾走廊域铜、金、银、多金属、铁成矿作用与找矿潜力——成矿区带形成的四维结构"也被纳入这一大项目，作为其中一个课题。

图8-4　常印佛（左二）与储国正（左三）、吴明安（右一）等在家中书房中研讨

参加这个课题的有三省(皖、赣、闽地矿局或地调院)两校(中国地质大学[北京]、合肥工业大学)和一院(中国地质科学院),参加人员除常印佛与邓晋福外,还有江西省地矿局前两任总工程师杨明桂和杨建国(期间病故)、福建地矿局前副总工程师高天钧,中国地质大学校长(北京)吴淦国,合肥工业大学教授岳书仓,以及这些人的助手和业务骨干,组成了比较强的阵容。

通过"十五"期间的努力,此项课题也有诸多新发现:

(1)中国大陆东南地区成矿四维结构研究表明:区内地质构造演化可分五个阶段:①前南华纪"小陆块"基底形成阶段,内生成矿作用未形成大矿;②南华纪—古生代漂移中的小陆块也难以形成大矿;③印支期陆—陆碰撞造山开始有岩浆活动及矿化,但时间短暂,未出现成矿物质的大量堆积;④燕山期处于构造大转折期,发生大规模岩石圈减薄,软流圈物质上涌,导致岩浆活动广泛而强烈发育,出现中国东部的"成矿大爆发",因此,作为陆内成矿环境而言,本区具有"多期成矿,燕山期为主"的特点;⑤喜马拉雅期,仅在台湾岛东部洋陆俯冲带上产出超大型金矿床,尽管在环太平洋成矿带内带中,中国仅占了一小块陆上地盘,但已呈现出它的"大器晚成"的特色。在这一项内容中,除对上述人所共知的现象作了归纳性总结外,其中小陆块及其与内生成矿关系的看法,前人尚少提及。而燕山期"成矿大爆发"的概念,虽然常印佛早些年已提出,但这次作了较系统的论证。

(2)中国东南地区"三隆"和"三坳"的构造格架是继承和发展了早期古构造的结果。三个坳陷代表古岩石圈尺度不连续在燕山期再活化带。也就是说,三个坳陷主要是陆块之间的拼合带(或裂陷带)基础上形成的。它代表了古岩石圈尺度不连续的存在。它们在燕山期活化过程中对应出现火山—沉积盆地(坳陷),并伴随着壳幔混合源岩浆及其成矿活动,因而形成一套亲幔元素的矿种组合,此次研究区内以铜矿最为典型和醒目。而隆起区则是古陆块的基底,火成岩以壳源为主,形成了一套以亲壳元素为主的矿种组合(如钨、锡等)。在这一方面的研究中,提出了"岩石圈尺度不连续"的概念。由于古隆块拼合处也是"弱带"(脆弱地带),它在以后的构造运动中极易再活化,而且还带动起两侧的古老断裂一道活动,形成一个网络状的复杂断裂破碎系统,因为它不具备像刀切一样的断层,所以若称之为断裂带,易产生混淆和误解,故改称岩石圈尺度不连续,能够更准确地反映它的特色,从而把这一构造的认识向前推进了一步。[①]

（3）研究区内出现以北武夷为中心的"极性"构造—岩浆—成矿分带特征。那里出现了短暂的印支期岩浆活动,至燕山期又以此为中心向内陆(西和西北侧)和沿海(东及东南侧)出现两个方向岩浆—成矿作用的时空、成分的迁移变化。中心带为燕山早中期酸性岩浆有关的武夷山钨锡稀有、稀土、银、铅锌、铀成矿带,向西(北西)依次出现燕山早—中期中酸性岩浆有关的浙赣铜、金银、铅锌成矿带,与燕山中期酸性岩浆活动有关的江南钨、锡、金、银、铅锌成矿,与燕山中期中性岩浆活动有关的下扬子铜、铁、金、硫、铅锌成矿带。向东(东南)依次出现与燕山中—晚期中酸性岩浆活动有关的闽西—粤东铜、金、银、铁成矿带,及燕山中晚期与(中)酸性岩浆活动有关的东南沿海银、铅锌、钼、锡、铜成矿带。最东侧则为台湾东部金铜成矿带,时间上属喜马拉雅期,已是另一个成矿旋回,与这一分带系统无关了。以北武夷为中心的"极性"及其分带结构,比较有力地说明研究区内大部分地段属于陆内环境下的构造—岩浆—成矿过程。这也是此次工作的一个重要进展。不过浙闽粤沿海带应该划归陆缘环境,但由于燕山期古太平洋与古亚洲大陆的洋陆界面已经被喜马拉雅期太平洋板块的俯冲作用破坏无存,因而对燕山期陆缘与陆内过程之间的关系一时难以深入剖析,尚待进一步寻找新的事实和证据。

（4）和东太平洋俯冲带上盘美洲大陆西缘成矿带作对比,差异是明显的。首先成矿时代,美洲西缘主要是中生代末的拉拉米期至新生代的阿尔卑斯期,而研究区除台湾一隅属于阿尔卑斯期外,陆上都属于中生代的燕山期。如果把二者的成矿模式相比,则美洲缺失陆内成矿区,而中国(研究区内)的陆内成矿作用非常强烈,这正是中国区域成矿学的一个特色,也是中国矿床学界可以为世界成矿学作出贡献的用武之地。

这两轮项目将长江中下游地区的研究扩大到更广的范围,在一个更宽阔的背景中认识华东地区乃至中国东部陆内成矿作用的地质与矿床,并与东太平洋美洲西部成矿作用比较研究。在研究层次上,也更加注重基础理论研究。

----

① "岩石圈尺度不连续"这一概念是在项目研讨过程中邓晋福教授提出来的。

向大型矿集区深部进军

"十五"期间，常印佛还参与主持了国土资源部在安徽开展的另一科研专项"大型矿集区深部精细结构与含矿信息"。[①] 该项目的立项有着深刻的社会经济根源和找矿历史背景。

2000 年前后，国家经济发展对矿产资源需求急剧上升，但由于从 1980 年代末国内找矿勘探事业因缺少应有的支持而开始萎缩，经历十多年的萧条后，到此时造成的后果已经开始凸显。矿产新增探明储量增幅降低，致使矿产资源的保有储量减少。很多矿山、特别是作为我国当时矿产资源支柱的东部大型直属矿山，因资源枯竭而陷入困境，后备资源接替基地严重不足，正面临着矿山关闭的局面。这种情况还引发了连环反应：以这些矿山为依托建立起来的大型企业和城镇也面临着大型设备闲置，失业人员增加，城市经济结构失调，不稳定因素增多等诸多社会问题。因此，在东部大型矿产资源基地深部及外围寻找接替资源，延续矿山寿命便成为我国矿业和社会需要亟须解决的问题。

作为我国东部工业走廊的长江中下游成矿带在经历了半个世纪的矿产勘探与开发后，仍显示出较大的找矿潜力。常印佛很早就预言长江中下游深部埋藏矿床的潜力："在长江中下游之下可能存在第二个长江中下游"，亦即在现行找矿深度之下还有第二找矿空间。[②] 但现实是，地表和浅部矿已经基本找尽，而深部隐伏矿的找矿难度却大大增加，使得找矿实践效果欠佳，

---

① 在 2006 年提交项目报告时，将题中"含矿信息"改为"成矿预测研究"。对此，常印佛认为并不妥当，因为深部地质结构与深部含矿信息是大型矿集区深部找矿的难点，也是该项目研究的两个核心问题，离此则无法做"成矿预测"。

② 20 世纪 80 年代初，受石油部门"大庆之下找大庆"的启发，常印佛和邓晋福一道提出"长江中下游之下找长江中下游"，亦即第二个长江中下游。他们后来觉得这样提有语病，因石油是沉积矿床，各储层之间上下不连续，可以那样提，而内生成矿作用由下而上是连续的，没有天然界限，所以便改称"第二找矿空间"。

自1990年代后便没有实质性的突破。找矿困境的形成,究其内部原因,则是在找矿理论上,对矿集区深部结构和成矿规律尚缺乏更深刻的认识,难以形成创新性的勘查思维和找矿思路;在勘查技术上,对新技术新方法的研发和应用不够,尚未建立起探测深部隐伏矿的行之有效的新技术和新方法组合。因此,围绕东部地区寻找接替资源这一重大需求,探索和创新一套行之有效的矿产勘查新思路和新技术,就成为当时成矿学和勘查找矿学的重大任务。

对长江中下游地区大型矿集区的研究,也具有成矿学上的重大意义,有利于创新大陆成矿理论。自1960年代板块构造理论建立以来,基于板块构造的一系列成矿理论得到了飞速发展和广泛应用。该理论阐述了从离散型板块边缘的洋中脊、转换断层、海山到不同性质的汇聚型板块边缘的海沟、岛弧、弧后盆地等不同构造环境下的成矿专属性及成矿作用,建立了一系列洋/陆板块相互作用条件下的成矿模式。如著名的岛弧斑岩铜矿成矿模式、浅成低温热液型成矿模式、弧后裂谷环境的块状硫化物矿床成矿模式等,在找矿勘查应用实践中发挥重要作用。然而,我国复杂的地质构造演化特点决定了成矿作用的多样性和复杂性,并以陆内成矿作用为特色,建立在洋/陆俯冲碰撞基础上的成矿理论在阐述陆内成矿作用方面遇到很多难以解释的问题,也难以指导我国东部大多数地区的找矿勘查工作。因此,在构造地质学(大地构造学)领域,有关板块构造活动作用于大陆内部的表现型式,即成为一个重要的研究方向,通称为"板块构造登陆问题";而在矿床学领域研究和创新陆内或大陆成矿理论是我国矿产勘查取得突破的关键,也是当时国际成矿学界的重大研究前沿。

长江中下游成矿带是扬子板块和华北板块在早中生代碰撞后,又经历了强烈的陆内变形和一系列深部动力学过程形成的,是典型的陆内成矿带。尤其是自燕山期以来,强烈的壳—幔作用(拆沉、底侵作用等)导致了多重岩浆沿区域断裂网络系统侵位,诱发了丰富多彩的成矿系统,在浅表不同的构造部位(层间滑脱带、断裂带和岩体接触带等)发生了巨量铜、铁、硫、金矿石的堆积,形成了鄂东、九瑞、安庆—贵池、庐枞、铜陵、宁芜、宁镇等多个大型矿集区。这些大型矿集区的形成演化历史和成矿作用特点与世界上其他地区有着很大不同。对它的深入研究,是使中国成矿学研究在国际地学研究舞台上占有一席之地的重要途径,并将为具有我国地域特色的大陆成矿理论的创立和发展作出重要贡献,同时也将为我国东部深部或隐伏矿产资源预测提供理论指导。

无论是研究矿集区形成所依存的地壳结构,还是深部隐伏矿床的勘探,都需要探测深度大、分辨率高的地球物理方法。然而,常用于金属矿勘探的地球物理方法,如电法、磁法、重力等,在探测1公里以下的地壳结构和提高垂向分辨率方面遇到不可解决的困难。因此,必须发展新的方法技术以满足深部隐伏矿勘探的要求。广泛用于油气勘探的反射地震方法和近二十年发展起来的地震层析成像技术,自20世纪70年代已开始用于地壳结构研究,取得了巨大成功。最近十几年,加拿大、澳大利亚等国家已开始探索利用高分辨率地震反射用于:圈定与成矿密切相关的构造、蚀变带、流体运移通道;直接圈定块状硫化物矿体;进行矿山开采规划与设计等。这些探索性研究证明了高分辨率地震反射在隐伏矿勘查中的巨大发展潜力和广阔应用前景。因此,通过对大型矿集区深部结构的探测,发展和完善高分辨率反射技术和地震层析成像技术已成为找矿的重要前提。亦即,需要通过该项目,促使深部找矿新技术的发展与应用。

鉴于以上种种必要性,常印佛、邓晋福等向国土资源部建议就此立项,获得批准通过。2000年7月,"大型矿集区深部精细结构与含矿信息"以重点科技项目正式启动。2001年4月升为科技专项研究计划,2001年8月通过专项可行性论证。项目下设4个子项目:①大型矿集区深部构造—岩浆三维结构与成矿作用综合研究,由常印佛、裴荣富院士负责;②大型矿集区三维蚀变填图与流体示踪研究,由侯增谦研究员、邓军教授负责;③大型矿集区深部精细结构探测研究,由吕庆田研究员负责;④大型矿集区地球化学块体三维结构与找矿信息评价,由迟清华高工负责。

项目启动后,按国土资源部专项管理办法要求(后两年按照地质调查项目的有关要求),成立了项目专家指导委员会、项目专家指导组和专项办公室,通过委托和招标两种形式,组织了精干的研究队伍,制定了相应的项目管理办法和项目运行方案。项目专家指导委员会由下列人员组成:陈毓川院士(主任)、翟裕生院士(副主任)、谢学锦院士、肖庆辉研究员、刘士毅研究员、邓晋福教授、王瑞江研究员、柴育成研究员、吴宣志研究员。项目专家指导组则由常印佛院士、裴荣富院士、侯增谦研究员组成。因为该项目使用

（开发）的主要技术手段为地球物理，所以项目挂靠在地质科学院，专项办公室也设在那里。常印佛与裴荣富两位院士作为专家指导组成员，相当于项目技术顾问，负责总体设计、布局和面上的指导，除第一个子项目外，其余项目的具体工作则由各子项目负责人承担。

研究工作根据设定的技术路线顺利展开。2003 年 9 月项目进行了阶段验收。从 2004 年开始，项目转由地质大调查经费支持，经过 2004、2005 年的补充和完善，完成任务，并编写了研究报告。

本项目研究历时 5 年，在铜陵矿集区这一研究程度很高的地区，通过地壳结构的精细探测、地壳变形的实验模拟、区域流体—蚀变填图与流体示踪模拟、地表—钻孔深穿透地球化学分析，以及三维立体式初步综合研究，获得了一大批野外调查和探测新资料，以及室内分析测试新数据，在下列方面取得重要进展：

（1）初步查清铜陵矿集区地壳结构框架，获得一批重要的新发现，大大地深化了对矿集区深部地质过程的认识。

（2）首次尝试性进行了流变实验和数值模拟研究，初步揭示了铜陵矿集区浅部地壳变形历史、应力状态演变及岩浆—流体驱动机制。

（3）首次尝试性地开展了铜陵矿集区尺度区域流体—蚀变填图，提出"流体—蚀变填图"的方法体系，初步建立了区内 4 套流体系统及其时空格架，完成了我国第一幅区域流体地质综合信息图。

（4）通过区域流体—蚀变填图和典型矿床解剖，获取了大量新证据，证实铜陵矿集区曾发生海西期喷流沉积作用，为矿集区存在石炭纪同生成矿作用提供又一证据，同时也是一个新的挑战。

（5）初步查明了铜陵矿集区矿化时空结构，提出"叠加成矿"是矿集区及大矿形成的主导机制。

（6）通过综合研究和区域对比，初步提出了铜陵矿集区区域成矿的动力学模式。

（7）发展和完善了金属矿高分辨率反射地震和首波层析成像技术，为深部隐伏矿找寻提供了重要的技术手段。

（8）系统总结了铜陵矿集区成矿的成矿系统、成矿模式，地球物理、地球化学特征，提取了各类含矿信息。在此基础上，建立了铜陵矿集区综合找矿标志,提出了深部成矿预测靶区,并对部分预测区进行了初步评价。①

根据常印佛自己的看法,该项目在实施中主要还是侧重于深部探测方法和资料数据的采集,亦即重点还是在上述四个子项目中的②(流体测量)、③(地球物理)和④(地球化学)等三个子项目,而子项目①主要则是对这三个子项目的成果进行综合分析和地质解释,因此以上八点进展主要还应归功于后三个子项目,其本人直接参与者很少。同时还应该强调一下,正是因为该项目研究取得了以上多方面进展,实际上展现了深部探测的可能性及其美好前景,因而才导致接踵而来的由国家财政部和科技部共同支持的作为"地壳探测工程"的培育性启动计划的"深部探测技术与实验研究专项"的产生。(见后文第九章末节)

这项研究真正打开了铜陵地区深部找矿的大门。常印佛从 1985 年提出深部找矿理念以后,即在铜陵地区开展试点,其后又在从"七五"到"九五"的项目研究中找寻深部隐伏矿床,探索其成矿规律,逐步体现了这一思想。但深部找矿理念得以系统地大规模地展开和执行,还是从这个专项开始的。该专项的执行过程也很好地印证了他提出的第三阶段找矿特征:①工作对象——以隐伏矿、难识别矿和新矿种为主;②工作基础——已进行了新一轮的1:5万或更大比例尺的综合地质、地球物理和地球化学调查,典型矿床和区域成矿规律的详细研究;工作内容——研究地下地质结构和构造,寻找深埋矿床,同时查明可能存在的难识别矿,探索有开发价值的新型矿源;③工作方法——应用先进地质理论指导,采取综合方法手段,优化方法组合,重点开展地下物探和测深,配合钻探进行立体地质制图,建立三维找矿模型,开展深部隐伏矿床预测;④预期效果——克服找矿难度大的困难,有效地发现一批深埋矿床和新资源。前面几点特征悉数得到印证,最后一点也随着 2007 年庐江泥河铁矿的发现而得到体现。深部找矿理念在新世纪逐渐开花结果,而它的破土萌芽,则已经是 15 年前了。

此外,在常印佛的倡议下,"九五"~"十五"期间,安徽省地矿局也开展

---

① 本节以上部分参考或摘录自《大型矿集区深部精细结构与成矿预测研究项目研究报告》,2006 年,全国地质资料馆藏。

了两轮"安徽省新矿种、新类型、新地区找矿研究"科研工作。其目的是开拓找矿思路和视野,进一步明确找矿方向并探索新方向。同时还明确规定各地区的课题由该区的地勘单位承担,把找矿与探索、调查和研究密切结合起来,从而也有助于提高业务水平从而推动野外队综合研究工作常态化。第一轮选择了四个地区作为研究对象,它们是:a. 北淮阳成矿带(安徽段);b. 长江中下游成矿带江北过渡带;c. 长江中下游成矿带江南过渡带(安徽段)和 d. 江南隆起与白际山成矿带过渡区歙县段。前三区都有已探明的矿床,也初步掌握了一些成矿规律,此次主要是作进一步的深化研究。而第四区段尚未发现工业矿床,仅地表有些弱铜矿化,选择该区段作为研究对象,主要是了解这些铜矿化与区内蛇绿岩套的关系,以及能否找到新类型铜矿床,这是一项全新的探索。这四个地区的研究工作分别由 313、312、327、324、332 等地质队、物化探队和地调院承担。第一轮工作结束,考虑安排第二轮项目时,因受地质工作萧条期的影响,不得不缩减战线,集中到国家找矿重点长江中下游成矿带两侧的过渡带,而将其余两个专题暂停。原先设想的推广到每个地质队都给一个专(课)题的打算,也成为泡影。不过这几项工作除第 4 项歙县地段的新探索未证实预期设想外,其余几项都取得一定的成果,深化了各区带成矿条件和规律的认识,进一步明确了找矿方向。特别值得一提的是,312 队涂荫玖等与中科大杨晓勇合作在江北过渡带基底"南黄片麻岩"测得晚太古末的年龄数据,这在区域基础地质研究上是一重要进展。我国区域地质学带头人李廷栋院士在回顾总结二十世纪区域地质调查研究工作的专文中还特别提到这一成果,认为对研究长江中下游乃至中国东部华北与扬子两个地块间地质演化史有重要意义。

学术发展特征总结

从前文可知,常印佛在当选为中科院学部委员之后的十多年时间里,又参加了多项重大科研项目,并有许多新的成果,其个人的地质科研也再上一个平台。在完成这些项目后,他基本上不再直接从事一线科研,而更多扮演考察指导和建议者的角色。如果从大学毕业算起,他此时已经在地质工作与科研生涯中走过了 50 多个春秋,学术上也过了"知天命"之年。其科研成果和贡献已基本定型,学术发展脉络和特征也逐渐清晰,因此应该对他的学术成长轨迹作一番分析与总结。

从一名普通的地质队员,到一支地质队伍的总工程师,再到一省地质局总工程师,常印佛一直没有离开生产岗位。如前文指出,他的一切地质工作与科研活动,都紧紧围绕"找矿"展开。从地质学科划分和认知科学的角度看,常印佛的地质科研活动主要涉足矿床学(狭义矿床学与区域成矿学)和找矿勘探两个领域。在其个人的专业定位上,虽然工作的中心是找矿,但常印佛始终没有把自己定在单一的"找矿勘探"专业,而是定位在矿床专业上。这缘于他大学教育仍是沿袭民国时期西式教育内容——在西方始终没有把找矿勘探作为一门相对独立的分支学科,也没有这方面专门教材,因而他在大学 3 年期间,没有上过一课有关找矿勘探的内容。在他参加工作以后,321队的地质专家郭文魁、郭宗山、陈庆宣、沈永和等都是一边勘探,一边研究,见面都在讨论矿床地质问题。常印佛也就自然而然地认为自己是位矿床工作者。这也体现在他在学部委员申报材料上给自己研究领域的分类——地质矿床。这一专业定位使他在"成矿系统"[①]的研究中用力甚勤且成果累累,在实践上,则为在"勘查系统"[②]中的活动奠定了最关键的基础。

在常印佛半个多世纪的地质工作与科研生涯中,其涉及的成矿单元从最初的铜陵矿集区,到长江中下游成矿带,再到更高级的中国东南部成矿

---

① 成矿系统是指在一定的时空域中,控制矿床形成和保存的全部地质要素和成矿作用动力过程,以及所形成的矿床系列、异常系列构成的整体,是具有成矿功能的一个自然系统。它包括成矿环境、控矿要素、成矿过程、成矿产物以及成矿后变化保存等内容,体现了矿床形成有关的物质、运动、时间、空间、形成、演变的整体观和历史观。翟裕生:"地球系统、成矿系统到勘查系统"。《地学前缘》,2007 年 1 月,第一期。

② 矿产勘查系统是指以地质成矿理论为指导,以已有的地质、矿产、物探、化探、遥感资料和信息为基础,对矿产资源进行预测、评价、选靶,进而实施探矿工程,以发现矿床并查明其数量、质量及开发利用条件,以满足社会需求的全部地质勘查工作。翟裕生:"地球系统、成矿系统到勘查系统"。《地学前缘》,2007 年 1 月,第一期。

域,每一级工作都涵盖了"成矿系统"与"勘查系统"。其学术发展也是在跨越这两个系统中经历了"实践——认识——再实践——再认识"的过程。关于这两个系统,常印佛认为,成矿系统的核心是矿床学,它有其自己的研究对象和不断完善中的理论与方法体系,它作为地质学下二级学科的一支,建立在地层学、岩石学、构造地质学、区域地质学和地球化学等其他学科的基础之上(其中岩石学、地球化学起着矿床学部分理论基础的作用,而构造地质学和地层学主要起"平台"的作用,只是部分起着基础作用——深部构造的基础作用更大一些)。作为勘查系统主题的找矿勘探学,也有自己的理论和方法体系,它建立在矿床学(狭义矿床学与区域成矿学)及其他领域分支学科,如勘查地球物理、勘查地球化学,以及属于技术学科的遥感、探矿、采矿、选矿、冶炼和加工工程等基础之上。矿床学与找矿勘探都是交叉学科,可谓浑然一体,[①]系统内部各交叉学科存在相互反馈的关系,即系统内自馈。唯自馈或互馈中出现一些重大问题必须由组成交叉分支学科的有关学科专门解决时,则由系统内部自馈变成外部反馈。[②] 常印佛长期跨两个领域工作,在这个相互关联的系统内通过各学科间知识的相互反馈,不断激发着学术发现与创新。

地质学是一门实践性很强的科学,常印佛也极重视实践。前文已述,李四光关于野外实际地质情况是真正的地质科学问题和理论认知的来源的箴言,他一直奉为座右铭,他的治学过程也体现出实践与认识之间循环促进的鲜明特征。这不是简单的反复循环,用早些年我国一些从事辩证唯物主义和唯物辩证法研究的哲学家(如艾思奇、冯定等人)的话说,是一个"螺旋式上升"的过程。常印佛认为,他的学术发展螺旋式上升循着 3 个不同的方向,即矿床学(狭义)领域、区域成矿学领域、以及找矿勘探学领域。[③]

----

① 在这里,常印佛把找矿勘探学作为矿床学与其他学科分支组合成的交叉分支学科,使得"成矿系统"与"勘查系统"之间不再是相互分离的系统,而是有交织重叠。这种认识与翟裕生院士在"地球系统、成矿系统到勘查系统"一文中提出的成矿系统与勘查系统相互分离的情况不同,是从不同角度对这一问题提出的见解。
② 常印佛回忆手稿,2014 年 10 月,第 137 页。资料存于采集工程数据库。
③ 常印佛认为找矿勘探学具备成为独立学科的条件,有其完备的研究对象,理论和方法,保留它能够促使勘查工作更加科学有序地进行。

矿床学领域:由长江中下游主要矿产类型矽卡岩型矿床的内生成因观点→有沉积因素参与的层控矽卡岩观点→广义的复合矿床大类观点。

20世纪20年代至30年代间,美国矿床学家林格仑关于矿床学学科理论体系的建立和完善,提出了矿床成因的内生、外生和变质成因三分法。他的学说直到五六十年代在矿床学界都居于统治地位,其中有关岩浆成矿作用的某些观点至今仍起主导作用,成为矿床学的经典。但和他同时或稍后,

图8-5　常印佛(右一)与张良臣(右二)在新疆阿舍勒铜矿考察(1993年)

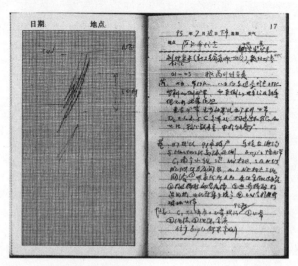

图8-6　常印佛新疆野外考察记录(1993年)

即已出现不同的看法,如德国矿床学家施奈德洪的再生矿床论。此后,对于某些用他的岩浆热液观点作成因解释的矿床提出的质疑更多,包括他的入室弟子、我国的孟宪民教授更是对他的理论体系产生了怀疑。直至 1959 年澳大利亚的奈特提出了"矿源层"的概念,从理论上发起了有力挑战,接着六七十年代之交,发展成为"层控成矿"概念,终于打开了缺口,以后复合成因的观点逐渐得到发展和扩散。中国以涂光炽和陈国达两位地质学家最早分别提出"多来源、多成因与多阶段"成矿和"多因复成"理论。常印佛也是在此背景之下,针对 60 年代前期关于长江中下游一些铜矿成因的"水"、"火"之争进行研究后,提出"层控矽卡岩型矿床"的新类型建议。此后 20 年他主要致力于区域成矿学研究。直至进入 21 世纪,根据国内外新资料的分析,他发现许多矿床都不是单一成因的,多因复成现象越来越频繁且广泛地被发现,原来的"附庸"已蔚然成"大国"。于是他在 2011 年一次在合肥召开的香山科学会议上,提出将"复合矿床"与"内生"、"外生"、"变质"三大类并列而成为第四大类矿床的建议。这一认识过程反映了从一个矿床类型向一个矿床大类的"上升"。

区域成矿学领域:由 IV 级成矿单元铜陵矿集区的研究→III 级成矿单元长江中下游成矿带的研究→更高级别的中国东部南段陆内成矿域的研究。

在这 3 个层次的研究中,面临的问题及研究的内容都相同,即成矿学问题和地层、构造、岩浆岩、地球化学、地球物理、矿床等内容。但在认知范围和尺度上,体现了由低级成矿单元向高级成矿单元成矿规律的螺旋式上升。以控矿构造问题为例:在研究铜陵矿集区时,遇到的控矿构造问题是区内存在的隐蔽基底断裂;在长江中下游成矿带则是沿基底结合带形成的构造网络系统;到中国东南部成矿域则提出岩石圈尺度不连续的概念。

找矿勘探领域:由点→面→体的发展过程。

20 世纪 50 年代初刚参加工作时,常印佛参与执行了郭文魁队长部署的以铜官山这一"点"为中心,向周围"面"上展开普查工作的"点上起步,由点到面"找矿战略;60 年代地质工作已有一定发展,积累了足够多的地质资料和矿产信息,他在此基础上推动"区域展开,重点突破"的找矿方针,注重扩大基础,在面上找矿,且提出并开始组织实施铜陵地区的 1∶5 万普查—测量工作,后来这个"面"又扩大到整个长江中下游甚至更广阔的地带。到 80 年代初,在地表和浅层矿已经勘查到一定程度后,他又审时度势地率先提出向深部找矿的理念,倡导开展"立体填图,深部找矿",且又在铜陵矿集区首先开展深部找矿试点研究。

综上分析,常印佛的学术成长道路可以归纳为以"螺旋式上升为经,系统间反馈为纬"的特征。经为方向,指明了其学术发展的不同阶段和层次;纬是途径,解释了其在地质科研与发现过程中的具体模式。它们织成了一条常印佛的学术成长之路。

在常印佛的地质工作与学术生涯中,许多新的认识与发现以及找矿成果的取得,并不是一蹴而就的"从胜利走向胜利"的模式,而是充满了艰辛的探索,反复的实践,漫长的积累。面对沉默无言的山川大地及躲藏在地下深处的矿床,要弄清楚它们的构造、成因、演化过程等等问题,要对纷繁复杂的各类地质现象和地质信息作出合理的解释,岂能奢望一帆风顺。在探索过程中,挫折与否定是家常便饭,唯不断尝试、总结、修正,才能得出近乎实际的认识或规律。即便如此,许多认识还可能只是阶段性的,随时可能被新的现象的发现所打破,又需要重新再修正。以经验性和实践性著称的地质科学,要得到每一个谜团的答案,都非经过一番艰苦工作不可。如前述他对矿床成因的认识,从最初开始关注学术界的"水火之争"到最后复合矿床分类的提出,前后跨越了几十年。再如他在 1969 年根据铜陵地区成矿规律,建议在老鸦岭地区向深部探矿,却因施工钻孔的偏斜,与矿床失之交臂,导致冬瓜山铜矿的发现推迟了 5 年。又如在 80 年代地矿部科技司曾委托常印佛主持一项应用高频地震寻找金属矿床的试验,这项技术当时在世界上仍处于探索阶段,尚无成功的先例,难度很大。鉴于当时的主客观条件,常印佛觉得有一定困难,但考虑到这次试验不是一次能完成的,还会有后续工作,便接受下来。经过近两年的工作,这项试验结果不太理想,用它来划分地震波速有明显差异的两套岩层之间的界限还行,但对矿体则反映不明显,以当时条件基本上无法用来捕捉矿体信息,随后试验即告结束。直至本世纪初,在铜陵地区开展的"大型矿集区深部结构和含矿信息"试验研究中,再次使用地震方法。此时由于仪器和方法的改进与发展,方才取得较好效果,结果表明它可以用来研究深部构造,从而间接指导找矿方向,宜与其他方法综合使用。这一方法从最初的受挫,到后来有效,前后也经历了约20年。

地质科学的认知领域对人类而言是永无止境的,它的复杂性和艰巨性对人们提出了挑战,而这同时也是它永恒的魅力所在。没有什么伟大的事情是可以轻而易举做成的,地质学家面对自然的谜题往往心潮澎湃,满怀激情地去寻求答案,乐于享受任何困难与挫折。正如欧几里得所说"几何无王者之道",地质学也一样没有捷径可走。每一个从事地质工作的人都必须老老实实走进野外,从观察最细微的地质现象做起,用扎实细致的工作叩开藏有谜底的大门。只有这样,才能在成功、困难与挫折面前不骄不躁,坚毅从容,持续进取。正如常印佛在援助阿尔巴尼亚期间常对队员们说的那样:"一两个孔见到矿,也不要太高兴;一两个孔未见矿,也不要太灰心。总之,工作做到家,才能下结论。"这实际上也是他治学态度的真实写照。在常印佛的地质生涯中,没有因为取得一些重要成果而洋洋得意,也从未因困难或受挫而止步不前,亦没有为赶任务而牺牲工作质量甚或敷衍了事。他总是以扎扎实实的工作给国家一个交代,给自己一个交代,也是给沉默的大地一个交代——在无止境的地质研究领域,一切矜伐与浮夸都是短暂的,唯扎实的工作可以留存久远。这就是他的治学态度。

由于地质科学的特殊性,许多地质现象无法搬到实验室中再现出来,因此地质学上的很多认识都始于对现象的归纳总结,一些重要理论一开始都是以假说的形式存在。这也造成了对同一地质现象或地质问题众说纷纭莫衷一是的情况常常出现。这些都是地质科学研究中必然存在的现象,鲜有一种认识可以彻底解决所有问题,甚至有时问题的争议越大往往证明其越有价值。而所有这些认识都要经受实践的严格检验。换言之,实践是检验地质认识最重要的标准。常印佛提出的一些概念和理论也并非没有争议,如在矿床成因方面,随着1980年代喷流沉积成矿理论的兴起,又有人对层控矽卡岩矿床成因及归类提出新的看法。在长江中下游地区一些地质问题的见解上也有不同意见。而正如陈毓川院士所说:"对学术观点问题,任何认识都是阶段性的,我们只能用实践检验它对不对,看它实际找矿中有没有用,常印佛的这套理论经过检验,还是起作用的。只要认识正确,始终是经

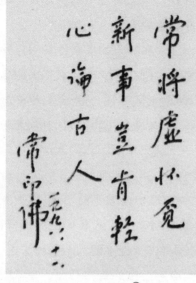

图 8-7 常印佛自题座右铭②

得起检验的。"①这也再次体现了他重视实践的学术特征,由于长期工作在地质一线,他研究的问题和提出的理论都来源于找矿实践,因此也更能经得住检验。

值得一提的是,在对待不同学术观点上,他很谨慎小心,不轻易否定别人,③甚至不愿参与争论,而是紧紧结合找矿实践,把问题更多地留在实践中检验。另一方面,从本书前文也可以看出,对于前人的工作成果,常印佛十分尊重。他对地质工作的艰苦性和长期性深有体会,对前人开创的事业、做出的发现心怀敬仰,即便自己的工作取得重要突破,他也总是充分肯定前人工作的价值与贡献。他对同行的工作成果亦是如此。这是实事求是的态度,是一位科学工作者最基本却也是最可贵的精神,体现了学者的胸怀与修养。

---

① 陈毓川访谈,2013 年 11 月 5 日,北京。资料存于采集工程数据库。

② 本书第一章所提及泰兴历史名人、著名篆书大家陈潮曾题字赠予常印佛外祖父之父亲:"常将白眼观天下,岂肯轻心论古人",显示古代士子睥睨一世、目空一切的虚骄之态。常印佛把前一句更改如插图所示,作为他的座右铭。它还曾被收入《院士心语》(李浩鸣等主编,2012),其中上联"觅"字在该书中写为"纳"字,二字皆可。此外,被常印佛引为座右铭的还有历史学家范文澜的名言"板凳宁坐十年冷,文章不写半句空",以及涂光炽于 1993 年在贵阳中科院地化所给青年地学工作者的寄语:"设想要海阔天空,观察要全面细致;实验要准确可靠,分析要客观周到;立论要有根有据,推论要适可而止;结论要留有余地,文字要言简意赅。"虽然在涂先生提出这八句话时,常印佛已经六十多岁了,他依然将其作为座右铭,时时警醒。

③ 陈毓川访谈,2013 年 11 月 5 日,北京。资料存于采集工程数据库。

第九章
推动地质工作复苏与深部找矿

地勘萧条与资源瓶颈

"文革"后期,在全国范围内陆续开展了以寻找铁矿为目标的找矿"大会战",由于中国铁矿资源的特征是贫矿多,富矿少,开采难度大,开发经济效益低,会战的结果并不尽如人意。自此之后,钢铁企业愈发觉得用国内的铁矿石冶炼,不仅成本高利润低,而且矿产开发易对环境造成破坏。综合考虑,购进国外高品位铁矿石更划算。当时流行着一种说法,叫做"采矿不如买矿"。东邻日本是现成的例子,其国内铁矿资源匮乏,铁矿石几乎完全依赖进口,但钢铁工业却发展得很好。有鉴于此,政府提出了在矿产资源方面"利用两种资源,开辟两个市场"的方针,即利用国内资源和国外资源,同时开辟国内市场与国际市场。

在经济全球化的时代,资源由市场在世界范围内优化配置,任何一国都无法完全依靠自己的力量发展经济,因此中国当时提出这一战略是无可厚非的。然而,在对政策的具体理解与执行上,却出现了偏差,过分依赖国外矿产资源和国际市场,而忽视了本国矿产的寻找。这造成了严重的后果。

最直接的后果便是国内地质勘查力量的急剧萎缩与萧条。经过几十年的积累与发展，到 1980 年代时，我国在地质勘探事业上，已经形成了一套成熟的找矿经验和完善的人才梯队。这些成就离不开国家对矿产资源的需求和政府对地质找矿工作的重视与大力支持。然而，随着矿产资源政策的调整，对本国找矿工作的支持锐减，从 1983 年起，地质工作开始出现走下坡路的迹象。1984 年，为求自保，地质行业先后提出"发展多种经营"和"开拓地质市场"的口号，以应对逐渐到来的寒冬。从此，地勘队伍陷入了漫长的苦苦挣扎。时任地矿司司长的陈毓川在回想起这一段艰难的历史时，仍感慨不已：在 20 世纪 80 年代中期，全国从事非油气地勘工作的人员尚有 50 万人左右，其后由于国家投入的减少，许多地勘单位面临解体，地质队员有的下岗待业，迫于生计，有的转行从事其他行业，"日子非常难过"。① 而 1998 年，又逢政府换届，地矿部被撤销，新成立了国土资源部。首任部长并无带地质队伍的经历，其上任后即把原地矿部的队伍全部下放到省，美其名曰"属地化管理"，而实际上则是把地质队伍带着一点有限的地勘事业费推向省里，任其自生自灭。这对地勘队伍来说真是"船破又遇顶头风"，无异于最后一根稻草，把整个队伍压入绝境。到 2006 年，已经走到谷底，只剩下 10 万人还在从事找矿工作，其余五分之四都离开了这项曾经光辉的事业，造成了大量地质人才的流失和浪费。地质找矿被当做"夕阳产业"失去了宠爱，地质科研也处于仅能勉强维持现状的窘境，地质类院校和科研院所的研究经费捉襟见肘，即便是地质类科技攻关项目，也有经费欠缺的困难（常印佛在主持长江中下游的项目时也曾遇到经费困难）。地质行业不景气也影响到高校招生，地质专业招收到的第一志愿学生减少，生源质量明显下降。

地质工作所经历的寒冬是漫长的，它持续了约 15 到 20 年时间，给找矿勘探带来了严重的负面影响。常印佛把它归结为三大断层：第一，工作衔接上的断层——过去有条不紊地进行的地质工作，中间突然停滞，新人不知道历史情况就会走很多弯路；第二，人才成长上的断层——1980 年代中后期以来毕业的大学生缺少实践锻炼的机会，地质工作者最宝贵的黄金时期被耽

---

① 陈毓川访谈，2013 年 11 月 6 日，北京。资料存于采集工程数据库。

误,地质工作直到现在还处于青黄不接的状态;第三,传统继承上的断层——过去的地质找矿工作已经形成了一套较成熟的做法,新人没有经过锻炼自然不熟悉这一流程,不少好的传统没有继承下来。[1]

地勘萧条的另一严峻后果是,它导致了制约我国经济发展的资源瓶颈的出现。由于过分依赖从国际市场上进口铁矿石等矿产资源,中国在重要的战略资源上受制于国外垄断公司,不仅经济上蒙受损失,国家安全也受到威胁。进入 21 世纪后,国际矿业巨头联合起来提高价格卡压中国的现象屡见不鲜。以铁矿石为例,自 1996 年始,我国钢铁产量首次突破亿吨,到 2013 年已经连续 17 年位居世界第一位。随着我国钢铁行业的快速发展和钢铁产能的迅速扩张,对铁矿石的需求量也迅速增加,对国际市场的依赖愈发严重。中国铁矿石的主要供应商,巴西淡水河谷,澳大利亚力拓、必和必拓和 FMG(Fortescue Metals Group Ltd.)趁机抬高铁矿石价格。中国进购的铁矿石价格,在新世纪初不断上涨,在 2005~2008 年间,更是出现急速攀升态势,年增长率分别达到 71.5%、19%、9.5%和 79.88%。[2] 中国作为世界上最大的铁矿石进口国却没有定价权,在价格谈判中极为被动。价格上涨使中国钢铁业损失惨重,仅从 2004 年到 2009 年的 6 年间,中国钢铁商和铁矿石消费者因铁矿石价格涨幅过大所承受的损失就高达 7 000 亿元。[3]

2009 年,中国冶金矿山企业协会顾问焦玉书在"第六届中国产业国际竞争力论坛"上说,中国要确保铁矿生产规模达到年产 11 亿吨、自给率达到 50%以上,才能冲破国际铁矿业的垄断局面。这表明,面对严峻的矿产资源形势,人们已经认识到确保本国矿产开发、提高自给率的重要性。其祸根的埋藏,却是在 20 年前。

在地质行业仍处于萧条期,资源瓶颈问题尚未十分突出之时,一些有远见的人就开始关注并呼吁国家重新引起对地质事业的重视和支持,恢复本

---

[1] "此身许国无多求,乐在图书山水间——专访我国著名矿床地质学家和矿产地质勘查专家常印佛院士"。《创新中国》,2011 年 6 月,总第 21 期。

[2] 凌晓清:"我国进口铁矿石价格波动及应对策略研究"。《市场经济与价格》,2013 年,第 2 期。

[3] 凤凰网财经频道:"聚焦 2010 年度铁矿石价格谈判"。http://finance.ifeng.com/news/special/tiekuangshi/

国找矿,保障经济安全。常印佛即是其中之一。

参与推动《决定》出台

2000 年以后,"资源瓶颈"问题逐渐引起中央的关注。2002 年 4 月,全国政协对"四矿"(指矿业、矿山、矿工、矿城)进行调研;5 月全国人大进行矿产资源执法检查;6 月"四矿"问题列入人大常委会议题之一。一系列举动都显示出国家对此问题的重视。

2002 年 6 月 10 日至 11 日,中国工程院、中国科学院、国土资源部、中国矿业联合会、中国地质学会在北京联合召开了"我国矿产资源形势与可持续供应"会议。这次论坛旨在通过地学界、矿业经济学界以及从事矿产资源调查评价实践的专家学者的共同交流,研究工业化过程与矿产资源消费需求的关系,评估我国矿产资源的供需现状,预测未来全球资源的供需态势,分析改革开放以来地质工作投入与产出及其与经济发展态势的关系,总结我国地质工作的经验和教训,为制定矿产资源可持续供应战略和建立矿产资源安全保障体系政策提供咨询。[①] 时任中国矿业联合会会长的朱训在会上作了"从四矿问题看加强矿产资源勘查必要性"的报告。中国地质调查局总工程师周家寰、中国科学院地质研究所研究员翟明国、工程院院士陈毓川等也作了大会特邀报告。20 余位两院院士和 80 多名专家学者就我国矿产资源形势与可持续供应问题进行了讨论。

陈毓川的大会报告以"中国矿产资源可持续供应问题与对策"为主题。报告内容是他与常印佛、郑绵平 3 人共同讨论形成的,由于分析契合实际,对策切实可行,引起了与会者广泛好评,并在会后以"我国矿产资源形势与实现可持续供应的对策"为题,发表在 2002 年《矿床地质》第 21 卷增刊上。该

① 中国黄金集团公司摘编:"中国矿产资源形势与可持续供应高级论坛在京举行",2002 年 6 月 17 日。

图9-1　陈毓川与常印佛在交谈

文首先陈述了我国矿产资源的严峻形势,接着提出了7条实现矿产资源可持续供应的对策建议:

(1) 矿产勘查与开发所属的矿业属基础性产业,是工业、农业、国防工业、运输业等发展的物质基础,不属于制造业。因此建议从第二产业划入第一产业,与农业一样,国家应给以重点扶持。

(2) 大幅度加强固体矿产勘查工作。中央财政应加大对固体矿产勘查工作的年投入,尽快开展新一轮固体矿产普查工作,依靠科技进步开拓和开发新型矿产资源,"十五"期间新增有关固体矿产资源的国家科技攻关项目,以提高找矿成功率和资源利用率。与此同时,加快培育矿产勘查与矿业市场,发展商业性矿产勘查工作及矿业。

(3) 充分利用国内、国外两种矿产资源。对国内优势矿产,如稀土、钨、锡、锑等有控生产,有控出口,并保持一定数量的产品储备,控制国际市场。对短缺矿产,如油、铁、铜、锰、铝、铬、铂、金刚石、钾盐组织多元化稳定的进口渠道,鼓励、支持企业、事业单位去国外勘查、开发国家需要的矿产资源。国内短缺的矿产,在经济条件可能的情况下,尽可能多用国外资源,并进行必要储备。为支持和鼓励国内企、事业单位去国外进行固体矿产的勘查及开发,建议国家给以一定额度的风险勘查资金、贴息贷款及进出口免税等政策。

（4）进一步理顺地质工作体制，加强队伍建设和人才培养。在地质工作体制重大改革、绝大部分地质队伍（油气队伍除外）属地化情况下，尽快建成精兵加现代化装备的"野战军"地质队伍是当务之急，建议进一步完善作为负责全国公益性地质工作和战略性矿产勘查工作"野战军"地质队伍及其领导机构——中国地质调查局，特别要加强其队伍及装备建设，并尽快到位；培育商业性矿产勘查队伍及企业，促进与矿业企业结合，组建若干个集矿产勘查与开发于一体的大型固体矿产矿业集团；建议由教育部牵头制定高校地质勘查与矿业专业学生培养计划，对入学地质勘查、矿业专业的学生实行免收学费及给以奖学金的优惠政策。

（5）实行战略性矿产资源储备制。建立国家战略性矿产资源储备组织领导机构；制定与发布有关战略性矿产资源储备的法律、法规、政策及实施细则；尽早开展对重点矿产，如石油的储备试点，以取得实践经验。

（6）加强矿产资源管理，保护、节约、合理利用矿产资源。建议进一步完善矿产资源法律、法规、制定和颁发"矿山资源保护法"、"矿产资源综合利用法"、"矿山环境保护法"、"矿业市场法"等；县（市）级矿产管理行政机构实行以省（区）国土资源厅直属领导为主，县（市）领导为辅；实行一矿一主，严禁矿中办矿；加强执法监督、检查，建立不同层次的监督检查网。

（7）加强全民爱护、节约矿产资源意识的宣传教育。从小学生教科书内容中开始教育，运用各种形式，普及矿产资源知识及国情，强化矿产资源国家所有意识、全社会资源忧患意识、节约意识和法制意识，树立全民爱护、保护、节约矿产资源的社会职责。

最后还建议积极开拓新的矿产资源。如加强可再生能源的开发与利用，开展大洋与极地矿产资源的调查研究与勘查，在国土内开拓矿产资源调查研究与勘查的新领域,大力开发利用非金属矿产资源。①

以此次大会为契机,工程院多位院士就大会主要讨论的问题联名向国务院递交了建议书,详细整理了论坛成果,反映我国矿产资源所面临的危机以及应当采取的措施。建议内容得到了朱镕基总理和温家宝副总理的批示,中央开始加快推动保障矿产资源安全政策的出台。

升格中国地质调查局,组建直属于它的地质调查力量,并推动其向实体单位转变,是复兴中国地质找矿工作的有力一步。中国地质调查局是国土资源部直属的事业单位,成立于1999年4月20日。成立之初,局内设有办公室、总工程师室、计划财务部、基础调查部、资源评价部、工程技术部、基层工作部和党群工程部等8个部室,人员编制120人,管理10个直属单位。②但是在2004年之前,它都是通过项目联系和业务指导与各省、区、市和地勘行业的地质勘查单位建立关系,它自身没有直属的野外地质调查力量,更多扮演着协调和组织者的角色,使用各地"雇佣军"作战。这种局面制约着其力量的发挥,自其成立起,中央便有意深化地质工作管理体制改革,准备建设地质队伍"野战军"。事实上,朱镕基总理早在1994年的一份批示中就指出:"地质队伍要逐步划分为野战军和地方部队,野战军吃中央财政,精兵加现代化设备,承担国家战略任务;地方部队要搞多种经营,分流人员,逐步走向企业化。"当时即有打造地质"野战军"的设想。

2000年12月25日,温家宝在国土厅局长会议上发表讲话。其中提到,组建地质"野战军"是地质工作管理体制改革的进一步深化。这支队伍的组建要与转变国土资源部的有关政府职能、深化地勘体制改革和科技体制改革同步进行。新建的"野战军"应面向经济建设和社会发展,承担组织实施国家基础性、公益性地质调查评价和矿产资源远景评价工作,承担组织实施国家战略性矿产勘查工作和部分重大工程建设前期地质勘查等任务。"野

---

① 陈毓川、常印佛、郑绵平:"我国矿产资源形势与实现可持续供应的对策"。《矿床地质》,2002年第21卷增刊。

② 直属单位有沈阳、天津、西安、南京、宜昌、成都地区地调中心和航测遥感中心、广州海洋地调中心、青岛海洋地质研究所以及中国地质调查局发展研究中心。

战军"队伍要精干,人员及专业结构要改善。这项工作要继续抓紧抓好。①2001 年 11 月 30 日召开的国土资源部"健全完善中国地质调查局工作会议"上,又宣读了他日前对健全和完善中国地质调查局工作的批示。批示中指出,中国地质调查局的组建工作已经落实,标志着地质队伍"野战军"的建设进入了实施阶段。②

2002 年,"我国矿产资源形势与可持续供应"会议报告上、院士建议书中都强调了要尽快建成精兵加现代化装备的"野战军"地质队伍,进一步完善中国地质调查局。这加速推动了中央两项政策的执行。

2004 年 7 月,经国务院批示,中国地质调查局升格并被赋予新的职责。根据中央要求,中国地质调查局的性质定位为:它是国土资源部领导下的地质调查、科学研究和信息服务机构,是拥有专业化地质调查队伍的事业实体,是国家地质基础信息资料等公益性产品的生产者和提供者,是国家基础性、公益性地质调查和战略性矿产勘查工作的统一部署和组织实施者,是经济社会可持续发展不可或缺的基础支撑。确立中国地质调查局的指导思想是:坚持地质工作更加紧密地与国民经济和社会发展相结合、更加主动地为经济与社会发展服务的方针,坚持公益性与商业性地质工作分开的改革方向,坚持资源与环境并重的部署原则,以国家需求为导向,建实建强国家公益性地质调查队伍,统一部署和组织实施国家基础性、公益性地质调查和战略性矿产勘查工作,不断提高地质调查研究水平和服务社会能力,为国民经济和社会发展提供地质基础信息资料,并向社会提供公益性服务。③ 由此,中国地质调查局开始成为一支有力的地质调查领导力量,它的变革,恰似寒冬中绽放的第一朵迎春花,预示着中国地质事业的复苏和地质暖春的到来。

这一结果离不开多方呼吁,而地质学界,尤其是院士们的呼吁无疑起到了作用。陈毓川院士说:"对于当时的形势,我们作为学者没有办法扭转局

---

① 《人民日报》,2000 年 12 月 26 日第二版。

② 新华网,2001 年 12 月 1 日。

③ 中国地质调查局发展研究中心:孟宪来局长在中国地质调查局 2005 年工作会议上的讲话。2005 年 3 月 2 日。

势，我们能做的只有呼吁，在这方面，常总都很积极地支持和呼吁。他很关心国家的地质工作和资源需求，也在热心地推动这件事。”①

2006 年 1 月 20 日，国务院颁布了《国务院关于加强地质工作的决定》（后文简称《决定》），标志着全国地质工作历史性转折的到来。《决定》从“以科学发展观指导地质工作”、“明确地质工作主要任务”、“完善地质工作体制机制”、“增强地质科技创新能力”、“提高地质工作管理水平”等 5 个方面做了具体的解释、要求和工作布置。这份文件是我国地质矿业政策的重要转向，在地质史、矿业史上以至中国的工业化和现代化过程中，都具有重大意义。

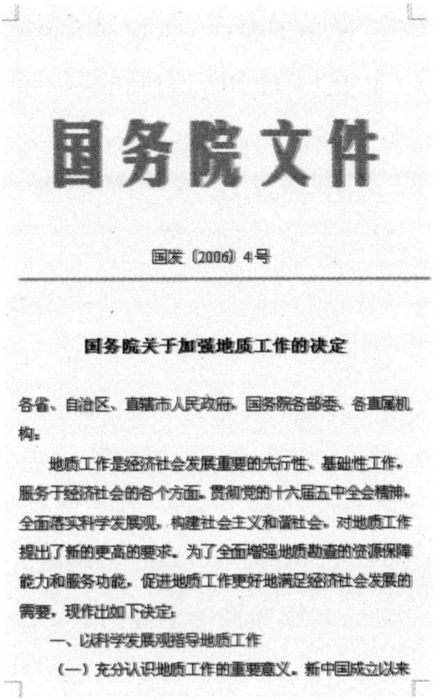
国务院文件

国发〔2006〕4号

国务院关于加强地质工作的决定

各省、自治区、直辖市人民政府，国务院各部委、各直属机构：

地质工作是经济社会发展重要的先行性、基础性工作，服务于经济社会的各个方面。贯彻党的十六届五中全会精神，全面落实科学发展观，构建社会主义和谐社会，对地质工作提出了新的更高的要求。为了全面增强地质勘查的资源保障能力和服务功能，促进地质工作更好地满足经济社会发展的需要，现作出如下决定：

一、以科学发展观指导地质工作

（一）充分认识地质工作的重要意义。新中国成立以来

图 9－2 《国务院关于加强地质工作的决定》文件

《决定》出台后，受到地质部门和地质从业者的热烈欢迎与支持，大家感到如沐春风。从此以后，国家对地质矿产事业投入增多，支持力度显著增强，地质人员生活条件得到改善，科研项目及经费增多，地质类院校生源质量也随之提高，地质工作环境大为改善。翟裕生院士认为《决定》“表达了地质工作者的心声”，并撰文就增强地质科技创新能力，发展地质教育事业畅谈自己的认识和建议。在文章最后，他热情洋溢地写道：“我坚信，在党中央、国务院的正确领导下，老、中、青三代地质人奋发图强，就一定会用自己的双手共同铸造地质事业的辉煌，迎接地质事业的又一个春天！”②应该说，他的感受也表达了地质工作者对《决议》出台的共同心声。对照 4 年前由陈毓川、常印佛和郑绵平等所写的《我国矿产资源形势与实现可持续供应的对

---

① 陈毓川访谈，2013 年 11 月 6 日，北京。资料存于采集工程数据库。

② 翟裕生：“《决定》表达了地质工作者的心声”。《中国地质教育》，2006 年，第 2 期。

策》，可以看出其中多数内容和提法，都在国务院《决定》中得到体现。《决定》的最终出台，在一定程度上也得益于地学界院士们的积极奔走呼吁和建言献策。

在《决定》出台后地质工作全面复苏之际，地质"三光荣"精神再一次被广泛宣传，它是指地质工作者"以献身地质事业为荣，以艰苦奋斗为荣，以找矿立功为荣"。这一口号提出于 1983 年，用以激励地质队伍的积极性，随后在地质行业甚至全国广为流传。而常印佛认为这些提法不具体，甚至略显空洞。作为一个几乎全程伴随、见证了新中国地质事业发展的地质工作者，他总结不同历史时期地质队伍实实在在的业绩，提炼出新的"三光荣"精神，即"在筚路蓝褛中创业，在饥馑匮乏中发展，在漫长低谷中坚持"。其中第三点即是总结地质萧条期内，地质人的境遇和坚韧精神。

"在筚路蓝褛中创业"：新中国地质创业时期最大的困难就是条件差，落后到近乎原始的地步。前文李四光部长在 1954 年第一次全国人民代表大会上发言引用的顺口溜"勘探勘探，妻离子散；光荣光荣，艰苦无穷"即反映了这种情况。当时还流行一个周围群众眼中所看到的地质队员的形象的顺口溜"远看像逃难的，近看像要饭的，仔细一看是勘探的"。地质人正是在这种艰苦的环境中，打开了地质工作的局面。

"在饥馑匮乏中发展"：创业后的发展时期正赶上大跃进的"三年困难"和"文革"的"十年浩劫"，地质队员们以坚韧不拔的精神，总算熬过来，并且推动了地质找矿工作迅猛前进，取得了丰硕成果。岁月不饶人，最初的创业者逐渐进入老年，他们的孩子在此期间也随着父母四处漂泊，耽误了宝贵的年华。有的职工子女竟连上三次小学一年级，就是因为地质职工家属须随队住在野外。所以当时又有人编了一个顺口溜"献了青春献终身，献了终身献儿孙"，虽是无奈的调侃，却真实反映了在贫乏的年代里，他们为地质事业做出的牺牲奉献。

"在漫长低谷中坚守"：前面已经介绍了地勘工作在 15 到 20 年的萧条期内面临的困难，这里以当时安徽省地矿局设在马鞍山市的 322 地质队为例具体说明其中辛酸。该队在马鞍山地区从事地质勘查工作几十年，为"马钢"这一大型钢铁基地的建立、发展和运转提供了大量铁矿资源，这时也几乎到了"揭不开锅"的地步。除去发展多种经营,开拓地质市场外,还绞尽脑汁增加一点收入,其中之一就是组织劳力到外地打工。他们到"宝钢"去打扫烟囱,这种既脏又累的活"宝钢人"自己是不可能干的,连其他外来的务工人员也不愿干,但322队还是无可奈何地接受下来。这些努力都是为了增加一些收入,维持地质队伍的存活。[①] 地质人在这漫长的艰苦时期,凭藉坚韧的吃苦精神和对地质事业的热爱,坚守着、盼望着,终于迎来了复苏和新的发展时机。

常印佛总结的地质"三光荣",既体现了地质人在不同阶段的境遇,也反映了他们在这种境遇中的精神面貌。如果说第一点是客观历史时代环境的必然,第二点是全国性政治、社会形势使然,那么第三点则完全是地质行业政策偏斜甚至失误所造成的无奈结果,也最令人痛惜。现在地质领域普遍认为,地质萧条期给本行业造成的三大断层至今仍影响着地质工作。常印佛在总结这一教训时指出:在人口、资源、环境这些基础领域,国家的方针政策不能出现大起大落和大幅度的变化,要有长远的战略眼光和目标。

力保长江中下游

《决定》出台前,国土资源部即开始部署全国重点成矿区带找矿,拓展深部找矿空间的地质工作。当时圈定了多个成矿区带作为找矿重点,并将拟定的计划草案上报国务院。温家宝总理看后曾指示,应集中地质力量,不宜四面出击。国土资源部随后召开会议,部长、副部长都参加,商讨相关事宜。在第一天会议结束后,晚间部领导召开部机关及直属单位负责人碰头会。会上有人提出,既然温总理要求缩小地质工作战线,就应该删除几个原计划中的找矿区域,长江中下游地区以前找矿工作已经做了很多,潜力似乎已经挖掘殆尽,再找下去难度很大,可以砍掉。这种观点得到在场多数人的

---

① 常印佛回忆手稿,2014年10月,第104~105页。资料存于采集工程数据库。

认同。

　　常印佛没有参加这个碰头会，但在当晚有位好友找到了他，向他透露了这一情况和第二天的会议议程，并提醒其早作准备，以免临时措手不及。一旦次日会上多数人均同意这个意见，并被部领导采纳，那么长江中下游成矿带被砍掉的命运就难以避免。无论从客观成矿地质条件出发，还是从国家经济总体部署着眼，这都是很不合适的。如果这种情况发生，不但有碍于缓解"资源瓶颈"的当务之急，而且还将对实施深部找矿长远战略产生极为不利的影响。于是他即去裴荣富院士的房间商量，裴略显激动地表示："那哪成！"两人商定：第二天上午分组会议上，待头天尚未发言的专家发言后，即由裴先发表意见，然后常印佛接着发言。

图9-3　常印佛(左一)与裴荣富(左二)、蒋少涌在学术会议上合影

　　次日会议上，在第一轮发言结束后，裴老先生当仁不让地第一个站起来发言，系统论述了在长江中下游开展深部找矿的意义，指出一定要在该区坚持下去。他声音洪亮，语言富有煽动性和感染力，加之他身在地科院，观点也更显客观公正。他讲完后，常印佛紧接着作补充发言。他说，大家认为长江中下游找矿难度很大，因而就不必再找，这种看法值得商榷，所谓难度大，是在一定深度范围内的，过去规定只找300米以内的矿，后来放宽到500米，当前浅于500米的矿，找寻难度确实很大，但500米以下的矿依然具有很大潜力。他还打了一个比方形象地说道：我们找矿勘探人员，就像童话中到宝

山里寻宝的人,喊一声"芝麻开门",宝山便会打开,里面满是金银宝藏,以前我们在300米喊,打开了一层宝藏;现在到500米去再喊一声,能够打开另一层宝藏;将来再到1000米深度喊一声,还会继续有宝藏出现,上面有矿,下面有矿的可能性就很大。这个比方当然不是随口说说,而是有着深刻的学理依据的。常印佛根据多年在长江中下游地区的找矿实践经验和对该区地质构造及成矿规律的研究,很早就提出在该区深部,存在着第二找矿空间,他同时坚信,在当时全国找矿形势下,东部地区必须向深部进军,攻深找盲,不能再在浅表打转。这是关涉到全国找矿战略部署的大事,对引导其他地区的找矿方向具有重要价值,其意义绝非限于长江中下游地区。也正因如此,他和裴荣富都坚决主张保留长江中下游成矿带。经过努力,虽然仍有许多人并不完全认同,但长江中下游总算被保住。

在国土资源部保留了长江中下游成矿带作为全国重点找矿片之一的地位后,为了谋求在该带上早出成果,常印佛向安徽省国土资源厅及其下属单位提出建议:将长江中下游成矿带(安徽段)划分为3种工作类型:①以铜陵地区为代表,浅表找矿工作难度已很大,今后主要找深部矿,马鞍山—当涂一带也属于此类;②以庐枞地区为代表,一部分矿(如铁矿)浅部工作程度已很高,另一部分矿(如铜矿),浅部还有一些矿点未作评价,所以找矿工作应以深浅兼顾,但仍侧重深部(因地表铜化点往往小而分散);③以江南过渡带为代表,浅表工作程度尚不高,所以应以找浅部矿为主,兼顾深部。此建议得到厅里采纳,并付诸实施。[①]

另一方面,地质工作回春后,一片生机盎然。2006年中国地质科学院董树文团队在财政部的支持下,开展了"长江中下游庐江—枞阳火山岩铁、硫矿集区矿产资源深部探测实验研究(2006~2009)"。该项目得到了常印佛的鼎力支持和安徽省国土资源厅的大力协助,双方共同组成联合探测队伍,形成了中央与地方财政联合资助,科研与找矿结合的机制,取得了良好的效果,在2009年初还被评为年度中国地质科学院十大科技进展。常印佛任项目科技顾问,在项目实施期间,从论证、设计审查、野外部署、中期评估到最

---

① 常印佛回忆手稿,2014年10月,第146页。资料存于采集工程数据库。

终验收评审全过程都倾注了大量精力。

于此同时,安徽省地质调查院实施中国地质调查局国土资源大调查"安徽庐江盛桥—枞阳横埠地区铁铜矿勘查"项目。该项目在玢岩铁矿模式、大型矿集区成矿理论的指导下,通过系统分析和研究庐枞地区成矿地质条件和成矿规律,选择 1 ∶ 5 万航磁异常与重力异常套合地区,在 1 ∶ 1 万地磁测量基础上,利用钻探对磁异常进行验证,于 2007 年 3 月首孔即发现了厚大铁矿体,拉开了轰动一时的泥河铁矿勘查工作的序幕。钻孔至 675.78 米始见磁铁矿体,全孔累计见矿厚度 250.93 米,全铁平均品位 40.02%,磁性铁平均品位 35.57%。①

后续勘查结果表明,泥河铁矿矿床分为 3 个矿段——西南的磁铁矿矿段、东北的硫铁矿矿段和中间过渡的硬石膏矿段。其中磁铁矿和硫铁矿均达大型矿床的规模,硬石膏矿达中型矿床规模,初步探明磁铁矿矿石量 1.2 亿吨左右,硫铁矿矿石量约 3 500 万吨,预计开采年限为 40 年,分两阶段实行,第一阶段开采 850 米以上,第二阶段开采 850 米以下,据估算,经济价值高达 500 亿元。2008 年,中国地质学会将其评为该年度十大地质找矿成果之一。值得一提的是,为加速寻找铁矿资源,缓解当时铁矿紧缺的形势,泥河铁矿在发现过程中还大胆尝试了模式创新。2007 年下半年,中国地质调查局、安徽省国土资源厅、省地质矿产勘查局、五矿集团签署"四方协议",泥河铁矿预查、普查、详查、勘探甚至开发几乎同步进行,突破先普查、后详查、打报告、再勘查的传统做法。这种公益性地质勘查成果直接转入商业性勘查开发的新机制,被国土资源部称为"泥河模式"。

常印佛在 1991 年出版的《长江中下游铜铁成矿带》中,就对庐枞地区的区域地质、岩浆岩系列及演化、控岩控矿构造、区域成矿规律、沙溪斑岩型铜矿床、龙桥式铁矿有了比较深入的研究成果。这些理论为泥河铁矿的发现提

---

① 吴明安、汪青松等:"安徽庐江泥河铁矿的发现及意义"。《地质学报》,2011 年,第 5 期。品位 40% 的铁矿石在澳大利亚都被当成废石,根本不算矿,而在我国,由于铁矿石多为贫矿,多数都小于这一品位,所以泥河铁矿的品位能保持在 40% 以上,而且其可回收利用的磁性铁达到 35% 以上,就很可贵了。

供了指导。他也常在找矿过程中聆听进展,给出意见。正如安徽省地调院矿产资源调查所所长、泥河铁矿项目负责人吴明安所说:"泥河铁矿的找矿和勘查工作始终都得到常印佛院士的关心和指导,他一直认为庐江、枞阳地区有找矿潜力。泥河铁矿的发现,凝聚着我省地矿局几代地质人的心血"。[①]

泥河铁矿的发现是庐枞地区,乃至长江中下游地区近 20 年来找矿的重大发现之一,预示在长江中下游地区进一步开展深部找矿工作具有十分广阔的前景,对长江中下游地区深部找矿工作起到了积极的推动作用。泥河铁矿的发现,证明了保留长江中下游地区作为重点的必要,消除了人们的疑虑,在该区继续推动深部找矿"至此方成定局"。[②]

继续推动深部找矿

《决定》出台后,全国范围内掀起了学习和贯彻该文件精神的热潮。《决定》中明确提出"东部攻深找盲、中部发挥特色、西部重点突破、境外优先周边","加强矿山地质工作",已知矿山要"大力推进深部找矿"和"探边摸底"。此后,国土资源部对全国 900 多座大中型矿山做了调查,结果表明其中 32% 的矿山深部和外围有不同程度的资源潜力。到 2007 年年中,国内在深部找矿方面,包括重点成矿区带隐伏矿床和老矿山外围及深部找矿上取得了重要成效,安徽泥河铁矿的发现便是其中典型。在这样的背景下,中国地质调查局、全国危机矿山接替资源找矿项目管理办公室共同主办了"全国深部找矿工作研讨会"。大会于 2007 年 9 月 26 日至 28 日在合肥召开,中国科学院和中国工程院常印佛、赵鹏大、於崇文、汤中立、陈毓川、裴荣富、滕吉文、赵文津、徐世浙、多吉等十多位院士和资深专家出席了会议,并应邀从深部找矿的前景、成矿理论、深部找矿方法技术应用等不同方面作了重要报告。会

---

① 中安在线—《安徽日报》,http://ah. anhuinews. com/system/2009/10/20/002359392. shtml
② 常印佛访谈,2012 年 10 月 23 日,合肥。资料存于采集工程数据库。

议分"我国深部找矿战略"、"深部矿床成矿与找矿理论"、"深部矿产资源勘查方法与技术"和"深部矿产资源勘查典型实例"4 个方面的专题进行研讨，与会专家代表围绕深部找矿成果，深部找矿理论、方法、技术，深部找矿突破方向、重点地区、资料需求等方面作了专题发言，并对深部找矿的前景和存在问题进行了讨论。

研讨会上，常印佛应邀作为代表，作了由他和董树文、吕庆田共同完成的题为"关于深部找矿的思考和立体填图的建议"的大会报告。报告首先介绍了我国金属矿床勘查面临的挑战与机遇——工业化过程中对矿产资源需求的压力；老矿山资源面临枯竭，危机矿山数量将急剧攀升；存在矿产勘查供不应求、家底不清、规律不明、技术滞后等问题，但同时也面临着新的机遇。提出了"新技术＋新思维＝发现更多矿床"的等式，指出"向深部要资源，向深部进军是未来勘查的必然"，"深部找矿的过程就是深部探索和研究的过程"。通过以长江中下游成矿带为例分析了我国矿产资源发现的历史趋势，再次指出当前阶段的工作方向是"立体调查，深部找矿"。

接着提出了深部找矿突破的必要准备，认为"深部找矿是一项系统工程，是一项需要科学理论创新、高端探测技术支撑、高素质人才执行的大工程，需要精心组织，精心准备"，因此需要深部找矿的"理论准备"、"技术准备"和"队伍准备"。分开来讲，深部找矿突破需要理论思维创新——在成矿学领域，重点在深部过程与成矿作用；在矿床学领域，是成矿系统/系列的深化；另外也要创新成矿规律研究，建立找矿模式。深部找矿突破需要强大技术支撑，核心在于加大探测深度与穿透力。介绍了几种主要大深度探测技术：Titian24 3D 电磁探测系统、金属矿地震技术、其他电磁探测技术、深穿透地球化学勘查评价技术，并提出应综合多种方法、使用多种参数集成，以便降低深部勘查风险。指出深部找矿技术的发展趋势在向大深度、高精度、高分辨率和可视化方向发展，不断为深部找矿提供新的技术和方法手段，提高深部找矿的成功率。深部找矿突破需要一流的勘察队伍——加强新技术的引进、吸收和研发，打造一支掌握核心技术、装备现代化的一流勘探队伍；建设高水平数据处理、解释和管理中心；培养和引进高水平人才、积极开展国际交流与合作。

报告第三部分"深部找矿——立体填图试验与示范",阐述了立体填图的意义和重要性(它是取得成矿认识的主要途径,是获得深部成矿、示矿信息的唯一途径,所以实质上是"深部矿调");就如何开展立体填图(成像)做了分析,回顾了立体填图工作的历史,认为"新一轮的立体填图必须在现代技术方法发展水平的新起点上综合利用地球物理、地球化学探测手段,对地下一定深度进行 2D、3D 成像,获得物性参数(电性、密度、磁性、速度等)的2D、3D 分布,结合地质、钻孔和岩石物理的研究,借助三维可视化技术将物性图像转化(解释)为地质图像的过程";建议选择一到两个成矿带开展四个层次的综合探测、立体填图试验工作。

最后在总结报告主要内容的同时,还提出应"充分认识深部找矿的难度与艰巨性,切勿急于求成,要回归地质找矿的本来面目,尊重地质科学本身的规律。"体现了对此问题认识的冷静头脑。[①]

可以看到,该报告中的许多内容和思路在 20 世纪 80 年代中期初步提出"深部找矿阶段"预想时就已经形成,它是在新形势下,结合当前矿产勘查的实际,而对深部找矿和立体填图所做的具体的思考与建议,因此更具有务实的指导意义。尤其是在即将迎来深部找矿热之际,报告指出要做好理论、技术和人才 3 个方面的准备,一方面保障深部找矿的顺利进行,另一方面又要避免"大跃进"式不顾实际的大干快上,盲目冲动,犯急于求成的错误。这些都体现了常印佛等对这一问题的思考与建议的远瞻性和务实性。

常印佛的报告引起了热烈的反响,得到了广泛的好评,被认为是在地质工作新阶段具有战略意义的思考与建议。研讨会主办方为此次会议建造了主题网站,将会议所有的主题报告与专题报告文件,以及论文专辑都放到网上,供自由下载,使得该报告 PPT 至今仍广为流传,堪称经典。[②] 同时,此次深部找矿研讨会也取得了圆满结果,与会代表一致认为,深部找矿是实现我国矿产勘查取得重大突破的关键举措。"此次会议规模大、层次高,指导性

---

① 常印佛、董树文、吕庆田:"关于深部找矿的思考和立体填图的建议"(PPT 文件),全国深部找矿工作研讨会,2007 年 9 月 26 日,合肥。以上有关报告内容均引自该 PPT.

② 全国深部找矿研讨会网址链接:http://www.cgs.gov.cn/cgjz/kczy/rdzt/qgsbzk/index.htm

强,是促进我国深部找矿的动员大会,标志着我国深部找矿工作进入了一个新的阶段"。①

参与深部探测研究专项

　　找矿虽然属于生产实践性工作,但它离不开基础研究的支撑。《决定》第17条中指出,要"实施地壳探测工程,提高地球认知、资源勘查和灾害预警水平"。地壳探测工程是开发并运用与地球深层探测相关的技术和装备,为高效、完整、准确地勘探地下资源提供技术基础和保障,是中国实施"入地计划"的重要组成部分。为落实《决定》关于实施"地壳探测工程"的部署精神,在国家财政部、科技部的支持下,由中国地质科学院组织实施,国土资源部归口管理,启动了"深部探测技术与实验研究专项"(英文简写:SinoProbe)作为"地壳探测工程"的培育性启动计划。

　　深部探测技术与实验研究专项的核心任务是:为"地壳探测工程"做好关键技术准备,围绕"地壳探测工程"的全面实施,解决关键探测技术难点与核心技术集成,形成对固体地球层圈立体探测技术体系;在不同自然景观、复杂矿集区、含油气盆地深层、重大地质灾害区等关键地带进行实验、示范,形成若干深部探测实验基地;解决急迫的重大地质科学难题热点,部署实验任务;实现深部数据融合与共享,建立深部数据管理系统;积聚、培养优秀人才,形成若干技术体系的研究团队;完善"地壳探测工程"设计方案,推动国家立项。

　　专项下设9个项目:

　　① 大陆电磁参数标准网实验研究;

　　② 深部探测技术实验与集成;

　　③ 深部矿产资源立体探测及实验研究;

---

① 全国深部找矿研讨会闭幕,http://www.cgs.gov.cn/cgjz/kczy/rdzt/qgsbzk/zxbd/14308.htm

④ 地壳全元素探测技术与实验示范；

⑤ 大陆科学钻探选址与钻探实验；

⑥ 地应力测量与监测技术实验研究；

⑦ 岩石圈三维结构与动力学数值模拟；

⑧ 深部探测综合集成与数据管理；

⑨ 深部探测关键仪器装备研制与实验。

9 个项目下又分设为 49 个课题、118 个专题。项目(课题)承担单位包括中国地质科学院及地质研究所、矿产资源研究所、地球物理地球化学勘查研究所、地质力学研究所,中国地质大学(北京)、中国科学院研究生院、中国科学院地质与地球物理研究所、中国地震局地壳应力研究所、安徽省国土资源厅等单位。[①] 起止时间为 2008 年 10 月到 2012 年 12 月,总经费超过 12 亿元。

图 9-4　深部探测技术与实验研究网站主页截图

---

① 深部探测技术与实验研究专项概况:http://www.sinoprobe.org/ProjectAll.aspx

为保证专项的成功实施,中国地质科学院组成了阵容强大的专家委员会,委员会成员包括 12 位院士、3 位教授和 7 位研究员。专家委员会的职责包括:①开展"地壳探测工程"发展战略研究,对专项实施中的重大科技问题提出咨询意见和建议;②提出专项年度工作要点和课题立项指南建议;③对专项执行情况进行技术把关,参与项目、课题实施方案的论证及检查、评估和验收工作,提出需要进行野外数据采集监理的项目及课题建议,审查专项技术规范。

"深部探测技术与实验研究专项"的负责人、首席科学家,即是董树文。他在申请、组织和推动该专项的过程中,得到了常印佛的大力鼓励与支持。常印佛还与其他院士一起,构成了他主持该项目的强大后盾。事实上,该专项从申请立项到实施,都在某种程度上是受深部找矿理念的启发。出于研究上的必要,同时也作为饮水思源的回报,董树文把大型矿集区的深部探测工程——能够体现常印佛深部找矿研究思路的工作,选在安徽实施,并为此设置了一个项目,在庐枞和铜陵设了两个实验区,在常印佛的直接指导下开展。"这等于是为常院士圆梦,是他最早提出了这些概念,我们后人在帮他完善、实现。他这种超前的思想带动了现在我们这个专项的整体的发展",①董树文说话间自豪中带着敬意。

深部探测技术与实验研究专项是一个大型综合型研究项目,既包括基础研究、技术开发,又包括对矿产资源立体探测与成矿预测等应用研究。该专项的第 3 个分项目为"深部矿产资源立体探测及实验研究"由中国地质科学院矿产资源研究所与安徽省国土资源厅共同承担。项目下分 7 个课题,其中第 4 个课题"庐枞矿集区立体探测技术与深部成矿预测示范"由中国地质科学院矿产资源研究所与安徽省地质调查院共同承担;第 7 个课题"深部矿产资源立体探测技术与综合集成"由中国地质科学院矿产资源研究所和安徽省国土资源厅共同承担。这 2 个项目即是董树文所说的放在安徽地区的 2 个试点,庐枞和铜陵都是常印佛多年工作和研究的地区,选择这两个具有典型意义的大型矿集区,正可以助常印佛深部找矿梦想的实现。

---

① 董树文访谈,2013 年 11 月 6 日,北京。资料存于采集工程数据库。

国际上关于深部探测的研究,早在 20 世纪 80 年代,美国就已实施地壳探测计划(COCORP)开辟了深反射地震深部探测的新方法,使探测深度和精度达到前所未有程度,首次揭示出北美地壳的精细结构,确定了阿帕拉契业造山带大规模推覆构造,在落基山等造山带之下发现一系列油田,成为深部探测最成功的范例。[①] 随后,欧洲仿效美国先后实施了大陆地壳的深地震反射探测,法国(ECORP,3 - D France)、德国(DECOPE)、英国(BIRPS)、瑞士(NRP20)、意大利(CROP)等国都制定了相应计划,长期实施。欧洲各国联合开展了"欧洲探测计划",完成横穿欧洲的地学断面,通过横过阿尔卑斯造山带深地震反射剖面,建立了碰撞造山理论和薄皮构造理论。[②] 此后国外在地球深部探测方面的研究达到了很高的程度。这些探索都属于纯粹基础地质科学研究性质。而中国开展的这项深部探测技术与实验研究专项计划,则尝试把对地球深部的基础研究与深部找矿探测相结合,希望能够实现科学与社会经济效益并举的目的。

常印佛推动立体填图、深部找矿的努力一直没有放弃,到新世纪初,逐步有了新的进展。"十五"期间以铜陵为试点,做了"大型矿集区深部结构与找矿信息"研究,且重新以铜陵为试点展开立体填图。他在不同时间不同场合多次呼吁向深部探索,这种理念并在 2007 年合肥召开的深部找矿研讨会中被提炼为"向深部进军"的口号,指导全国找矿工作。他的这些努力终于以深部探测专项的实施为标志,被后起之秀发扬光大。

"深部探测研究专项"在安徽地区的工作,实际上是"地壳探测计划"和"深部找矿,立体填图"理念的结合,也是"大型矿集区深部精细结构与找矿信息"项目的继续和发展,把深部研究推上了一个新高度。董树文作为首席科学家主持项目探索在地学前沿时,常印佛作为项目专家委员会成员为项目的开展提供咨询和建议,并看到自己的工作被向前推进,梦想在逐步实现。正如若干年前,年青的常印佛在郭文魁、严坤元等老一辈地质学家的指导下工作一样,如今再一次体现了地质事业的薪火传承。

---

① 董树文、李廷栋:"Sino Probe——中国深部探测实验"。《地质学报》,2009 年,第 7 期。

② 深部探测技术与实验研究,专项介绍:http://www.sinoprobe.org/ProjectAll.aspx

第十章
充实的晚年

高校兼职

2000 年,安徽省国土资源厅成立,常印佛不再负担行政任务,遂受邀在中国科学技术大学、中国地质大学、合肥工业大学等学校兼职,参与高等人才的指导培养。

常印佛的兼职并不是徒挂虚名,合肥工业大学副校长洪天求说:

> 常先生在地质科研和实践中做出了重要贡献,同时对地质人才的培养也做出了不可磨灭的贡献,合肥工业大学是受惠最大的。我们学校从学科建设,课程建设,师资队伍建设,各级人才培养,常院士都长期倾注了大量心血。特别是当时资源与环境学院的地质学科建设,地质人才培养,正是因为常院士的长期关注,才有了今天的成绩。[1]

---

[1] 洪天求教授在常印佛院士八十华诞暨从事地质工作六十周年庆贺座谈会上的讲话,2011 年 7 月 6 日。视频资料存于采集工程数据库。

2000年毕业于合肥工业大学的杜建国博士,是常印佛参与论文指导的第一个博士。杜建国的博士论文在合肥工业大学岳书仓教授与常印佛的指导下共同完成,题目为"大别造山带中生代岩浆作用与成矿地球化学研究"。此研究选题即是根据当时正在进行的"九五"项目"大别造山带构造演化与成矿作用"设计。该博士论文具有很高水平,与岳书仓教授和常印佛院士多次亲临野外,现场指导,把研究工作中的每一步细节、国内外同样工作的进展和成果都一一介绍和讨论是分不开的。

图 10-1　常印佛受聘为合肥工业大学教授(2010年)

　　2002年,常印佛担任中国科学技术大学地球与空间科学学院院长,为新成立的地空学院谋划发展,但后来因为身体原因,在2004年辞去院长职务。但他仍然与科大保持联系,参与指导的中国科学技术大学博士生,李振生在2005年以"油气藏的断裂构造控制作用及声学评价"为题通过博士论文答辩;谢建成在2008年以"安徽铜陵地区中生代岩浆岩成岩和成矿作用研究"为题通过博士论文答辩获得博士学位。

　　常印佛还是中国地质大学的兼职教授、博士生导师,地质过程与矿产资源国家重点实验室学术委员会和专家顾问组成员。到目前为止,他参与指导的中国地质大学博士生已有两位毕业。其中,毛德宝在2003年以博士论文"中生代岩浆作用对北岔沟门多金属矿床成矿作用的制约"通过答辩获得博士学位;储国正同年以"铜陵狮子山铜金矿田成矿系统及其找矿意义"通过答辩获得博士学位。储国正现任安徽省地质矿产局总工程师,教授级高级工程师,还是国家注册矿产储量评估师、地质灾害评估师,安徽省学术和技术带头人后备人选。

图 10-2　常印佛(中)与江来利(左一)、储国政(右一)交换意见(2008 年)

　　常印佛不仅参与高校指导博士研究,还关心学校内其他青年学者的成长,乐做识马伯乐。他总会留意那些有思想,有创新精神,作风踏实的青年学者,与合作单位商议给他们创造更多的成长机会,提供更多的支持。另外,他还曾担任南京大学内生金属矿床成矿机制研究国家重点实验室学术委员会主任,参与南京大学的人才培养。

　　长期与高校合作,并亲自指导博士,也使得常印佛对高校教育现状有真切的了解和更多的思考。对比自己在清华学习的经历,他认为当前地质人才的培养过分地强调了学院教育,过分强调文章数量,学生喜欢在实验室里做研究,而地质科学的真正战场是在野外,观察自然现象、提出问题、探索创新的综合功夫只有在野外才能得到最好的训练。地质学是实践性很强的一门科学,大自然就是最好的实验室。他劝勉地质专业的同学:毕业后先到野外地质一线工作 5 到 10 年,然后再考虑从事地质研究或教学。

对于现在研究生的培养模式,他认为也是有问题的:"研究生现在最大的问题是批量生产。我们有好多教授和院士,博士研究生一带就是一二十个。我就问他们怎么带,他们说有个大项目,分派学生去做。说实在话,这样的学生培养出来,很难产生真知灼见。你叫他毕业以后到外面去工作,他也只能用他那一套,真正创新解决问题的能力还不行。"[1]

使常印佛感到忧心的还有当前教学与科研中的浮躁现象。他回顾了自己年轻时的学习与工作环境——新中国成立初,大家都以献身地质为荣,愿意到最艰苦的地方去找矿立功,不计较个人得失,很简朴,一心一意地把工作搞好。那时刚毕业的大学生被分配到地质队后,都是满怀激情地工作和学习,没有其他的想法,不会去想着考研究生离开艰苦的环境。这固然与当时的体制有关——个人自由选择的途径本来就有限,但它确实让工作变得单纯,变成一种可以全力投入奋斗的事业。而在今天,人们普遍面临着更大的压力,也有更多的诱惑和多元的选择,再加上原来国家利益至上的价值观受到冲击,使得全社会都充斥着浮躁甚至投机的空气,地质工作也难以幸免。

他觉得,当前国家的教育和科研都有"大跃进"的心理,急于求成。前一段时间大学的急剧扩招,以及当前科研经费投入与产出效益之间的失衡,都反映出个人和国家政策都存在着浮躁的问题。所以,他满怀感慨:"浮躁是我国科学发展的大敌。"[2]

中国工程院院士建议

随着 2006 年国务院《决定》的出台,地质事业得到了有力的支持,并取得了可喜的成果。陈毓川院士对此有详细的回顾和梳理:

---

① 常印佛访谈,2012 年 10 月 24 日,合肥。资料存于采集工程数据库。
② 常印佛访谈,2012 年 10 月 24 日,合肥。资料存于采集工程数据库。

2006 年 7 月,国土资源部和财政部建立中央地质勘查基金(周转金),一年后成立中央地质勘查基金管理中心。到 2011 年度,基金中心先后分 8 个批次在 28 个省(区)实施了 303 个勘查项目,安排资金 27.75 亿元,已提交大中型矿产地 53 处。

2007 年国土资源部部署开展了矿产资源潜力评价、矿产资源储量利用现状调查和矿业权核查等 3 项矿产资源国情调查,至今即将全部完成,基本摸清了我国矿产资源家底,为矿产资源中长期规划、矿产勘查、开发利用提供了扎实的科学依据。

2009 年 8 月 17 日李克强副总理到国土资源部、中国地质科学院考察,明确提出能源资源事关国家核心利益,事关中华民族伟大复兴,矿产资源要立足国内,要加强矿产勘查与开发。为落实指示,2010、2011、2013 年中央财政给地质工作的经费有较大幅度的增加,年投入地质、矿产调查经费达 65 亿元左右,矿产综合利用 40 亿元,支持去国外进行矿产勘查 10 亿元。地质矿产调查评价工作得到加强,矿产资源节约与综合利用立了专项,2010、2011年通过以奖代补,支持示范工程 40 项,中央财政支出 80.16 亿元,取得很大成效。

中国地质调查局 2010 年完成了为期 12 年的国土资源大调查专项(中央财政共投入资金 120 亿元)。在固体矿产调查方面获得了重大进展,累积新发现矿产地 900 余处,其中特大型矿产地 8 处,大型 144 处,中型 284 处。新增一批矿产的资源量:铁矿 40 亿吨、铜矿 3 851 万吨、铝土矿 4.5 亿吨、铅锌矿 8 355 万吨、锰矿石 17 599 万吨、钨矿 106 万吨、锡矿 264 万吨、金矿 1 830吨、银矿 85 165 吨等,为后续矿产勘查提供了基地,加快了全国矿产勘查进程,形成了一批矿产资源开发基地。

2009 年,国土资源部组织全国地质行业进行地质找矿改革发展大讨论,2010 年提出了地质找矿新机制"公益先行、商业跟进、基金衔接、整装勘查、快速突破",制定了全国地质找矿"358"行动总体方案,在一些省、区组织开展了整装勘查,并明确提出国土资源部门领导是找矿工作的第一责任人。在此基础上国土资源部酝酿谋划找矿突破战略行动。

2011 年 10 月 17 日,国务院常务会议审议通过了国土资源部、发展改革委、科技部、财政部共同提出的《找矿突破战略行动纲要(2011～2020)》,并于 12 月由国务院办公厅全文转发。

此阶段矿产勘查工作得到迅速发展,资金投入大幅度增加,找矿成果突出,找矿形势很好。从 2006 年到 2011 年,全国固体矿产勘查投入从 74. 86 亿元增长到 355. 04 亿元,其中 256. 54 亿元来自社会,钻探工作量从 865 万米增长到 2 486. 43 万米,地质矿产勘察人员为 34. 9 万人,一批大型、超大型矿床被相继发现,并陆续进入开发阶段。大多数大宗重要矿产保有资源储量有较快增长。①

在这种形势下,2011 年中国工程院重大咨询项目"中国矿产资源形势与对策",正式启动。该项目由中国工程院能源与矿业工程学部,中国地质科学院矿产资源研究所联合承办,以工程院能源与矿业工程学部院士为主,同时吸取部分中国科学院地学部院士,针对我国当下矿产资源形势与对策展开讨论并提出建议。陈毓川、裴荣富与常印佛等都是该咨询项目的积极参

图 10-3　多位院士在秦岭实地考察(左二起前排依次为陈毓川、宋瑞祥、常印佛、裴荣富、汤中立,2011 年)

---

① 陈毓川:"我国矿产资源勘查形势与对策"。第 175 场中国工程科技论坛《中国矿产资源形势与对策报告汇编》,第 19 页,2013 年 10 月。

与者。项目到 2013 年 9 月完成。作为咨询项目重要成果之一,咨询办公室编发了由 43 位中国工程院院士联名起草的《关于推进找矿突破,发展矿业,保障国家资源安全的建议》,并报送给中共中央办公厅、国务院办公厅、全国人大办公厅和全国政协办公厅。

《建议》认为,在最近几年找矿成果突出,地质工作发展形势较好的情况下,还存在一些有待改进的突出问题。针对这些问题,院士们提出了相应的建议:确立矿业基础产业的地位,以获得国家重视和优惠政策,成立全国统一的矿业管理部门;从中国实际情况出发,在矿业市场尚未完全建立,国有地勘单位尚未实现企业化的过渡期间,政府应加大对风险勘查(预查、普查)的投入,承担市场一时难以发挥的调节作用;充分发挥国有地勘单位找矿主力军作用,支持地勘单位企业化改革,国家要有政策支持;变中央地勘基金为中央地勘风险基金,使其真正成为风险基金,承担起在风险找矿阶段的公益性,而不是成为与民争权夺利的盈利基金;切实加强地质工作领导,加快国家地质队伍建设。这 5 个方面都是涉及地质工作基础性的重大问题,所提建议也都来源于实际,且具有长远的战略性意义,应该说是在战略层面上表达了地质工作者对这些问题的认识和看法,为执政者提供了可供参考的意见和建议。

在《建议》提交不久,2013 年 10 月 26 日,中国工程院能源与矿业工程学部和中国地质科学院矿产资源研究所在北京联合举办了第 175 场中国工程科技论坛,作为咨询项目结项前的成果交流会议。原地矿部部长朱训、宋瑞祥,中国工程院副院长干勇,常印佛、陈毓川、裴荣富、赵文津、多吉、汤中立、郑绵平、康玉柱、于润沧、王德民、孙龙德、黄其励、肖序常、翟裕生等两院院士,以及来自国土资源部、中国工程院、中国地质调查局、中国矿业联合会等单位的近 170 名专家学者参加了论坛。会议上院士、专家们就上述《建议》中提到的许多重大基础性问题展开讨论,发言内容会后汇编为《中国矿产资源形势与对策报告汇编》。在这次会议上,常印佛作了"也谈'接地气':勘查一线侧面观"的报告,该报告的合作者为中国工程院院士、甘肃省地质矿产勘查开发局原副局长、总工程师汤中立。

报告内容包括 3 个方面:勘查工作、勘查单位和勘查队伍。在勘查工作方面,回顾了我国找矿的历史阶段,认为东部找矿已进入第三阶段(立体调查、深部探索)、西部主要仍在第二阶段(区域展开、重点突破),第一阶段(点上起步、由点到面)的找矿工作已经成为历史;介绍了找矿工作的主要特点(探索性、实践性、科技引领性);指出目前找矿经费宽裕,找矿成果显著,总体形势良好,但在看到成绩的同时,也不应忽视存在或潜在的问题。接着,就勘查单位和勘查人两个方面谈起。报告分析指出,我国各部门勘查单位取得了辉煌的业绩,自身也有迅速发展,并且在历史中形成了一套优良的传统——在筚路蓝缕中创业;在饥馑匮乏中发展;在漫长低谷中坚持的艰苦奋斗精神。勘查单位经历了"大跃进"时代的质量大滑坡,"文革"时代的无政府状态,尤其是从 20 世纪 80 年代后期至 21 世纪初期大约 15～20 年时间地质大萧条使其元气大伤,到 2006 年才逐渐好转。他们认为,这一漫长的萧条低谷,对勘查单位造成的创痛至钜,造成的地质工作三大断层(工作衔接断层、地质人才成长断层和传统传承断层)至今仍没有完全解决。"经过 15～20 年漫长岁月的冲刷,不少勘查单位早已是物换人非,很多问题已不可补救,更不可挽回了。"怎么办?"只有根据实际情况,分清轻重缓急,重新从头做起。这就要求上下一心,振作精神,惨淡经营,扎扎实实地建设一支在新形势下能打硬仗的勘查单位和队伍来。"对于当前地质工作发展的高涨形势以及勘查单位企业化改革的趋势,他们也有冷静的思考:

目前从表面看来,勘查单位似乎很红火、繁荣,其实这仅仅是把他们作为一个第一产业的最基层单位与过去深陷在低谷中的"地质队"对比而言的。而且水涨船高,其他领域也同样得到繁荣发展,相对说来,他们仍然处于"欠发达"世界。实际上,他们的基础还是十分脆弱的,首先是经济实力非常有限,现在虽然取得了不少找矿成果,但那是受"资源瓶颈"倒逼出来的,至于其中的深部找矿成果则在某种程度上受拓宽找矿深度的政策机遇所赐,而且这都是在上述三大断层尚未得到有效整治的情况下带病负伤中取得的,因而仍然经不起大风大浪的颠簸。现在有些人在深化改革的旗帜下,急于要实现勘查单位的企业化,我们认为在今后的改革中,务必要从实际情况出发,万万不能操之过急,否则后果不堪设想。（如果说十几年的低谷给勘查单位造成了致命性打击的话，则不顾现实基础的企业化对目前国有地勘单位的打击将是毁灭性的。）近几年来，国土资源部既肯定了国有勘查单位企业化改革的方向，又采取了相对稳妥的做法，用一句非正式的话语来表述，叫做"戴事业帽子，走企业路子"，看来在目前也只能如此。当然步伐可以加快一些，但要从矿权、资金和成果归属等方面给予政策扶持，以培育其进入市场大海的游泳能力。同时还要环顾四周环境，避免孤军冒进，要与相关国有企业的进一步市场化同步。①

至于勘查队伍，常印佛在报告中指出，地质勘查队员是无名英雄，每一个矿床的发现都凝结着他们的智慧和汗水，他们在实践中缔造了地质勘查队伍的"三个精神"，认真履行和胜利完成了自己的社会责任和历史使命。但当老一代地质队员即将退去，新一代队员正传承薪火之际，"三人断层"的出现，尤其是人才成长和传统继承的断层造成了迫切的问题，影响到现在。当前正面临着地质人才培养和提高地质工作质量的考验。矿床的发现主要由地质队员来完成，所以如何保护他们的积极性，也是政策制定者需要统筹考虑的问题。

最后他们指出，勘查工作也存在"物极必反"的规律，目前地质工作的红火很大程度上受赐于资源瓶颈。通过最近七八年的努力，在资源瓶颈问题上，能缓解的已经缓过劲来，一时缓解不了的，有些是天生如此，有些只能慢慢设法摆脱困境。亦即，勘查工作在短期内所能发挥的作用已经达到上限。"因此集中力量突击解困的机会已逐渐减少，而进入常态化、动态化和细态化的可能性会增加。勘查单位和勘查队伍的'繁荣'顶峰即将过去，接踵而来的不是陡坡，就是长长的慢坡路。抓紧这剩下的不多时间，打造好自身的基础，包括经济实力、人才和技术储备，这是形势所迫，既是当务之急，也是长远之计，我们的政策也应适当向这一方向倾斜。衷心希望不再遭遇上次

---

① 常印佛、汤中立："也谈'接地气'：勘查一线侧面观"。《中国矿产资源形势与对策报告汇编》，2013年10月。

那个世纪末的噩运!"①

报告得到了与会院士专家的高度认同,陈毓川院士认为:"常总发表了很好的意见,讲得很中肯,话都讲到点子上了。"翟裕生院士看到发言稿后也认为:"他考虑得非常清晰非常冷静,他回顾了过去,分析了现在,展望了未来,谈得非常好",并建议把题目改为"以史为鉴,'三勘'继往开来的战略思考",以更加醒目地突出主题,提升高度。②

润物无声

无论是在工作中还是在生活中,常印佛都不事张扬,他更像是润物细无声的春雨那样,默默地泽润周围。这是一种工作风格,也是为人处世的一种品质。

受常印佛影响的人有很多,不仅他身边的同事和学生能获益于他的指导和建议,还有许多后来当选为院士的专家、学者也从与他交往的过程中获益良多。如中国地质大学的赵鹏大院士曾说:"在我做过的很多工作中,比如非传统矿产资源的立项和论证,云南个旧324铜矿预测、评审等,常印佛都曾给予许多支持和帮助。"③淮南矿业集团的袁亮院士,中国矿业大学教授、彭苏萍院士都曾受到他的关怀和指导。1990年代,彭苏萍院士以淮南煤矿为研究对象,做"煤矿采区小构造高分辨率三维地震勘探技术"研发和"煤矿顶板灾害源探测技术与地质预测方法"研究,得到了常印佛的支持鼓励。尤其是在当时地质事业萧条的环境下,缺乏研究经费,有时只好卖煤为继。在艰苦的科研环境中,常印佛鼓励他一定要坚持下去。最终,彭苏萍在这两项研究中都取得重大突破,在矿井地质和矿井工程物探领域取得了一系列成

---

① 常印佛、汤中立:"也谈'接地气':勘查一线侧面观"。《中国矿产资源形势与对策报告汇编》,2013年10月。

② 翟裕生访谈,2013年11月6日,北京。资料存于采集工程数据库。

③ 赵鹏大院士在常印佛院士八十华诞暨从事地质工作六十周年庆贺座谈会上的讲话,2011年7月6日。视频资料存于采集工程数据库。

就,2007年被选为中国工程院能源与矿业工程学部院士。在谈到这一段经历以及人生的成长道路时,彭苏萍时常感怀常印佛对他的帮助和影响。

熟悉常印佛的人都知道,他对地质工作的认识与判断一直保持清晰的头脑,看问题准确敏锐,又总能提出良好的对策,很多时候他不经意间的一句话,一个建议,就能起到事半功倍的效果。他的建议因务实、有效而常被采纳。例如2011年1月,他就找矿突破战略行动的组织实施给安徽省国土资源厅杨先静、项怀顺二位副厅长写信提出分析建议。二人阅后即转给张庆军厅长,张认为内容很好,即报到国土资源部。徐绍史部长看到了这封信,对常印佛在信中针对安徽省内提出的意见给予高度评价:"常先生的设想很实在、很具体,可操作。可请勘查司研究,安徽厅贯彻,也可供各地借鉴。"①

图10－4　院士专家团在云南考察建议时合影(前排右起:周孝信、赵鹏大、常印佛、剧团团长、孙鸿烈、陈述彭、刘宝珺,1997年)

---

① 国土资源部地质勘查司:常印佛院士80华诞贺信,2011年7月6日。资料存于采集工程数据库。另有一次,2011年7月,国土资源部地勘司彭齐鸣司长借出席常印佛院士生日活动的机会,与他就全国地质工作晤谈约两小时。此间常印佛对三维地质填图工作、地质工作质量和基础地质工作发展方向等问题谈了自己的看法。彭齐鸣将谈话内容整理后,呈报给国土资源部领导。徐绍史部长阅后批示:"常院士的意见中肯、重要,建议以适当方式印发有关单位阅研。同时,在组织地质找矿工作中要充分吸纳。感谢常院士为地质找矿工作付出的辛劳,奉献的智慧。"

中国地质大学的莫宣学院士则认为常印佛最宝贵的品质之一就是实在："我和常印佛接触是在十几年前。他给我的感觉是：在工作和做人上都非常实在。在学术上非常实在，他提出的一些建议都有非常深刻的实践基础。他在做人上也非常实在，朴实无华。他学问很大，贡献很多，但从来没有骄傲自满。和他在一起，我感觉他对我的帮助和照顾很具体。所以，我认为他最重要的品质就是实在。"[1]

水善利万物而不争。常印佛对身边的人有广泛的影响，赢得了普遍的敬重和爱戴，也跟他与世无争的处事风格有关。或许是因为幼年和童年良好的家庭教育，或许是因为青年时便立志献身祖国，亦或许是因为天生的性格因素，常印佛对名和利一向看得很淡薄。有利于地质事业，有利于国家发展，是他思想及行动最重要的出发点和落脚点。不管是什么人、什么事，只要符合这两点标准，他都会积极支持，是真正无私的品质。

董树文说，与常印佛交往的人多数都有体会，他很少谈及世俗的利益，与他交往是真正的君子之交。"他很平淡，没有太多有趣的事情，但他在平淡之中互相交融，他把智慧潜移默化地传给大家，而不会居高临下。他文章很少，更多的是言传身教，启发很多人去做。这就是一个导师的品质。""他也非常谦虚，不事张扬，向来有一种非常低调，朴实无华的态度。就像涓涓细水，清澈见底，但从来不间断，长期的流水，最后形成一条深深的沟壑"。"常印佛院士就是一个军师的形象，他不愿多出现在前面，总是在背后指挥，出谋划策，指引很多方向性的问题，轻摇鹅毛扇影响着千军万马。"[2]

同行院士对常印佛的做人做事也多有称赞。赵鹏大院士曾用三句话总结常印佛的风格：高调做事，低调做人；认真做事，随和做人；显赫做事，平凡做人。陈毓川院士则说："常印佛为人非常谦虚，是个'老好人'，对别人很宽和，对自己很严格。他人缘很好，不计名利，常为别人考虑，对自己却严格要求。"[3]

---

① 莫宣学院士在常印佛院士八十华诞暨从事地质工作六十周年庆贺座谈会上的讲话，2011 年 7 月 6 日。视频资料存于采集工程数据库。
② 董树文访谈，2013 年 11 月 5 日，北京。资料存于采集工程数据库。
③ 陈毓川院士在常印佛院士八十华诞暨从事地质工作六十周年庆贺座谈会上的讲话，2011 年 7 月 6 日。视频资料存于采集工程数据库。

翟裕生院士自 20 世纪 60 年代起与常印佛相识,长期从事长江中下游研究,与常印佛共同主持了多个科研项目,相识、相交半个世纪,对常印佛不可谓不了解。他在常印佛 80 岁生日时,用"四个大"来总结这位老朋友:

> 他是我们国家地质界难得的大才子,他从小热爱学习,对文史哲,中外古籍都有研究和深刻的理解。我在和他接触的时间里,向他学习了很多文化。
>
> 他是地质界的大好人,他品德高尚、极具人格魅力,特别是他海纳百川、有容乃大的宽广的精神世界,对我们同辈人和年轻人都有很大帮助,不管是本单位还是其他单位,他都热心培养新人才。
>
> 他是个大学者、大专家,他是地质学家、矿床学家、矿产勘探学家、科技管理专家;他担任很多职务,他是援外专家,获得了勋章;他是个很好的教育家,虽然不在学校长期任教,但他对教育的理解和培养人才的贡献,是大家有目共睹的,他是科大的院长,工大教授,对兄弟院校有很多帮助和支持。
>
> 他做出了大的贡献,但我认为他最大的贡献,是他给我们知识分子做人的楷模和榜样,他的精神力量和影响将是长远的。①

翟裕生院士还指出,做人、做事与做学问的道理是相通的。常印佛谦虚、朴实、严谨、无私,做出了突出的贡献,赢得了人们的爱戴,却不显山不露水,依旧保持学者的本色。

载誉而行

常印佛在 20 世纪 90 年代已经是满载荣誉,获得过国外劳动勋章、"全国

---

① 翟裕生院士在常印佛院士八十华诞暨从事地质工作六十周年庆贺座谈会上的讲话,2011 年 7 月 6 日。视频资料存于采集工程数据库。

劳动模范"称号、"国家科技进步特等奖",多次被选为党代会代表,1991年成为享受国务院特殊津贴专家,且到1994年已是头顶科学研究领域与工程技术界两座桂冠的中国科学院和中国工程院两院院士。常印佛很珍惜这些荣誉和奖项,将其视为国家和社会对自己的认可,但同时他也保持着淡薄和超脱。满载的荣誉不仅没有阻止他前进的步伐,反而成为鞭策他继续前进的动力。

图10-5 全家福(前排自左至右依次为外孙女、汪德镛、常印佛、外孙、孙女,后排自左至右依次为儿媳、儿子、大女婿、大女儿、二女婿、二女儿,2008年)

当选为中国科学院院士时,常印佛恰好60岁。这对一般人而言已经到退休的年龄,是颐养天年的时候了。而对于一位科学家来说,这时他们有着深厚的积累、丰富的经验,若视野思路与时俱进,精力尚未减退,便还可以很好地在科研领导岗位上施展才华。常印佛在20世纪最后10年的工作也正反映了这一点。

2000年,中国工程院推荐常印佛参选"何梁何利科学与技术进步奖",推荐材料中即包含他在当选工程院院士以后取得的成果。评选顺利通过,常印佛成为当年地球科学领域获得"何梁何利科学与技术进步奖"的6位获奖人之一。[①]

2002年,经安徽省人民政府批准,常印佛获得安徽省2000年度科学技

① 其他五人为:王水、任美锷、文圣常、张宗祜、陈运泰。

术奖"重大科技成就奖"，奖金 40 万元。该奖项是安徽省为奖励为安徽省科技事业做出过突出贡献的科研工作者而于 2002 年首次设立的奖项，对获奖者提出的要求很高，每年不超过 2 名（可以空缺）。当年该奖项另一名获得者是中国科学技术大学校长、中国科学院院士朱清时。

2010 年 9 月，《岩石学报》出版"矿集区深部探测"专辑，向常印佛 80（虚岁）寿辰表示祝贺。2011 年，知名国际地学期刊 *International Geology Review*（国际地质评论）Vol.53，No 5 - 6 April-May；Special Issue：The Middle-Lower Yangtze Metallogenic Belt（中下扬子成矿带）特约主编杨晓勇、孙卫东、周涛发和邓军四位教授合写的一篇 Editorial（社论），其开头两段也对常印佛在长江中下游的工作做了介绍，亦是向其致以 80（周岁）寿辰的庆贺。同年 5 月，《地质学报》出版了当年第 5 期——《长江中下游成矿带深部成矿与找矿暨祝贺常印佛院士 80 华诞专辑》，专辑汇总了近年长江中下游成矿带成矿学研究和深部找矿勘查方面取得的主要进展，并在前面介绍了常印佛的简历及主要学术成就。当年也恰好是常印佛提出"深部调查、立体找矿"理念的 25 周年，所以《地质学报》出版此专辑，代表地学界向他表达了祝贺与敬意。7 月，为庆祝其生日及从事地质工作 60 周年，纪念他对国家地质事业做出的贡献，安徽省政府和国土资源厅在合肥为他举办了隆重的庆祝活动。

图 10 - 6　常印佛院士八十华诞暨从事地质工作六十庆贺座谈会合影（2011 年）

在荣誉面前,常印佛保持着平淡的心态和谦虚的本色。他认为不管是个人学术上的发现还是工作上的成就,都离不开前人的积累和朋友、同事们共同的努力劳动。他对母亲的家教、扬陋学塾、中大附中、清华大学的诸位恩师的教导铭记在心;对地质学界前辈们的言传身教感怀不忘;对同行、同事和朋友们的支持与贡献心存感激;甚至对于自己能在地质领域取得一些成果,他也认为离不开幸运的机会:"以前的研究程度比较低,就像有人所说,牛顿到达尔文的时代,是科学家的天堂,很容易做出成果来。我们就是赶上了这个时代"。即便被视为领域内的权威,在他看来,自己依然只是一位矿床学家,是地质科学探索道路上的普通一员。

当常印佛迎来80岁寿辰暨从事地质工作60年之际,许多人为他送来了赞誉和祝福。对此,他作了真诚的答谢:

> 各位领导,各位专家,特别是各位我的老朋友、老同事,承蒙大家对我的鼓励和褒奖。应该说,我从事地质工作已经60年了,在这漫长时间里,我做出的成绩是非常有限的。对于大家的鼓励,我感到很不敢当。

> 回顾一下我的人生历程,现在觉得给我影响最深的还是小的时候——从童年到少年的时候。我的童年和少年正值抗日战争时期,我在日寇统治下的沦陷区度过了自己的童年和少年,因此我饱尝了亡国奴的屈辱生活,这是我一生的动力,我们要改变我们国家贫弱的局面,要改变屈辱的处境,要扬眉吐气于世界之林。

> 另外一点,小的时候,因为在日寇的统治下,在政治上,群魔乱舞,暗无天日;在经济上,百业凋零,民不聊生;在文化上是一片沙漠。在那种环境之下,我只有在家里读藏书,从那里吸取营养。从那里我读了好多古典名著或现代书,其中对我影响很大的是一本科学方面的著作,是任鸿隽先生编著的《世界科学家列传》,其中讲了很多科学家的故事。它让我感觉自己站在科学门槛的外面,感觉里面五花八门,是一个非常奇妙的境界。另一方面科学家的献身科学的精神给我的印象很深刻,其中英国科学家卡文迪许的一生让我很感动。我觉得自己好像偷偷地在心里头埋下献身科学的情绪。

这是我一生中的两个驱动。用现在的话说，一个是对社会、国家、民族的责任感，一个是探索科学的好奇心和兴趣。责任和兴趣是促使我前进的动力。

另外，有几个人，几件事，我到现在念念不忘：

第一，我很感谢我的母亲。全面抗战开始后我父亲到后方去工作了，是我母亲在沦陷区教育我成长，特别是小学阶段。是她把我抚养成人，她给了我家教，是我始终忘不了的。

第二，我在工作岗位上，受到两位老师对我的指导，一位是我们的老队长郭文魁先生，他是我学术上的领路人，是我的第一个导师；第二位是我到华东地质局以后，华东局的总工程师严坤元先生，他是指导我找矿勘探方面的导师，是我的引路人。这两位先生使我终身不忘。当然还有其他许多先生，就不一一说了。

第三，就是我们广大的同事，今天看到很多老同志，我们共同经历了几十年的风风雨雨，他们给了我很多的帮助和支持，很多东西都是我们共同完成的，我们在座的有我的老同学，刘湘培先生，我们是常常在一块儿工作的，还有徐树桐先生，是我的老朋友，也是老同事了，其他还有很多，其中也有很多年轻人。

第四，我还要感谢我的老伴汪德镛，特别是她放弃了好多业务上的工作，把我们全家的家务事全部担当起来，在那种情况下，她还是在业务工作中做出了一些贡献。尤其是在"文化大革命"期间，她顶住压力，把我们三个小儿女抚养长大，这一点也是我在心里一直很感激的。

最后，最让我衷心佩服，敬重的一位，是我的老领导、我们321队老队长，也是华东局局长，后来的安徽省地矿局老局长，滕野翔同志。他是一位水平高，能力强，一身正气，两袖清风的好领导，也是我政治上的带路人。

所以，我在这里，向上面提到的人，向在座全体以及那些没有到来的朋友和同志，表示衷心的感谢！[①]

---

① 常印佛：在常印佛院士八十华诞暨从事地质工作六十周年庆贺座谈会上的答谢词，2011年7月6日。视频资料存于采集工程数据库。

在有崇高追求和远大抱负的人中,有的觉得自己伟大,因此恃才傲物,卓尔不群;有的则觉得自己平凡,谦逊低调,朴实无华。常印佛属于后一种。肩负对国家和民族的责任感,便能体会一个人的力量是有限的;在无止境的科学探索领域,常使人感到人类的渺小和卑微。常印佛在这两个驱动下演绎了精彩的人生,实现了儿时的夙愿,对每一个参与到他生命中来,影响他人生轨迹的人都心怀感恩。他总是认为自己的生命过程,与前辈老师、领导、同事、朋友和亲人等多方面因素是分不开的,受到社会发展进程的影响,因此也成为社会历史的一部分,作为个人而言,便是平凡而卑微的了。

常印佛从毕业后被分配到 321 地质队,到改革开放后主持一系列重大科研项目,再到新世纪迎来地质工作的第二春,他见证了新中国地质找矿各个阶段的历史,一直心系着全国的地质工作。晚年的他不再像以前直接到一线亲自主持,而是退居幕后,让年轻力量发挥作用,自己提出指导性的意见,参与部分讨论会议。他也有了更多的时间来思考地质工作全局更加基础性和长远性的问题,就地质政策和发展战略提出重大的建议,在另一个层面上继续贡献智慧和力量。

图 10 - 7　常印佛在野外考察(2011 年)

图 10 - 8　常印佛在野外考察(2011 年)

为了解全国地质工作形势,提出务实的建议,他晚年也经常出差考察或参与各种讨论会。以常印佛 2011 年下半年的部分行程为例:7 月,参加安徽省地质找矿与科技工作座谈会;9 月上旬,考察了东北地区的找矿工作并游览了长白山;9 月中旬赴西安考察院士候选人,游览了华清池和兵马俑;10 月中旬,参加秦岭东段陕西汉南找矿突破研讨会,并亲临野外一线做地质考察;11 月中旬,参加"庆祝江苏省地质学会成立 50 周年暨学术报告会"。考虑到这是一位 80 高龄的老者的行程,多少会使人感到惊讶。而且由于年龄大不能乘坐飞机,便只能选择火车或汽车,经受漫长的颠簸。这些都不能减少他的热情,就在最近的 2013 年 7 月,他又到云南考察了鹤庆北衙金矿。然而他并不觉得疲倦,说起在西部地区的考察见闻,他的兴奋之情溢于言表:"现在陕西、甘肃,特别是新疆、西藏、云南那边,矿真多。西部潜力很大,浅部的矿没挖完,在深部又发现矿,将来搞到第三阶段,还有很大提升空间。"[1] 对于常印佛来说,年龄只是一个数字,他一直保持着思维的青春,保持着对工作的激情。

激情来源于热爱。如前所说,对科学的好奇心和兴趣是常印佛的一个人生驱动。地质科学是一门充满魅力的科学,大自然的层层奥秘都隐藏在起伏的山峦和潺潺的流水中,一个岩层、一块石头里都包含着丰富的信息。地质科学家常常像侦断悬案的神探,面对大自然设置的谜团,要留心蛛丝马迹的证据,既要有丰富的想象,又要有严谨的推理,其中有豁然开朗的欣喜,有假设得到证实后的乐趣,也有被未知问题困扰的苦恼。地质科学因此而迷人。而且地质科学与实际利用息息相关,资源的开发、环境的保护,国家的振兴与富强,人类的生存与发展,都离不开地质学,矿床地质更是直接服务于社会经济。常印佛由此而产生的对地质学的热爱,伴随了他的一生。他从来都是把工作当乐趣,不会勉强自己制定一个计划,强迫自己去实现,而是追随自己的兴趣所在,把他觉得需要和想要做的事情做好,自然而然做得很深,走得很远。

翟裕生院士曾说:"我终生热爱地质工作,基于国家需求,以探索地质成

---

[1] 常印佛访谈,2013 年 10 月 22 日,合肥。资料存于采集工程数据库。

图 10-9 常印佛在安徽省国土资源厅

矿规律为乐,既经常拥抱大自然,又广泛接触人民大众,从艰苦中获得锻炼,从实践中感悟真知,从奉献中体验幸福。这使我们能胸怀祖国,放眼宇宙,探索奥秘,乐趣无穷。"①热爱,是许多老一辈地质学家对地质事业共同的感情。常印佛把学术兴趣、工作任务和国家需求很好地结合起来,所以才有持久的热情和动力,在充满快乐的过程中,做出贡献,实现价值。

---

① 翟裕生:矿产勘查与矿床研究进展课件 PPT,2013 年 11 月 6 日。

结　语

常印佛院士虽然现已年登耄耋,却依然身体硬朗,精神矍铄,思维敏捷,继续为地质事业贡献着力量。他像年轻人一样不知疲倦,常到各地开会考察,最近又依托合肥工业大学接下科研项目,为其提供咨询建议。对他而言,迈入"80后"只是人生新阶段的开始。然而本书既然是以传主的成长成才及学术发展脉络为主线的研究报告,那么为了结构的完整,总结其学术特征,探讨他取得成就的原因和要素,挖掘人才成长的规律还是有必要的。对于他的学术发展特征,前面已有专门分析,认为是"地质系统内反馈,认识与实践之间螺旋式上升"的发展路径。下面,从个人因素与社会环境两个方面来分析常印佛学术成长的条件。

兴趣·责任·勤奋·笃实

凡在一领域能够做出非凡成就的人,必然具备一些基本的素质品质,如兴趣感、责任心、良好的天赋条件和基础以及正确的方法等等,这是促使他们持续进步的直接因素。在常印佛身上,突出地反映了这些品质。

"兴趣是最好的老师"，常印佛一直保持着对地质科学的热爱，毕生痴迷于此，不知疲倦。儿时的常印佛从《世界科学家列传》中知道了精彩的科学世界，留下最初的奇妙印象，而乡贤丁文江与严爽则引起了他对地质学懵懂的向往。在清华大学的学习，让他真正走进地质的世界。来到地质一线后，在老一辈地质学家的指导下，对地质科学产生了愈来愈浓的兴趣。常印佛在充满生机的大自然中追索着隐藏在草木、岩石、溪涧等等现象中的地质信息，体会到"问花花解语，听月月有声"的无穷乐趣。室内研究工作时，又需要细致的研究，大胆想象，严密推理，找到事实真相与规律。常印佛被地质的神奇深深吸引，感觉自己有时像探险家，有时又像在玩一种高级的智力游戏，从来不会疲倦。

　　由于有了兴趣，困难就容易被克服，工作也成为主动追求的事业。在常印佛子女的印象中，父亲不是把工作当成任务和负担，而是作为一种享受，他喜欢这个事，顺着自己的天性，自然而然地就做好了。诚如常印佛自己所言，对科学的热爱，是他生命中的重要驱动。

　　对国家和民族的责任心与使命感，是常印佛献身地质事业的重要原因，也是他生命中的另一驱动力。童年时期亲历了日寇侵华的科学家，多数都曾被"科学救国"的梦想所激励。常印佛也不例外，在泰兴沦陷为日伪统治的时期，他过了一段亡国奴的生活，眼见同胞受尽压迫，国家贫弱落后的局面，便萌生了为国家开发资源，使其富强的想法。新中国成立后，常印佛是在全国经济即将迎来大规模建设阶段从清华大学毕业，走上工作岗位的。当时全国地质人才稀缺，每一个地质专业的大学毕业生都肩负着为祖国开发矿业的历史使命。正如讲述地质队员故事的电影《年轻的　代》中主人公肖继业那样，当时的地质队员是把时代扛在肩上前进的，自觉地把人生理想与社会理想结合起来，以积极乐观的精神去克服各种困难。现代地质学从在中国扎根的那一天起，它的命运就与国家建设紧密结合起来。章鸿钊、丁文江、翁文灏、李四光、谢家荣、黄汲清、李春昱、程裕淇、郭文魁、涂光炽等等几代地质学家都十分重视国内的基础地质调查与资源开发。地质人天生的使命感也"遗传"给了常印佛，使他怀抱着富强祖国的梦想，兢兢业业地完成每一项工作，跟随着国家经济发展的步伐，与时代的脉搏同步起伏。

优越的个人天赋与教育环境,加上勤奋的精神,是常印佛成为杰出科学家的基础。同许多天才的科学家一样,常印佛有着良好的天赋条件,最突出的表现是他有着惊人的记忆力。他对地质勘探报告中的钻孔位置、孔号、深度、矿石品位含量等数据几乎是过目不忘,对长江中下游各类矿床特征如数家珍。即便在晚年,回忆起早年的经历仍然时间、地点、事件原委准确清晰,对许多人名都能脱口而出。另一方面,良好的教育则让他的天赋得到了充分的开发。幼年时期母亲的家教与启蒙让常印佛养成了良好的性格与习惯。童年时期私塾先生教授经书与古文,则给他打下了古典文化的底子。中学接受了高质量的素质教育。尤其重要的是,他是在清华大学学习的地质,不仅打下了扎实的地质专业基础,还受益于通识教育,储备了广博的知识,学会了独立思考和批判精神。常印佛又是十分勤奋的,充分利用时间,如饥似渴地汲取知识,没有辜负良好的天赋和优越的学习环境。

重视野外实践,是常印佛学术成长的关键。地质科学的特征之一是公理化程度不高,有着很强的经验性,在丰富多变的地质现象面前,更多依靠归纳总结来推进对自然的认识。理论当然是必要的,但理论的来源仍然是地质实践。常印佛对地质科学的这一特征有着深刻的认识。在清华大学时,老师们就很强调这一点,孟宪民讲授的矿床学就是结合具体矿床来讲,并不止一次地引用《孟子》的名言"尽信书不如无书"来开导大家。而且学校每年都安排野外实习,锻炼学生的野外工作能力,这是专业学习中的重要部分。毕业后,作为一名地质队员,在最初 3 年里,他几乎把地质普查勘探工作的所有程序都"摸了一遍",看管钻机、岩芯编录、地质普查、协助队长编写勘探报告,其中有近半时间是在野外度过的。他先后到青石山、贵池铜山、繁昌、湖东(枞阳)等多地做地质普查填图,初步具备了野外独立工作的能力。后来担任 374 队分队组技术负责人、大队技术主管,以及 321 队技术负责人、总工程师,直到出国援越为止,又在长江中下游地区跋涉了 8 年。在这 8 年时间里,他的脚印遍布大江南北,对工作区内每一座矿床都了若指掌,积累了丰富的经验,为开展学术研究奠定了雄厚的基础。他的许多重大学术创新与发现都是以这些经验为基础的。

常印佛在越南、阿尔巴尼亚从事地质援助工作的前后约 10 年时间里,野外工作仍未间断。任安徽省地质局总工程师后，他也是一有机会便出野外，亲临现场考察指导。他把野外当作课堂、办公室和实验室，从那里发现真正的问题，捕捉解决问题的线索。他对野外工作的益处深有体会，曾说："野外工作非常重要，对那些刚毕业的大学生，我积极鼓励他们去野外，起码在野外工作 5 年到 10 年，然后可以选择研究机构、学校，任教、科研都行，但是最基本的素质要在野外培养出来。"①

　　求真务实，沉着冷静，不跟风、不迷信、不盲从，在适当的时候坚持己见，也是常印佛在科研和工作中能够做出正确选择的保障。科学研究容不得半点虚假和浮夸，必须实事求是，尊重客观实际，尤其是对于经验现象纷繁复杂的地质学而言更是如此。层控矽卡岩型矿床类型的发现过程，就是典型的案例，常印佛没有盲从矿床的"水成说"或"火成说"，对于"沉积十热液"的观点虽然不反对，但又觉无法完全解释清楚，最终在广泛搜集材料并引进层控成矿理论的基础上做出了新的解释。他在科研之外的其他工作中，也体现了这一品质。他的建议总是切合实际问题，可行性强。在地质"大跃进"的找矿热中，针对地质工作质量滑坡，他如实地向上级汇报了问题并提出建议。在主持跨省区划项目时，为保证工作质量，他根据实际情况申请延迟 2 年结项，最终使该项研究达到了很高水平。在新世纪全国迎来地质工作高潮的时候，他又做了冷静的思考，提出地质行业应做好理论、技术和人才三个方面的准备，不能大哄快上，重蹈"大跃进"的覆辙。当许多人认为继续在长江中下游这样的老矿区投入找矿已得不偿失，准备放弃的时候，他又力排众议，深入分析实际情况，主张在该区开展深部找矿。类似的例子还有很多，不胜枚举，长此以往，常印佛也逐渐给人们留下了淡定从容的"军帅"形象，不管是在什么场合，他的意见都会受到大家的重视。

　　另外，与常印佛同辈的矿床地质学家翟裕生院士曾用 5 条、20 字总结了自己一生的治学心得，他们是"兴趣、责任"，"学习、实践"，"思考、总结"，"交流、合作"，"积累、开创"。每一条中的两点都是相辅相成的关系。其中前 3

---

① "此身许国无多求，乐在图书山水间——专访我国著名矿床学家和矿产地质勘查专家常印佛院士"。《创新中国》，2011 年 6 月，总第 21 期。

条应是同一代科学家身上的共同品质。常印佛在后面2条也做得很好。他重视交流与合作则给人留下了深刻的印象。作为学者，他的许多研究成果都是以他为首的集体劳动的成果。作为总工程师，无论是在321队还是在安徽省地质局，他也都积极开展对外合作与交流。他推动安徽省地质局与中国科技大学、合肥工业大学、中国地质大学、南京大学等多所高校建立了联系，进行广泛的人才交流与合作培养。在执行国家大型科研项目时，则与多个省市地质局开展紧密的协同作战，相互提供资料和人员支持。他还十分重视到海外考察学习并寻求合作机会。至于"积累与开创"，其数十年的野外实践和在1980年代学术创新成果的集中爆发，则是最好的证明。

国家需求·学术环境·个人机遇

古往今来，有多少怀才不遇者郁郁终生，又有多少生逢其时者流芳百世，造成这些差别的，除个人因素外，也离不开历史环境。幸运的是，常印佛赶上了"好时代"，虽然其童年也遭逢战乱，青年经历了"反右"、"文革"等国家灾难，但就其个人境遇和机会而言，仍得益于特定的国家形势和时代背景。国家对矿产资源的需求、地质学科发展的形态、相对自由的学术环境等等，都是常印佛学术成长的有利条件。

地质学是与国家经济建设联系最紧密的学科之一。尤其是矿产地质、水文地质、工程地质等应用地质学，更是在资源开发、灾害防御、环境保护与治理等诸多领域发挥重要作用。在解放前，地质学的重要作用就逐渐凸显出来，但由于力量的薄弱分散，社会环境的恶劣，未能得到有效发挥。新中国成立后，随着经济从战争的破坏中得到恢复，百废待兴，大规模经济建设的高潮随之来临，以重工业和军事工业为主的经济发展方针极大地刺激了对能源和金属矿产资源的需求。为了保障资源供应，地质工作被上升到首屈一指的战略高度，毛泽东先是题字"开发矿业"，后又曾在听取地质部工作汇报时说："地质部是地下情况的侦察部，地质工作搞不好，一马挡路，万马不能前行,要提早一个五年、一个十年为国家建设准备好矿产资源。"多位党和国家领导人都强调了地质工作的紧迫性和重要性。为了鼓动年轻人献身地质事业,地质队员的精神和事迹被谱成了歌曲,拍成了电影,地质人一时间成为献身祖国的代表性群体。而当时国家的地质人才毕竟还是稀缺的,政府合并了地质机构、集中使用地质力量,为他们创造良好条件并寄予深切厚望。

常印佛正是在这样的环境下从学校毕业,走上地质工作岗位的。当时正值"一五"计划即将展开,有限的地质工作者面临着大量的任务。对于新人来说,任务就是锻炼的机会。常印佛很快参与其中并迅速成长,毕业第二年即能独立带队做野外普查,27 岁就成为 321 队技术负责人。此后,常印佛的工作总是伴随着国家需要,包括地质援外的需要。"文革"结束后,随着改革开放和经济的重新起飞,地质工作恢复正常并被赋予新的使命。此时常印佛作为安徽省地质局的总工程师,又赶上了"好形势",他主持了"六五"期间的跨省区划和"七五"、"八五"期间的科技部两轮科技攻关项目,参与指导了"九五"、"十五"期间的多项国家和省级大型科研项目,完成了一个个大手笔的研究计划,做出了一系列新发现和新成果。从"一五"到"十五",常印佛60 多年的地质生涯与国家对矿产资源和地质工作的需要紧密相关。恩格斯有广为人知的一句话:"社会上一旦有技术上的需求,则这种需要就会比十所大学更能把科学推向前进"。可以类似地说,社会的需要也正是人才成长的绝好条件。

除了宏观大环境外,具体的工作环境也十分重要,"蓬生麻中,不扶自直",在常印佛参加工作的最初十多年里,身边一些优秀的人给了他很深的影响。常印佛所在的 321 队是地质部直属的国家重点地质队,集中了一批精兵良将,有 30 岁左右的较有经验的地质专家,也有 20 岁出头从名校毕业的新秀,形成了一个人才济济、朝气蓬勃的工作氛围。他初到铜陵时,跟在这些"师傅"后面实习工作,后来他们中间有多人成为省地质局总工程师,有包括常印佛自己在内的 5 人成为科学院或工程院院士。后来人们对此感慨,铜官山是出人才的地方。其实这并不是偶然的,良好的人才聚集环境会反过来促进每一个人的成长,常印佛在某种程度上亦受益于此。

在铜陵工作的十多年时间里,常印佛有幸遇到郭文魁、严坤元和滕野翔这样优秀的学者或领导,也对他的学术人生影响深远。郭文魁和严坤元分别是把常印佛带入矿床学和矿产勘查研究领域的学术领路人,是他走出校园后的"导师"。在工作作风方面,郭文魁的平易和蔼与严坤元的严格严谨也影响到常印佛,使他自己在成为总工后,兼具两方面特征。曾任321队队长、华东地质局局长和安徽省地质局局长的滕野翔一直是常印佛的领导。他是一位优秀的共产党员干部,为321队及全省地质工作创造了良好的环境,他勤恳朴实、一身正气、两袖清风,堪称党员干部的典范。另外,当时党的用人政策是大胆启用年轻人,给他们压担子,让他们放手去干,年轻人被赋予重任,得到大量的锻炼机会。这样的政策环境也是他迅速成长的因素之一。

人们普遍比较淡然的心态和相对宽松自由的学术环境,也是有利于科学研究的重要因素。新中国成立后建立起来的计划体制有其缺点,无需多言,大学生毕业后由国家统一安排落实工作,使得个人的选择性低,一般都是在一个行业领域从一而终。然而,较强的职业稳定性,较少的选择机会及外在诱惑,使得多数人想法都比较简单,能够勤勤恳恳做好本职工作,甘做社会主义的"螺丝钉"。这使得人们的心理普遍淡定从容,专注于手上的工作。常印佛对自己的工作很满意,目标只有一个:为国家找到更多的工业矿床。社会空气中没有浮躁的因子,人也不需要带着很强的个人目的或功利动机去做事,有足够的时间和精神去完成本职任务。

常印佛的地质工作和科研选题都以找矿实践为准。为解决生产中的实际问题,需要做一些基础性的研究,如探索控矿规律、总结矿床类型等等。其科研活动虽然也目的明确,却带有较强的自发性和自由性。他早期的研究成果一半是来源于生产实践的需要,另一半则是出于其个人探索的兴趣。那时的学术环境是相对宽松的,他不用为申请各种研究项目、课题而激烈地与同行竞争,不需要应付各类检查考核疲于奔命,也不用承受各类任务指标的巨大压力。他是在一个较轻松自由的环境下工作的。尽管在1980年代以后,他也开始主持国家科研项目,但当时的考核体系亦没有现在这般复杂,且在研究方向和内容上也仍有较大的自由。学术自由的好处在于研究者的兴趣、任务和最终成果能够统一,且不必被外在的压力驱使或分散精力,能够免去浮躁专一投入，保证研究质量。常印佛正得益于这种相对宽松和自由的学术环境。这一点对我国当前的科技管理体制，或可提供一些借鉴。

在个人机遇方面，常印佛幸运地避开了时代中负面因素的影响。在1957年针对知识分子的"反右"运动和1966年开始的"十年浩劫"中，他的许多老师、朋友和同事被扣上"右派"的帽子，遭受不公待遇，或被关进牛棚，下放劳动，剥夺工作权利，甚至被迫害致死，而他却基本没有受到冲击。在"反右"运动中，他被组织上定性为"中左"，平安无事；"文革"开始前，就出国援越，紧接着又赴阿尔巴尼亚做地质援建，从阿国回来时，"文革"已进入尾声。在国外，他不但没有受到国内运动的影响，反而进一步提升了业务水平。他的这段传奇经历在同时代的科学家中是罕见的，使他免去许多无妄之灾。若非如此，恐怕他的人生轨迹要折向另一个方向。"文革"给中国社会造成了巨大的灾难，知识分子在其中所遭受的迫害可谓史无前例，无以复加，绝大多数科学家都受到不同程度的影响，荒废了光阴，科研工作受到干扰或被迫停止。我们不禁假设，如果没有"文革"，科学家们的命运将会怎样？常印佛就是这样一位受历史环境影响，却又超脱其影响的科学家，这在某种程度上，只能用幸运来解释。

朴实平易·谦逊淡泊·真诚无私

个人能够达到的高度是有限的，群策群力则更容易成就伟人的事业，由于地质科学的复杂性和系统性，许多工作都不是单凭一人之力能够完成的，而是要依靠团队协作。因此能够组织和凝聚起一支战斗力强的团队，就十分必要。实现这一点，需要有高尚的人格和恰当的工作方式。常印佛之所以能够在生产实践领域做出辉煌的成就来，就与他在这方面的修养密不可分，突出表现在待人平和、淡泊名利和无私助人三个方面：

常印佛虽然是清华大学的高才生，在那个年代应属货真价实的"天之骄子"，但他却从不恃才傲物，没有一丝骄气。工作中，他总以平等的身份对待同事或下属。在做出决策前,他会听取多数人的意见;布置任务时,他会以征求或商讨的方式提出;遇人有不满时,他则会耐心沟通说服;存在不同主张时,他鼓励平等的争论。他很少以命令的口气说话,不会借助长官的权威压服别人,从不会给人一种居高临下的感觉。他也因此成为有名的"老好人"。他的同事、下属从来都不会怕他。但这并未妨碍他工作的开展,反而能够更快地统一意见,团结队伍,形成积极向上的工作氛围。他是一位"好脾气"的总工程师,而这"好脾气"却有无坚不摧的力量。接触他的人很快就能感受到他的平易近人和强大的亲和力。再加上他本身具备很高的业务水平,便很容易笼络人才,聚集起精悍的队伍。

虚怀若谷者,多淡泊名利。名利常伴随成果而来,它代表着社会的肯定。常印佛一生中获得许多荣誉和奖励,不胜枚举,而他一直淡然自若,谦逊低调,保持着冷静和清醒。前文已多次提及,对于自己做出的一些重要学术发现,他总是充分强调前人工作的重要性,自己只不过是将其向前推进一步。许多研究成果或著作,即便他付出许多心血做出重要贡献,而只要不是自己亲自执笔的著作,便不愿署上自己的名字。由他主持编写的报告或与别人合作完成的著作,总会清晰地交代他人承担的部分。他曾放弃自己获奖人的资格,让出名额留给他人,也曾放弃数额不小的奖金的分配权。他珍惜每一个荣誉和奖励,与此同时却又淡然洒脱,不为所累。当带着10年的援外经历和在京工作2年的"资历"回到安徽却仍担任321队总工程师时,他欣然接受,勤恳依旧。在1980年代,他先是推掉担任安徽省地质局局长的任命意向,又婉辞担任地矿司司长职务,专心守总工程师位置上,不为"升官"的光环所诱惑。他真正看重的是一个人在实际工作中的作用与价值。这种淡然的处世风格更加赢得别人的敬重。

无私助人,是常印佛的又一突出品质。地质事业的公益性突出,地质人有着共同的奋斗目标和理想,在并肩战斗的过程中,个人的事情就是大家的事情,逐渐形成了团结互助的风气。常印佛更是古道热肠,常急人所急,想人所想,多为他人考虑,给予无私帮助。他尤其注重对年轻人的帮助和提携,乐于发现有才华的年轻人,给他们创造成长的机会。而他的这种帮助又是出于为地质事业培养更多人才、打造更好队伍的考虑,并不含半点私心。

受他帮助的人常常感到他的坦荡无私,形成清澈如水的君子之交。

熟悉常印佛的人不仅对他的业务水平感到钦佩,更对他的人格修养大为称赞,以上几点只是见其一斑,但这些品质无疑也促进了他的工作。无论是在321队做总工程师,还是出国援助担任组长或技术负责人,他的人格魅力和工作方式都感染着身边的人。大家和他一起工作时感到很愉快。尤其是在安徽省地质局任总工期间,他主持完成的几个大型科技攻关项目,都有赖于多个部门多位专家的紧密配合。他总能让身边人才济济,各发挥其所长,形成强有力的战斗队伍。在漫长的地质生涯中,他与无数人结下了深厚的友谊。当他总结自己的一生时,对这些老同事、老朋友尤其感念在心,认为自己的每一个成绩中都有他们的劳动。事实上,这也正是他为人处世深得人心的反映。

与常印佛同辈的科学家,都是中国近现代波澜壮阔的历史的见证者,他们经历了抗日战争、解放战争,见证了新中国的成立,赶上了建设新社会激情燃烧的岁月,也遭遇了国家在探索前进道路上的挫折,历经磨难,又迎来了改革开放新时期。他们在这样的环境中成长、成才、参加工作、做出贡献,多数人的命运都与时代的命运紧密相连,也形成一代科学家的许多共同特征:爱国、朴实、坚韧、自强不息……。人是社会的产物,也是历史的产物,研究一个人物总是离不开特定的社会历史条件。常印佛的一生颇具传奇色彩,但也同样有着那一时代科学家的共同本色,此即形成于共同的时代背景。本书即希望以常印佛的经历作为观察历史的视角,揭示科学家成长的社会背景并尽可能探索其中的规律特征。

常印佛曾感慨:"作为一个地质学家,像我这样赖以产生的历史环境和成长条件,以后恐怕不会再有了。"诚然,由于他是在特定时代环境下成长起来的地质学家,当历史环境成为过去,人才的培养便很难照样复制。但是,他的人生历程所体现出来的人才成长需要的一般条件是不会改变的。如环境方面,良好的家教、优良的学校教育、国家的需求等等;个人方面,如兴趣、勤奋、严谨以及个人修养等等。他所留下的优秀科学家的品质也具有永恒的价值,求真务实,勇于探索,对国家和民族的使命感等等,这也是他们那一代科学家留下的共同财富。

附录一
常印佛年表

7月6日(阴历五月廿一日),出生于江苏省泰兴县城。父名常遗生,字慰先,生于1900年,毕业于上海龙门高等师范学校图书馆科,毕业后曾在中学教授英语、历史与地理等课程,亦曾任职于南洋公学(今上海交通大学前身)。全面抗战爆发后,随学校西迁至重庆,曾任重庆图书馆馆长。母名朱莤沅,毕业于南通女子师范学校,曾任小学教师。

9月,就读泰兴县襟江小学幼儿班,后因出麻疹而退学在家。

日军侵华,社会动荡,没有稳定的教育环境,留在家里由母亲辅导,为时4年。母亲熟悉教育,除教授知识外,更严格要求其行为规范,培养良好的道德和生活习惯,并鼓励其立大志,做大事。母亲的教导令其受益终身。

在家读书期间,自由阅读了许多图书,对任鸿隽编《世界科学家列传》印象深刻,首次认识到科学之奥妙与科学家之伟大,萌生了献身科学的念头。

1940年

1月，泰兴沦陷，原国民党的游击部队忠义救国军驻泰兴的头目蔡鑫元在日军的扶持下建立伪政府。亲历了日伪黑暗统治，对亡国奴的生活刻骨铭心，立志改变国家贫弱受辱之局面。

12月2日（阴历十一月初四），父亲病故于重庆。

1941年

9月，入读宋介之私塾。私塾设有算术、自然、历史、地理、英文等课程，相当于小学教育，学历受认可，毕业时发放毕业证，可以升入初中。

在宋介之私塾学习2年。此间，在家随私塾先生学习古文，读完《孟子》、《论语》等经典。

了解到乡贤地质学家丁文江与采矿学家严爽的光荣事迹，产生了将来从事地质学的向往。

1943年

9月，入读泰兴县私立延令中学。因成绩优异，获得奖学金名额。

1944年

9月，放弃泰兴县私立中学奖学金，转学至扬陋学塾读初二。扬陋学塾为泰兴当地爱国绅士、教育界名流所办，塾长戴为骞，因办学相对独立，少殖民色彩而吸引了一批周围地区的优秀教师，促成了扬陋学塾得天独厚的师资环境，闻名当地。

1945年

9月12日，日寇投降后，新四军解放泰兴县城。

1946年

3月，转学至国民党政府所办的泰兴县立中学，扬陋学塾并入其中。

6月，初中毕业，报考了省立镇江中学、镇江私立京江中学和国立中央大学附属中学,皆被录取。

9 月,因中大附中尚未从抗战后方迁回,且归期未定,常印佛先入读镇江中学。

11 月,中大附中迁回南京后,到南京报到。

中大附中名师云集,常印佛的授课教师中,有著名数学老师黄泰、生物老师朱庭茂等。教务主任为中等教育专家陈杰夫,鼓励学生独立思考,常印佛在此接受了高质量的高中教育,学习成绩名列前茅。

1949 年

1 月,因南京为国共两党争夺焦点,为避战祸,一度想转学至上海。

4 月 21 日,与同学至南京国民政府行政院和交通部,发现人员早已撤离。

4 月 23 日,见到街头解放军列队,知南京解放。

8 月 13 日,参加北大、清华、南开大学联合招生考试。第一志愿报清华大学地学系,第二志愿北京大学地质系,第三志愿是清华大学水利系。后被清华大学地学系录取。

9 月,到清华大学报到,学号为 38743,专业为地质学。当时清华大学地学系有地质学与地理学两个专业。

10 月 1 日,参加中华人民共和国开国大典。

10 月,与同学一起随袁复礼至张家口,下花园和宣化龙烟铁矿实习。

清华大学地质学开设的课程有普通地质学、矿床学、岩石学等,授课老师有袁复礼、张席禔、冯景兰、孟宪民、杨遵仪、池际尚、涂光炽、张忠胤等,以及北大来校兼课的马杏垣、董申保和张炳熺等。其中多数早年有海外留学经历,多位后来被评为中国科学院学部委员(院士)。

1950 年

11 月,参加抗美援朝宣传活动,至北京环卫局,同二三十个工人一起,白天有时参加劳动,晚上座谈,前后一周。

在杨遵仪带领下,至唐山开滦煤矿实习。

暑期,赴浙江杭州、江山、常山一带野外实习。

在校期间亦常至北京西山野外实习,当天来回,如红山口、鬼见愁、杨坊、周口店等地。

1 月,参加"三反运动"。

3 月,参加知识分子改造运动,被定性为"忠诚老实"。

5 月 9 日,政务院地质工作计划指导委员会成立 321 地质队,负责安徽铜陵铜官山铜矿的综合地质勘探工作。

6 月,从清华大学毕业,暂留北京。

8 月 10 日,参加地质部成立大会。新成立的地质部由李四光任部长,何长工、宋应任副部长,在政务院财政经济委员会的指导下展开工作。会后,常印佛被告知分配到铜陵 321 地质队。离京前拜访了两位领导、地质学家谢家荣和孟宪民,他们都是中国矿床学的奠基人。

9 月,南下至南京,拜见老地质学家侯德封,随后赴安徽铜陵铜官山。321 地质队是地质部直属的 6 个地质大队之一,队长郭文魁是著名地质学家,在矿床学领域对常印佛有重要影响。当月被安排至郭文魁与沈永和各自负责的矿段中做钻探地质编录工作,此间在郭宗山率领下,和冯钟燕参加了参加了青石山矿段的普查和 1∶2 500 填图工作。

10 月 18 日,随陈庆宣出发至贵池做地质普查填图工作,直至 12 月 17 日返回铜陵。此间,填制了贵池地区 1∶5 万地质图 3 幅,合计调查面枳 1200 平方公里,编写了贵池地质普查小结,发现铜山一带铁帽、炼渣、古掘迹和黄山岭(血水窝)铅锌矿。

3 月,随李锡之进行贵池铜山、女子山普查评价工作,测制 1∶1 万地质图并施工槽探,预测铜山铁帽下有矿体,建议详查。夏季返回铜官山。

8 月,独立带小组到繁昌做地质普查。

秋季,由实习员转正为技术员。

10 月,回铜陵参加编写《铜官山铜矿地质报告》(中间报告性质)负责编制图表和储量计算。

1954 年

年初,铜官山铜矿中间报告编写完毕并上交,郭文魁调离 321 地质队。

参加地质部召开的全国有色金属专业会议。

3 月,到江北的湖东(现称枞阳)做普查,填制 2 幅地质图。

7 月,编写完成《湖东地质普查小结》。

7 月,到庐江石门庵做矿床评价。

10 月,国家矿产储量委员会决议,把铜官山中间报告与补充报告合成一份最终报告,12 月组成报告编写组,具体工作交由常印佛负责。

1955 年

2 月,到铜官山开始编写《安徽铜陵铜官山铜矿地质勘探报告》。

6 月,报告完成上交。

7 月,调至南京地质部华东地质局,被分配到地质矿产处,负责有色金属地质勘查技术管理工作。时任华东地质局副总工程师严坤元,对地质工作质量要求非常严格,在地质勘探和矿产开发利用领域知识广博、经验丰富,是我国著名的地质勘查专家之一。常印佛之后长期在其领导下工作,受益良多。

1956 年

6 月,离开华东地质局,到中苏技术合作扬子江中下游铜矿普查队(374 队)工作,作为中方总地质师李锡之的主要助手。

6~7 月间与杨育才队长陪同苏联专家根·谢·耶果罗夫去铜陵,枞阳踏勘选点。

8 月,对安徽青阳田埂东山铜矿做远景评价,并与谢显明、惠胜恩、刘兆连、吴国瑜一起编写了评价报告,10 月 28 日上交。

秋季,工资改革中晋升为工程师。

12 月,带队同谢显明、刘鸿禧、李矩孝、甄维藩、宁庆涛等至湖北房县宋洛河区和竹山花竹溪——擂鼓台铜矿点做路线调查。

1957 年

1 月,野外调查归来,开始室内工作,撰写调查报告。

3 月,鄂西北调查报告完成。

6 月 8 日,与汪德镛结为伉俪,婚礼在安庆举办,苏联专家耶果罗夫为证婚人,华东地质局领导严坤元当时正在安庆,也参加了婚礼。

7 月 1 日,协助魏文开(374 队二分队技术负责人)编写完成《安徽铜陵顺安狮子山铜矿远景评价报告》。

12 月,调铜陵 321 队,任技术负责人。

1958 年

对狮子山铜矿继续勘查,证实东、西狮子山均为有工业价值的铜矿床,并相继进入勘探阶段。

春季,经过对铜陵凤凰山地区药园山矿床物探详查的工作成果进行综合研究后,通知分队技术人员布置钻孔开始打钻。

春季,接待中科院地化所欧阳自远来铜陵研究的卡岩铜矿中铂族元素分布问题。

4 月,安徽省地质局成立,滕野翔任局长,严坤元任副总工程师,321 队归安徽省地质局领导。

4 月 28 日,在"反右"运动中,被定性为"中左"。

5 月,中央正式确立"大跃进"总路线,地质工作大跃进紧随其后。

6 月,地质部号召"全党全民办地质",在全国开展群众性的找矿、报矿运动。

夏季,派 321 地质队 1 分队(分队部驻狮子山)人员开展铜陵市鸡冠山铁矿普查。

夏季,组织力量开始对铜陵市天鹅抱蛋山硫铁矿进行了详细普查及初步勘探,持续 3 年。

7 月,参加安徽省地质局召开的三级干部会议,布置落实"大跃进"运动的具体措施。

8 月 4 日,安徽省地质局决定,321 队与大通地质队合并,合并后仍为 321 队,除铜之外,开始承担煤和锰的勘查任务。

8~9 月间,374 队撤销,其在青阳、贵池、东至一带之分队合并于 321 队,此时 321 队工作范围包括安庆地区四县以及芜湖地区繁昌、南陵的一部分。

皖南各县成立自己的地质队,321 队派出技术人员到所承担的铜陵,青阳,贵池,东至四县支持当地的地质工作。

10 月,随 321 地质队总部,从铜陵搬到贵池。

10 月,派出 321 队普查小分队评价青阳县峄门口硫铁矿。

10 月,参加新设立的安庆地区地质分局工作会议,会后随分局领导去枞县及其与桐城、怀宁接壤地带考察"大跃进"开始后的地质工作。

12 月,地质工作因"大跃进"而出现质量严重下降,常印佛就此种情况以书面形式向上级反映问题并提出建议措施。

321 地质队 2 分队与贵池县地质大队对贵池六峰山地区华督岭铁帽进行检查,编写了《六峰山铁矿普查报告》。

在地质找矿"大跃进"的浪潮中,大批新矿被发现,萌生了探索铜陵地区控矿规律的想法。

长女出生。

1959 年

3 月,安徽省地质局召开干部扩大会议,会上将常印佛关于提高地质工作质量的报告印发,并作通报表扬。其后,地质工作质量滑坡得到有效遏制。

9 月,为国庆十周年献礼,做了第一个探索性的研究,题目为"铜官山矿床的勘探类型"。通过搜集开采坑道的资料,把它与打钻时的矿体形态和数值进行对比,探讨采矿前后变化,对该矿床主矿体的勘探类型和勘探网度提出了一些新的认识,对勘探工作有实际指导意义。

321 地质队 3 分队(分队部设凤凰山)发现药园山矿段半隐伏的二号主

矿体,常印佛组织力量加速勘查,由普查转入详查。

10 月,参加地质部在贵阳召开的全国多金属矿床地质会议。

次女出生。

1960 年

2～9 月,在"点面结合"思想的指导下,组织力量对黄山岭铅锌矿一号、二号矿体进行勘探。此工作后因国民经济调整而中断。

9 月,指导 3 分队编写完成《安徽省铜陵金山冲铜矿床评价报告》。

被任命为 321 队总工程师。

接待地质科学院矿床研究所闻广,进行凤凰山岩体与成矿作用的研究,并派人参加配合。

接待地质科学院物化探研究所邵跃,来狮子山进行原生晕地球化学研究。

1961 年

组织力量对凤凰山铜矿区药园山矿床进行勘探。

开始研究铜陵地区的控矿规律。后来发现隐伏基底断裂制约和控制了铜陵矽卡岩铜矿带,铜矿形成受两组不同方向的基底断裂制约,其中一组近东西向的断裂带控制了整个铜陵地区的岩浆—成矿活动,为该地区最主要的也是基本的控矿构造。

12 月,开始主持在 321 地质队开展铜陵地区 1∶5 万普查—测量任务,铜陵是地质部在全国布置的 4 个试点之一。地质部后来将铜陵经验推广到全国,并要求编写 1∶5 万普查—测量规范。

基本完成鸡冠山铁矿的勘探工作。

结束对天鹅抱蛋山硫铁矿的普查和初步勘探野外工作,发现矿石中含金量较高,同时含砷,证明是一个硫、金、砷共生矿床。

1962 年

7 月,提交鸡冠山铁矿评价报告。

接待水文地质专家朱学稳来队考察研究。

开始着手准备编制狮子山详勘报告，调集力量，进行坑道编录，各类实验研究，资料复查等多项工作。

1963 年

主持并组织周作祯、黄广球、阎如燧、汪德镛、杨成兴、陈训雄、黄许陈、张兆丰等二三十名工程技术人员共同编写了《安徽铜陵狮子山矿区东、西狮子山铜矿床地质勘探报告》，报告中写入了对铜陵地区控矿规律的研究成果，计算了工业储量，并于年底前全部印制完毕提交。

接待物化探所化探专家李善芳、朱炳球、金仰芬等人来队进行方法试验研究。

幼子出生。

1964 年

年初，率 321 队地质科综合研究组先行搬到凤凰山，支援勘探工作，并着手凤凰山勘探报告的编写准备工作。

二季度，全国矿产储量委员会组织对狮子山勘探报告审查，冶金部南昌设计院提出了一些超过规范标准的要求，引发了一场争论。储量委员会未采纳，仍通过了报告。事后地质部地矿司通知把狮子山报告复印多份，发各省有详勘任务的单位作为样本参考。第二年恰逢设计革命化活动在全国推开，南昌设计院在大冶会议上还对此作了自我批评。

接待物化探所物探专家钱宁等来队作方法试验研究。

7 月，参加中国地质学会安徽省分会第二届会员代表大会暨第二届学术年会。

11 月，安徽省地质局组成"四清"工作组，由局长滕野翔率领进驻 321 地质队进行"四清"运动试点。

向 321 党委、队部写报告，要求加强钻机岩芯编录工作。

1961～1964 年间，接待了来自北京地质学院、长春地质学院、南京大学、浙江大学、合肥工业大学、地质部华东地质矿产研究所、地科院水文所等多家科研单位和院校来队开展科研工作。

1 月,地质部决定借调常印佛赴越南做地质援助工作。

3 月,在地质部集中学习、培训。

4 月,启程赴越南,从北京乘火车前往河内,路过长江时,赋诗两首。

12 月,在《中国地质》上发表"某区内生矿化作用的几个问题"一文,总结了对铜陵地区成矿作用和控矿规律的研究成果。

1966 年

5 月,"文化大革命"爆发,家庭受到冲击,汪德镛被派到安装队上劳动。

地质部援越项目增加,成立了援越地质大组,常印佛被任为其下老街铜矿专家组负责人。

1967 年

年中,回国休假,接触到"文化大革命"实际运作情况,对运动有进一步认识。

1968 年

在担任援越老街铜矿组负责人期间,在成矿研究方面获得新的认识,在扩大找矿远景方面具有指导意义。

10 月,提前完成援越任务并回国休假待命,在 321 地质队,主动提出到钻机上参加劳动。

1969 年

春季,根据老鸦岭勘探进展情况,提出在合适部位,探索更深层位类似铜官山和新桥石炭系层状铜矿的建议,得到当时队上革委会生产组地质小组负责人的赞同,4 月开始施钻,进行深部探索。

5 月,地质部正式通知常印佛援外项目完成。321 队安排其担任革命委员会生产组"地质负责"。

1970 年

年初,接到地质部通知,将赴阿尔巴尼亚参加地质援外工作。

3 月,在地质部集中学习。

4 月,启程赴阿尔巴尼亚。在援阿地质大队担任技术负责人工作,除协助大队长掌握全队各项目外,另外承担具体的铜矿区域地质工作。援阿期间,每年回国探亲一次。

获越南政府授予"二级劳动勋章"。

1971~1973 年

在援阿期间,直接负责米尔迪塔铜—铬成矿带铜矿成矿地域条件和规律的研究,将当地的一种铜矿划分为不同亚类,探明其相互关系和找矿方法,并在生产实践中获得应用。

1974 年

7 月,完成援助阿尔巴尼亚工作并回国。暂留北京,筹备到拉丁美洲的墨西哥和秘鲁去考察地质情况的工作。

10 月,到墨西哥和秘鲁考察,为期 3 个月。考察了两国斑岩铜矿地质条件及墨西哥盐丘型自然硫矿成矿条件。

1975 年

1 月,从秘鲁回国,编写考察报告,在地质部地矿司组织的全国范围的汇报会上作报告,推广考察成果(两国斑岩铜矿的成矿条件和找矿经验)。

6 月,被安排到第 25 届国际地质大会论文筹备处,为我国首次参与这一国际学术活动进行组织论文的编写、评审和印制等筹备工作,筹备处由许杰副部长分管。在孙殿卿领导下工作了一年多时间。

9 月,获阿尔巴尼亚政府授予的"一级劳动勋章"。

1976 年

9 月,到天安门广场参加毛泽东追悼会。

9 月下旬,回安徽,到 321 地质队担任原来工作。

1977 年

3 月 18 日,全国科学大会表彰 321 地质队"在我国科技工作中作出重大贡献"。

9 月,调到安徽省地质局工作。

秋,到庐山做地质考察。

1978 年

9 月,与郭文魁、黄崇轲合作,在《地质学报》第三期上发表论文"我国主要类型铜矿成矿和分布的某些问题"。

9 月,参加第二机械工业部、冶金部、地质总局组织的赴澳大利亚地质考察团,为时近 1 个月。

10 月 5 日,被任命为安徽省地质局副总工程师,总工程师为严坤元。

10 月 8 日,到达澳大利亚悉尼机场。

11 月 11 日,考察结束后回国。

地质部成立规划院,开展全国性的成矿区划工作,常印佛负责安徽省成矿区划。

1979 年

1 月 15 日,在北京与清华大学同学聚会。

3 月,加入中国共产党。

9 月,国务院授予"全国劳动模范"称号,出席表彰大会。

1980 年

2 月 28 日,任安徽省地质局副局长。

4 月 14 日,出席全国地质系统评功授奖大会,被授予全国地质系统

"劳动模范"称号,获地质部奖章,受到王震、方毅及地质部党组领导的接见。

4月29至5月8日,第二届全国矿床会议在浙江杭州召开,本次会议由常印佛派助手参加,并代为宣读了关于"层控式矽卡岩型矿床"。指出矽卡岩型矿床是矿床学上的一个重要成因类型,并根据矽卡岩型矿床的成矿控制因素,矿体与岩体和容矿岩层的关系,把这类矿床归纳为3个不同型式,层控式即为其中之一。

7月5日,安徽省地质局科学技术委员会成立,严坤元任主任,常印佛、向缉熙为副主任。

9月,随孙大光、程裕淇赴西北三省区(新疆、甘肃、青海)考察,同行者有朱训、孙隆椿、汤中立、张仲竹和张涛。

1981 年

4月,由安徽省地质矿产局牵头,湖北、江西、江苏地矿局及上海地质中心共同承担的"长江中下游铜铁硫金(多金属)成矿带成矿远景区划"项目启动,四省一市分片协作。此项目技术负责人为安徽省地质矿产局总工程师的严坤元、常印佛。区划工作实际由常印佛主持。

1982 年

4月,陪同罗马尼亚国务秘书、地矿部副部长马里安·勒杜斯库一行三人到铜陵进行地质考察。

5月9日,参加321队成立30周年和荣获"国家功勋地质队"称号庆祝大会,并发表讲话。

改任安徽省地质局总工程师。

1983 年

1月,与刘学圭合作在《矿床地质》1983年第一期上发表"关于层控式矽卡岩型矿床——以安徽省内下扬子坳陷中一些矿床为例"。以文字形式公开提出"层控式矽卡岩"类型矿床。将矿床的内生和外生作用有机地结合起来,反映了中国东部地区的成矿特色。

11 月 1 日,安徽省地质矿产勘查局改名为"安徽省地质矿产局"。

1984 年

5 月,参加第三届矿床会议,介绍材料《铜陵地区铜矿的找矿工作》。指出铜陵地区位于下扬子台坳的中段,铜矿床主要为矽卡岩型,并见有不太标准的斑岩型,矽卡岩型铜矿按其就位机制可分为:层控式、接触式、角砾岩筒式及裂隙式。

11 月 29 日,常母朱莅沅逝世,享年 83 岁。

1985 年

1 月,在《中国地质》上发表"铜陵地区铜矿的找矿工作"。

6 月,地质部在太原召开固体矿产普查会议,由时任地质部副部长温家宝与张宏仁主持会议。常印佛在这次会议上介绍在安徽的找矿工作经验,做了"安徽安庆—铜陵一带铜矿普查工作的发展和展望"的发言,提出"立体调查,深部找矿"的理念,采取立体填图的方式,进行深部找矿,更多地依靠新技术和新方法找矿。

9 月 17 日,参加武汉地质科技管理干部学院"地矿部第二期省局总工程师进修班"学习。

12 月 15 日,学习期满,获结业证书。

《安徽省志·地质矿产志》开始编撰,常印佛任副组长。至 1988 年完成。

1986 年

"七五计划"开始实施,与翟裕生一起主持国家重点科技攻关项目,"长江中下游铜铁等隐伏矿床预测研究"。

12 月,主持的第一批三十项跨省成矿远景区划项目之十《长江中下游铜铁硫金(多金属)成矿带成矿远景区划》出版。

因在冬瓜山矿床的发现中做出贡献,获地质矿产部成果奖一等奖。

1987 年

7 月,参与的"长江中下游铜硫金银资源重大发现与个旧一大厂锡矿成矿条件、找矿方法及远景"获"国家科技进步奖特等奖",常印佛为主要获奖人之一。

8～9 月,率领地矿部综合地质考察代表团赴瑞典进行综合考察和商谈项目,双方初步达成了两个项目的合作协议。

10 月,出席中国共产党的第十三次全国代表大会。

10 月,陪同地质部长朱训视察指导 321 地质队工作。

地质部拟调常印佛担任地矿司司长,常印佛婉拒,留任安徽。

1988 年

2 月,与刘湘培(第一作者)合作在《地质学报》发表"论长江中下游地区成矿条件和成矿规律"。

6 月,作为地矿部代表团成员赴巴西、阿根廷参观考察。

7 月 24 日,经国家人事部批准为 1988 年度国家级"有突出贡献的中青年科学、技术、管理专家"。

8 月,地矿部科技成果一等奖"长江中下游铜铁硫金(多金属)成矿带成矿区划"项目主要获奖者(第一得奖人)。

9 月 8 日,安徽省人民政府批准为 1988 年度省级"有突出贡献的中青年科学、技术、管理专家"。

11 月 8 日,出任安徽省地矿局高级监察员。

1989 年

2 月 17 日,参加安徽省地矿局召开的找矿重大突破咨询小组会议。

2 月 23～27 日,出席地矿部在北京召开的地矿工作会议。

8 月,考察指导肥东磷矿工作。

9 月 12～16 日,第四届全国矿床会议在青海西宁召开。与刘湘培、吴言昌合作完成的论文"铜陵层控(式)矽卡岩型铜矿的成矿模式及其找矿意义"由吴言昌在会上宣读。论文指出层控式矽卡岩型铜矿是铜陵地区最主要的铜矿类型,其基本特征是矿体呈层状,似层状,受有利岩层控制。将层控式矽卡岩型铜矿成因类型分为以内生作用为主,以叠生作用为主和以改造作用为主三类。根据不同成因矽卡岩型铜矿床的共生组合特征,建立了两个主要的层控式矽卡岩型铜矿成矿模式,即铜官山式和狮子山式。它们对指导找矿和矿床研究具有十分重要的意义。

11 月 28 日,参加安徽省地质学会 30 周年学术会议,常印佛作为理事长作学会 30 年工作报告。

1990 年

5 月 29 日,安徽省地质矿产勘查局成立"找矿信息子系统"咨询组,常印佛任组长,盛中烈、唐永成、刘学圭任副组长。

1991 年

4 月 23 日,《安徽省矿床发现史》编写领导小组成立,余良弼任组长,常印佛、边琪煜、相涛任副组长。

4 月 29 日,参加长江中下游重点片协调领导小组会议。

7 月,享受政府特殊津贴。

9 月,与刘湘培、吴言昌共同撰著的《长江中下游铜铁成矿带》由地质出版社出版。这项工作是对"六五"～"七五"计划期间皖苏赣鄂四省成矿远景规划工作的成果总结,其基础是 1986 年的区划报告。

11 月,当选为中国科学院地学部学部委员。

11 月,到美国作地质考察,考察了亚利桑那州、犹他州和美国地质调查所。

主持"八五计划"国家科技攻关专题,"鄂豫皖苏沿江及邻区铜金等矿产勘查与评价研究"。

1992 年

2 月 18 日,安徽省地质矿产勘查局建立《安徽地质》编委会和编辑部,余良弼任主任,常印佛、周云生、唐永成任副主任,常印佛兼任总编辑。

3月8日,安徽省地矿局成立科学技术领导小组,常印佛任组长,周云生、唐永成任副组长。

4月20日,参加第六次中国科学院学部委员大会,获得中国科学院颁发的学部委员证书。

4月25日,参加江泽民主席与科学家座谈会。在这次会议上,著名物理学家王大珩,向党和国家呼吁要成立中国工程院。

5月,参加安徽省科协五次代表大会,并作发言"关于安徽铁矿资源合理开发利用的浅见"。此次会议上,当选为安徽省科学技术协会副主席。

8月,赴日本参加第29届国际地质大会。

10月,参加中国共产党第十四次全国代表大会。被选入《当代中国自然科学学者大辞典》。

12月25日,任安徽省矿产资源对2010年经济建设保证程度论证工作小组技术顾问。

1993 年

7月26日,抵乌鲁木齐,后转阿舍勒、哈拉通沟等矿区考察。

8月9日,任《安徽省矿床发现史》编审委员会副主任。

改任安徽省地矿局咨询组长。

1994 年

6月,被遴选为中国工程院首批院士,参加中国工程院成立大会。

1995 年

参加工程院第一次院士增选工作,选出第一批新院士。

先后赴胜利油田和兖州煤田考察。

1996 年

5月,参加中国科学技术协会第五次代表大会,分别受到江泽民总书记和李鹏总理的接见。

6 月，与董树文合作在《火山地质与矿产》发表"论中—下扬子'一盖多底'格局与演化"。

7 月 24 日，时任中共中央书记处书记、中央政治局常委胡锦涛视察安徽，常印佛与其他院士在合肥受接见。

8 月，被录入《清华人物志》第四辑。

8 月 4～14 日，随安徽省代表团参加在北京举办的第 30 届国际地质大会，陪同国外部分与会学者分别受江泽民和李鹏接见。

10 月 1 日，参加三峡库区地质环境暨第二届中日地层环境力学国际学术讨论会。

11 月，《中国矿床发现史·安徽卷》出版，常印佛、周云生任编委会副主任。

1997 年

1 月下旬，参加了中国科学院、中国工程院 6 个学部共 10 位院士及 5 位专家组成的考察组，对滇西澜沧江流域和四川攀西地区进行了实地调查，就资源合理利用、加快经济发展和实现可持续发展等问题，考察交流并提出意见和建议。

8 月，与夫人一同到美国探亲。

9 月 12～18 日，参加中国共产党第十五次全国代表大会。

9 月，参与提出的"关于加快攀西地区发展的建议"，"关于澜沧江流域综合开发的建议"被编入《中国科学院院刊》第五期。

1998 年

2 月 9 日，《安徽地质》编委会组成人员调整，常印佛任顾问。

3 月，《安徽沿江地区铜金多金属矿床地质》由地质出版社出版，常印佛为作者之一。本书即"八五"国家科技攻关专题"安徽沿江地区铜金多金属矿产预测研究"的成果。

4 月 8 日，登门拜访严坤元，祝贺其九十诞辰，并致以崇高敬意。

6 月 3 日，参加中国科学院第九次院士大会。

7月,与吴言昌(第一作者合作)在《地学前缘》发表"关于岩浆矽卡岩问题"。

8月,被录入《中国地质矿产年鉴》。

11月25~28日,参加在南京召开的第六届全国矿床会议。

12月,到武汉参加院士建议活动,参与提出的尽快启动"非传统矿产资源发现与开发基础研究"建议(3)收入《中国科学院院士建议》,1998年第12期。

1999 年

2月4日,安徽省地质学会举办大型学术报告会,常印佛与徐树桐、李曙光、汪家权等4名专家教授作专题学术报告。

3月,在《地学前缘》发表"初论安徽沿江地区成矿系统的深部构造—岩浆控制"(吴言昌为第一作者)。

8月,被选入《安徽省志·人物志》。

2000 年

4月30日,作为特邀代表参加全国劳动模范和先进工作者表彰大会。

6月9日,参加中国工程院第五次院士大会。

6月,协助岳书仓教授指导的博士研究生毕业。合肥工业大学杜建国完成博士论文"大别造山带中生代岩浆作用与成矿地球化学研究"。

10月,由中国工程院推荐,常印佛获得"何梁何利科学与技术进步奖"。

10月,赴美国探亲半年。

2001 年

5月,探亲结束。回国前,女儿、儿子携孙子至肯尼迪机场送行。

8月19日,与卢荣景、岳书仓一同到326地质队等地调研指导工作。

9月,参加成都地质矿产研究所会议,游览都江堰等地。

2002 年

是年夏季,在北京阜外医院进行植入心脏起搏器手术。

8月1日,在西安召开的第七届全国矿床会议上,陈毓川宣读了由陈毓川,常印佛,郑绵平署名的会议论文,该论文"我国矿产资源形势与实现可持续供应的对策"发表在《矿床地质》第21卷增刊。

10月,获2000年度首届安徽省"重大科技成就奖"。另一位获奖的科学家为中国科学技术大学校长朱清时院士。

10月15日,参加在人民大会堂举行的新中国地质工作50年暨中国地质学会成立80周年纪念活动。

担任中国科学技术大学地球和空间科学学院首任院长。

2003 年

参与提出的关于加强"粉煤灰和冶金炉渣生产新型水泥——凝石的基础理论和系统技术研究"的建议(27),收入《中国科学院院士建议》,2003年第14期。

指导的中国地质大学毛德宝以博士论文"中生代岩浆作用对北岔沟门多金属矿床成矿作用的制约";储国正以博士论文"铜陵狮子山铜金矿田成矿系统及其找矿意义"博士毕业。

2004 年

因心脏起搏器安装后较长时间身体还不能适应,反应有增加的趋势,乃辞去中国科学技术大学地球与空间科学学院院长职务。

指导的两个项目"大型矿集区深部精细结构和找矿信息研究"和"大别—台湾地质走廊带成矿四维结构研究"接近尾声,进入撰写研究报告阶段。

筹划将所获安徽省"重大科技成就奖"的部分奖金用于研究的项目。

2005 年

4月,受聘为安徽省人民政府技术顾问。

4月17~18日,安徽省地质学会主办的"中生代以来中国大陆板块作用过程学术研讨会"在合肥召开,常印佛与任纪舜、张国伟、李曙光、赵文津等参加大会并做了主题学术报告。

指导的中国科学技术大学李振生,以"油气藏的断裂构造控制作用及声学评价"博士毕业。

2006 年

受聘安徽省地质局首席科学顾问，指导地质找矿工作。

2007 年

3 月 29 日，在安徽省地矿局地质工作交流研讨会上，就"加强地质工作，早日实现地质找矿、服务领域、走出去"主题，做专题发言。

4 月，《中国成矿体系与区域成矿评价》，陈毓川，常印佛裴荣富等任总主编，其中第 13 章由常印佛参撰，地质出版社出版。

7 月，在深部找矿思想的指导下，安徽省国土资源厅在庐江泥河发现大型铁矿，埋藏深度已经在 600 米以下。泥河铁矿的发现证明深部找矿潜力巨大，对全国地质工作的找矿思维和政策起到了推动作用。

9 月 26 日，在国土资源部于合肥召开全国深部找矿工作研讨会上作"关于深部找矿的思考和立体填图的建议"报告。会后，国土资源部提出了找矿工作"向深部进军"的口号。

10 月 26 日，回泰兴参加丁文江 120 周年诞辰纪念会，参观丁文江故居。

11 月，参加华东六省一市地学科技论坛会议。

2008 年

2 月 24 日，安徽省科学家企业家协会第二次会员代表大会在合肥召开，选举常印佛为会长。安徽省科学家企业家协会成立以来，围绕于科技成果转化、企业投资咨询、中小企业融资和跨国经贸洽谈等方面开展工作，为安徽省的经济和社会建设做出了重要贡献。

11 月 6 日，在《中国黄金报》发表"安徽地质找金尚需科学规划"。

2009 年

9 月，到六安考察指导地质工作。

3 月 31 日,受聘为合肥工业大学教授。

8 月 26 日,参观世博会。

9 月,《岩石学报》出版矿集区深部探测专题,纪念常印佛院士 80 诞辰(虚岁),以及他在这一领域做出的贡献。

9 月 12 日,参加沉积资源环境学术研讨会暨刘宝珺院士从事地质工作 60 周年庆祝会。

2011 年

参与完成的"长江中下游成矿带及典型矿集区深部结构探测——SinoProbe - 03 年度进展综述"在《地球学报》第三期发表。

4 月,参加在合肥召开的香山会议,并作报告"复合成矿与构造转换——以长江中下游成矿带为例"。

4 月 24 日,在北京人民大会堂参加清华大学百年校庆庆祝会。

5 月 29 日,合肥市科技馆举行清华百年校庆(安徽)庆祝盛典,常印佛作为清华校友参加。

7 月 5 日,参加"全省地质找矿与科技工作座谈会"。

7 月 6 日,参加"常印佛院士 80 华诞暨从事地质工作 60 周年庆贺座谈会"及 80 华诞宴会。

9 月初,参加在吉林举行的地质工作会议,考察了大黑山钼矿等矿区,游览了长白山天池。

9 月 19 日,在西安考察院士候选人。

9 月 20 日,游览陕西华清池、兵马俑、世界园艺博览会。

10 月 23 日,秦岭东段陕西汉南找矿突破研讨会野外考察。

10 月 24 日,秦岭东段陕西汉南找矿突破研讨会。

11 月 19 日,参加"庆祝江苏省地质学会成立 50 周年暨学术报告会"。

2012 年

5 月 9 日,参加"安徽省地矿局 321 地质队成立 60 周年庆祝大会",参加

"铜陵地区找矿突破座谈会"并作发言。

2013 年

4 月 16 日,回泰兴,考察泰兴市襟江小学、泰兴中学并题字。

6 月,为安徽省地质局环境监测站 30 周年题字。

7 月 12 日,考察云南鹤庆北衙金矿。

10 月,赴京参加中国工程院院士建议论坛,并在会上作"也谈'接地气':勘查一线侧面观"的报告。

附录二
常印佛论著目录

论文

[1] 常印佛,汤中立. 也谈"接地气"——勘查一线侧面观. 中国矿产资源形势与对策报告汇编,2013(10).

[2] 史大年,吕庆田,徐文艺,严加永,赵金花,董树文,常印佛. 长江中下游成矿带及邻区地壳结构——MASH 成矿过程的 P 波接收函数成像证据. 地质学报,2012(3):389 - 399.

[3] 常印佛,周涛发,范裕. 复合成矿与构造转换——以长江中下游成矿带为例. 岩石学报,2012(10):3067 - 3075.

[4] 吕庆田,史大年,汤井田,吴明安,常印佛,SinoProbe - 03 - CJ 项目组,长江中下游成矿带及典型矿集区深部结构探测——SinoProbe - 03 年度进展综述. 地球学报,2011(3):257 - 268.

[5] 常印佛.《第三届全国矿田构造与地质找矿理论方法研讨会论文专辑》序文. 大地构造与成矿学,2011(9).

[6] 常印佛.《昭谦文存》序.《昭谦文存》,2010.

[7] 常印佛. 安徽地质找金尚需科学规划. 中国黄金报,2008 - 11 - 06.

[8] 赵鹏大,常印佛,刘宝珺,殷鸿福,涂光炽,王定佐. 尽快启动"非传统矿

产资源发现与开发基础研究".地学与社会:学部的视野,2005.

[9]　常印佛,裴荣富,侯增谦.大型矿集区深部精细结构与含矿信息.中国地质科学院 1999—2003 年科技成果汇编.

[10]　常印佛.矿业发展的两个问题.安徽日报,2003 – 8 – 6.

[11]　吕庆田,侯增谦,赵金花,史大年,吴宣志,常印佛,裴荣富,黄东定,匡朝阳.深地震反射剖面揭示的铜陵矿集区复杂地壳结构形态.中国科学(D 辑),2003(5):442 – 449.

[12]　陈毓川,常印佛,郑绵平.我国矿产资源形势与实现可持续供应的对策.矿床地质,2002(s1):1 – 3.

[13]　吴言昌,曹奋扬,常印佛.初论安徽沿江地区成矿系统的深部构造—岩浆控制.地学前缘,1999(2):285 – 296.

[14]　吴言昌,常印佛.关于岩浆矽卡岩问题.地学前缘,1998(4):291 – 301.

[15]　常印佛,唐永成.松柏劲健　芝兰清芬——庆祝严坤元先生九十寿辰.安徽地质,1998(1)3 – 6.

[16]　常印佛,董树文,黄德志.论中—下扬子"一盖多底"格局与演化.火山地质与矿产,1996(17):1 – 15.

[17]　常印佛.《中国矿物药研究》简评.地球科学,1994(5):536.

[18]　常印佛.《铜陵地区岩矿石结构构造图册》序.《铜陵地区岩矿石结构构造图册》,1994.

[19]　常印佛,刘湘培,吴言昌.铜陵层控式矽卡岩型铜矿的成矿模式及其找矿意义.1989 年第四届全国矿床会议论文(西宁).

[20]　刘湘培,常印佛,吴言昌.论长江中下游地区成矿条件和成矿规律.《地质学报》,1988(2):167 – 172.

[21]　常印佛.《铜陵地矿简志 1897～1985》序.《铜陵地矿简志 1897～1985》,1988.

[22]　常印佛,刘学圭.安庆—铜陵一带铜矿普查工作的发展和展望.中国地质,1986(3):6 – 10.

[23]　常印佛.铜陵地区铜矿的找矿工作.中国地质,1985(1):23 – 24.

[24]　常印佛,刘学圭.关于层控式矽卡岩型矿床——以安徽省内下扬子坳

陷中一些矿床为例. 矿床地质,1983(1):11-19.

[25] 郭文魁,常印佛,黄崇轲. 我国主要类型铜矿和分布的某些问题. 地质学报,1978(3):169-181.

[26] 常印佛,刘学圭,王乙长. 某区内生矿化作用的几个问题. 中国地质,1965(12):9-18.

[27] 常印佛. 评《地质—生态环境与可持续发展——中国西南及邻近岩溶地区发展途径》. 维普资讯。

著作

[1] 陈毓川等(常印佛参与主编,负责部分章节). 中国成矿体系与区域成矿评价(上、下册). 北京:地质出版社,2005.

[2] 唐永成,吴言昌,储国正,邢凤鸣,王永敏,曹奋扬,常印佛. 安徽沿江地区铜金多金属矿床地质. 北京:地质出版社,1998.

[3] 常印佛,刘湘培,吴言昌. 长江中下游铜铁成矿带. 北京:地质出版社,1991.

研究报告

[1] 常印佛等. 大型矿集区深部精细结构与成矿预测研究项目研究报告. 中国地质科学院矿产资源研究所,2006.

[2] 常印佛等. 安徽沿江地区铜金多金属成矿预测研究. 安徽省地矿局,1995.

[3] 常印佛,翟裕生,唐永成. 长江中下游铜铁等隐伏矿床预测研究. 安徽省地矿局、中国地质大学,1990.

[4] 常印佛等. 铜陵狮子山铜矿区狮子山矿床最终地质报告. 安徽省地质局 321 地质队内部铅印本,1963.

[5] 常印佛. 铜官山铜矿勘探方法研究. 内部铅印本,1959.

[6] 常印佛,朱安庆,朱康年等. 铜官山铜矿地质勘探报告. 地质部 321 队内部打印本,1955.

参考文献

[1] 常印佛,汤中立. 也谈"接地气"——勘查一线侧面观[C],中国矿产资源形势与对策报告汇编,2013(10).

[2] 常印佛,周涛发,范裕. 复合成矿与构造转换——以长江中下游成矿带为例[J]. 岩石学报,2012(10):3067-75.

[3] 常印佛,安徽地质找金尚需科学规划[N]. 中国黄金报,2008-11-06.

[4] 常印佛,裴荣富,侯增谦. 大型矿集区深部精细结构与含矿信息[C]. 中国地质科学院 1999—2003 年科技成果汇编.

[5] 陈毓川,常印佛,郑绵平. 我国矿产资源形势与实现可持续供应的对策[J]. 矿床地质,2002(s1):1-3.

[6] 吴言昌,曹奋扬,常印佛. 初论安徽沿江地区成矿系统的深部构造—岩浆控制[J]. 地学前缘,1999(2):285-296.

[7] 吴言昌,常印佛. 关于岩浆矽卡岩问题[J]. 地学前缘,1998(4):291-301.

[8] 常印佛,唐永成. 松柏劲健　芝兰清芬——庆祝严坤元先生九十寿辰[J]. 安徽地质,1998(1):3-6.

[9] 常印佛,董树文,黄德志. 论中一下扬子"一盖多底"格局与演化[J]. 火山地质与矿产,1996(17):1-15.

[10] 常印佛,刘湘培,吴言昌. 铜陵层控式矽卡岩型铜矿的成矿模式及其找矿意义[C],1989 年第四届全国矿床会议论文(西宁).

[11] 刘湘培,常印佛,吴言昌. 论长江中下游地区成矿条件和成矿规律[J]. 地质学报,1988(2):167-172.

[12] 常印佛,刘学圭. 安庆—铜陵一带铜矿普查工作的发展和展望[J]. 中国地质,1986(3):6-10.

[13] 常印佛.铜陵地区铜矿的找矿工作[J].中国地质,1985(1):23-24.

[14] 常印佛,刘学圭.关于层控式矽卡岩型矿床——以安徽省内下扬子坳陷中一些矿床为例[J].矿床地质,1983(1):11-19.

[15] 郭文魁,常印佛,黄崇轲.我国主要类型铜矿和分布的某些问题[J].地质学报,1978(3):169-181.

[16] 常印佛,刘学圭,王乙长.某区内生矿化作用的几个问题[J].中国地质,1965(12):9-18.

[17] 陈毓川等.中国成矿体系与区域成矿评价(上、下册)[M].北京:地质出版社,2005.

[18] 唐永成,吴言昌,储国正,邢凤鸣,王永敏,曹奋扬,常印佛.安徽沿江地区铜金多金属矿床地质[M].北京:地质出版社,1998.

[19] 常印佛等.中国矿床发现史·安徽卷[M].北京:地质出版社,1996.

[20] 常印佛等.安徽省志·地质矿产志[M].合肥:安徽人民出版社,1993.

[21] 常印佛,刘湘培,吴言昌.长江中下游铁铜成矿带[M].北京:地质出版社,1991.

[22] 常印佛等.大型矿集区深部精细结构与成矿预测研究项目研究报告[R].中国地质科学院矿产资源研究所,2006.

[23] 常印佛等.安徽沿江地区铜金多金属成矿预测研究[R].安徽省地矿局,1995.

[24] 常印佛,翟裕生,唐永成.长江中下游铜铁等隐伏矿床预测研究[R].安徽省地矿局、中国地质大学,1990.

[25] 常印佛等.铜陵狮子山铜矿区狮子山矿床最终地质报告[R].安徽省地质局321地质队内部铅印本,1963.

[26] 常印佛,朱安庆,朱康年.地质部321队铜官山铜矿地质勘探报告[R].内部打印本,1955.

[27] 王鸿祯.中国地质事业早期史[M].北京:北京大学出版社,1990.

[28] 胡适.丁文江传[M].海口:海南出版社,2002.

[29] 泰兴县志编纂委员会.泰兴县志[M].南京:江苏人民出版社,1993.

[30] 南京师范大学附属中学校友会.青春是美丽的(五)[M].南京师范大学附属中学,2012.

[31] 南京师范大学附属中学校友会.南京师大附中校友通讯(2012)[M].南京师范大学附属中学,2013.

[32] 田芊,徐振明.清华大学史料选编第五卷(上、下)[M].北京:清华大学出版社,2009.

[33] 安徽省地质矿产勘查局.安徽省地质矿产勘查局50年大事记1958—2008[M].内部编印,2009.

[34] 涂光群,成忠礼.涂光炽回忆与回忆涂光炽[M].长沙:湖南教育出版社,2010.

[35] 郭文魁等主编.谢家荣与矿产测勘处——纪念谢家荣诞辰100周年[M].北京:石油工业出版社,2004.

[36] 铜陵奋进的四十年 1949～1989[M].铜陵市统计局.

[37] 中国科学院编.中国现代科学家传记[M].北京:科学出版社,1991.

[38] 中国地质学会编.中国地质学学科史[M].北京:中国科学技术出版社,2010.

[39] 中国科学院院士工作局.科学的道路[M].上海:上海教育出版社,2005.

[40] 中国科学院院士工作局.两院院士——中国科学院院士[M].杭州:浙江大学出版社,2002.

[41] 孙鸿烈著,钱伟长主编.20世纪中国知名科学家学术成就概览地学卷地质分册[M].北京:科学出版社,2013.

[42] 王咸昌主编.当代中国自然科学学者大辞典[M].杭州:浙江大学出版社,1992.

[43] 吴玉龙.鸿志立山川丹心报祖国——贺常印佛院士80华诞暨从事地质工作60年[J].安徽地质,2011(2).

[44] 何义权.我心中的常印佛院士[J].安徽地质,2011(2).

[45] 周治安.大爱无言 上善若水——写于常印佛院士80华诞[J].安徽地质,2011(2).

[46] 吴昭谦.两院院士常印佛亮点扫描[J].江淮文史,2002(4).

[47] 唐永成.求实创新,敬业奉献——贺常印佛院士七十寿辰[J].安徽地质,2001(2).

[48] 著名矿产地质勘查和研究专家——两院院士常印佛[J].科教兴国,2006.

[49] "此身许国无多求,乐在图书山水间"专访我国著名矿床地质学家和矿产地质勘查专家常印佛院士[J].创新中国,2011(6).

[50] 吕庆田主编.地质学报,2011(5)[J].北京:科学出版社,2011.

[51] 中国科学院新增选学部委员简介[N].人民日报,1992-4-27.

[52] 中国工程院首批院士[N].人民日报,1994-6-3.

[53] 夏国治,程裕淇.当代中国的地质事业[M].北京:中国社会科学出版社,1990.

[54] 安徽省地质矿产局.30年地质丰碑——安徽省地质矿产局局史(1958～1988)[Z].内部资料,1989.

[55] 顾晓华.中国地质调查事业百年(1913～2013)[M].北京:地质出版社,2013.

[56] 戴自希,王家枢.矿产勘查百年[M].北京:地震出版社,2004.

[57] 中国地质学会21世纪中国地质研究会编.中国地质工作发展规律研究[M].北京:地质出版社,2010.

[58] 中华人民共和国地质部.普查—测量工作及地质勘探工作等暂行规范,1958.

[59] 中华人民共和国地质部.区域地质矿产调查工作图式图例(1∶50 000).北京:地质出版社,1983.

后 记

　　由于采集工程的机缘,我们有幸结识低调"隐居"于安徽合肥的常印佛院士,并对他进行多次访谈。常先生的学术造诣和找矿成就在传记正文中已有较多的叙述,这也是为满足项目的要求——突出传主学术发展主线,从科学史的视角分析传主的学术成长。然而,在与常先生的接触中,他作为一位地质学家的情感、修养与胸怀却给我们更多的感染和感动。

　　访谈中,他对过往的许多人事都时常流露出感怀与敬意、慨叹或惋惜,对每一个人物的命运都心存悲悯,对社会和国家的发展怀有深切的关心。他从不对别人抱有一丝怨言或作负面评价,却总是看到他们的优点和贡献。对在"文革"中曾冲击过他的家庭或对他抱有"政治偏见"的人,他也都归因于历史环境。我们起初以为这是受访者中常见的"自我保护",而他的女儿后来告诉我们:在家里也从来没有听爸爸说过别人的坏话。我们也因此确定,常先生心里没有怨恨,他有一颗仁者之心。虽然荣为两院院士,他也不认为自己有什么特殊,并一再强调不要过分突出个人成就,应注重环境因素,人都受限于历史条件,评价以恰如其分为好。这种谦逊、谦卑在今天许多人动辄号称大师、唯我独尊的环境中,更显弥足珍贵。

　　外围访谈也在随后进行,除合肥本地我们还到铜陵、南京、上海、北京等地采访了他的多位同事和朋友。所有的受访者,在称赞其业务水平的同时,无不对他的为人表现出佩服,以致有人建议:科研水平高的专家大有人在,而常先生的人格魅力却属难得,更为突出,传记应该从这个方面着重写! 随着访谈走向全面深入,我们越来越意识到常先生人格魅力的影响甚至超过了他在学术上的成就,这在他的人生历程和学术发展中是不可忽视的因素。然而,作为历史工作者,我们必须时刻提醒自己,要与传主保持一定距离,方能作出客观公正的评价。古语云:"金无足赤人无完人",难道常先生就没有缺点? 我们想从更多人那里听到更多的声音。这种努力的结果总是让我们"失望",很难找到常先生有争议的地方。终归不能杜撰,要实事求是地去写。

常先生一位朋友的话为我们提供了启示,他说:"常印佛是个'好人',但不是一般意义上的'老好人'。他不是没有是非判断,他对世事和人性都看得通透,他的见解往往十分深刻,然是非并不一定要说出来。他注重实际效果。这是一种智慧,也是一种豁达。"是啊,这不禁让我们想起常先生在"大跃进"、"文革"中的表现。他有是非判断,采取务实的方法,确实体现出高超的智慧。可聪于世道的人又不知凡几,却未必都能服众,为何常先生能获得大家一致称颂? 对此,我们认为,这又与他的性格有关。正如其名"印佛"二字所示,他性格中确实有佛家的无私博爱、与世无争和乐于玉成其事的境界。这并不是牵强附会,在传主的事迹中多次得到验证。他只愿简单的做一位矿床学家,他的智慧也不是用于个人私利,而是用于找矿事业,于个人方面则不计较。行文至此,我们又不禁想到《道德经》里的精辟论述:"不自见,故明;不自是,故彰;不自伐,故有功;不自矜,故长。夫唯不争,故天下莫能与之争。"

回顾常先生的人生道路,可以发现他总是幸运的,赶上许多好时机,避开了无妄之灾,用他的话说:"最大的好处就是没耽误时间,一直能从事地质工作"。人们可能会将之归于好的命运。而实际上,在此背后则是他为人处世的智慧和态度起着基础性、决定性的作用。不错,没有什么是偶然的。常先生的道德文章足令后辈们高山仰止。

在与常先生接触的过程中,他认真严谨的特点也给我们留下了深刻的印象。传记正文对这一特点已有记述,而常先生也是本着极严谨、极认真的态度对待这项采集工作的。当我们完成传记初稿后，根据项目要求，要请传主本人为之作序。因此我们把书稿交到常先生手上，也顺便请他指正书中错误疏漏之处。常先生在接到书稿后，即开始了这项工作。考虑到他年事已高，且仍有工作在身，时常出差开会，而身体条件也未必允许他长时间阅读写作，我们也不忍急催。半年之后，终于得到了常先生的来信，附带一叠厚达150页A4纸的手稿。信中写道：

> ……由于情况沟通还不够，特别是专业方面隔行如隔山，因而文稿中还有不少须要进一步处理加工之处。主要包括两方面：①事实方面；②专业方面。以后者较常见（往往是有关专业词句表述上）。我所提的意见也主要在这两点上[另外打印文件上还有一些误漏之处]。关于认识方面的分歧很少，如有之则提出来供参考。因这是你们的成果，当然以你们的认识为主。
>
> 由于时间关系，加上岁月不饶人，这次对我也是一次考验。阅、写的速度都很慢，往往心里很急，但手脑急不起来，煞是恼人。拖了这么久还没弄完，实在抱歉！……

拿到这样一份手稿，是我们预想不到的，先是惊喜、感动不小，翻开细看后，则感到震撼。常先生用黑色字体标明原文行数、字数，指出错误并作修订，时用蓝色字体作注释或增加说明信息，偶以红色字体加重或补充修改。另来以大段背景材料，谓之"笔谈"。以三种颜色书写的字迹清晰工整，行间的修正补充也指示明确，易于识别。扶着厚厚的手稿，想到常先生为此耗费的精力，真让我们汗颜自责：倘若我们当时不那么着急，自己再仔细检查核对一遍，也会给他省下许多时间！另外，对于书稿中的每一句话，每一件事，常先生都会要求表达应准确无误，并追问其信息来源和材料依据，若无法保证可靠，则宁可删去。这迫使我们不得不重翻许多材料，找到可靠的出处。而他也是边阅读书稿边查证文献的。如，我们根据访谈信息，写道温家宝总理在阅读某一文件后曾批示一句话。常先生在这一条的修改意见中写道：

经查在会上印发的温总理的批示件中，没有这句话，但当时确广为流传着，也许是口头意见（或另有批示），为了稳妥起见，建议将文中"看后批示"四字改为"曾指示"或"曾表示"。

在这样逐条对照修改的过程中，我们对历史学家书写历史的责任也有了更深的理解和体悟。我们想，常先生虽然不是历史科班出身，而他对于历史的理解，却在我们之上，即便是人物传记，也应是严肃的历史著作，文学化的虚构都不应出现，这是对传主负责，也是对历史负责。"在齐太史简，在晋董狐笔"，古史家追求的实事求是、秉笔直书的精神，在我们今天也至少应做到史实准确无误、真实可靠。这是常先生的要求，也应是我们的追求。常先生严谨认真以致较真的精神着实给我们上了生动的一课。

采集工作已经结束，本书也即将出版，回顾过去两年多与常印佛先生接触的过程，给我们带来的启迪和收获是巨大的。我们不得不承认，尽管我们努力保持"必要的距离"，还是无法不被他的许多品质和魅力所感染。这是我们难得的经历，宝贵的财富。

后记写到这里已经很长了，但按照惯例，我们还要对那些对该书有帮助的单位和个人致以谢意。没有他们的热情相助，该书的完成是无法想象的。首先要感谢常印佛院士及其家人对采集工程的支持与配合，常院士对我们的帮助自不必多言，其女常丹玫女士也为我们提供了许多图片和实物资料。感谢接受访谈的陈毓川院士、翟裕生院士、石准立教授、邓晋福教授、张兆丰高工、董树文研究员、吕庆田研究员、蒋秉行先生，你们的回忆为本书提供了大量生动具体的材料，提供了不同的视角，也为我们从侧面观察分析传主提供了条件。感谢在采集工作中提供大量材料的机构，它们是安徽铜陵321地质队、安徽省地矿局、安徽省地质资料馆、安徽省图书馆、安徽省档案馆、全国地质资料馆、清华大学档案馆、南京师范大学附属中学校友会（校史馆），这些机构的相关工作人员为我们查找利用资料提供了便利。感谢樊洪业研究员、张藜研究员为本书初稿提出了宝贵的修改意见。我们还要特别感谢常印佛院士的学术秘书李良军博士，为我们和老先生的联系提供了方便，还提供了有关常先生的大量视频、图片资料，这些在本书中得到了充分的利用。也要感谢采集小组的其他成员,他们为采集项目的完成和本书资料的积累做了大量工作,尤其是李辉芳博士在前期工作中搜集材料、参与访谈,付出了许多劳动。另外,陈婷同学认真阅读了书稿,并帮助修改润色了文字,在此一并致以深深谢意。

由于是初次尝试人物传记体裁的撰写,加上科学专业知识方面的制约,书中错误疏漏恐在所难免。一切皆由作者自身负责,敬请批评指正。

老科学家学术成长资料采集工程丛书
已出版(50 种)

《卷舒开合任天真:何泽慧传》   《此生情怀寄树草:张宏达传》

《从红壤到黄土 :朱显谟传》   《梦里麦田是金黄:庄巧生传》

《山水人生:陈梦熊传》   《大音希声:应崇福传》

《做一辈子研究生:林为干传》   《寻找地层深处的光:田在艺传》

《剑指苍穹:陈士橹传》   《举重若重:徐光宪传》

《情系山河:张光斗传》   《魂牵心系原子梦:钱三强传》

《金霉素·牛棚·生物固氮:沈善炯传》   《往事皆烟:朱尊权传》

《胸怀大气:陶诗言传》   《智者乐水:林秉南传》

《本然化成:谢毓元传》   《远望情怀:许学彦传》

《一个共产党员的数学人生:谷超豪传》   《没有盲区的天空:王越传》

《含章可贞:秦含章传》   《行有则　知无涯:罗沛霖传》

《精业济群:彭司勋传》   《为了孩子的明天:张金哲传》

《肝胆相照:吴孟超传》   《梦想成真:张树政传》

《新青胜蓝惟所盼:陆婉珍传》   《情系梁菽:卢良恕传》

《核动力道路上的垦荒牛:彭士禄传》   《笺草释木六十年:王文采传》

《探赜索隐　止于至善:蔡启瑞传》   《妙手生花:张涤生传》

《碧空丹心:李敏华传》   《硅芯筑梦:王守武传》

《仁术宏愿:盛志勇传》   《云卷云舒:黄士松传》

《踏遍青山矿业新:裴荣富传》   《让核技术接地气:陈子元传》

《求索军事医学之路:程天民传》   《论文写在大地上:徐锦堂传》

《一心向学:陈清如传》   《钤记:张兴钤传》

《许身为国最难忘:陈能宽》   《寻找沃土:赵其国传》

《钢锁苍龙　霸贯九州:方秦汉传》   《虚怀若谷:黄维垣传》

《一丝一世界:郁铭芳传》   《乐在图书山水间:常印佛传》

《宏才大略　科学人生:严东生传》   《碧水丹心:刘建康传》